科学と国家と大量殺戮

[犯罪社会学講義]

物理学編

澤野雅樹

JN118972

言視舎

科学と国家と大量殺戮　物理学篇　目次

第1講　力とは何か？：ニュートンと相対性原理 7

　　0　序　7

　　1　ケプラーの法則　8

　　2　ガリレオの仕事　10

　　3　ニュートン力学　15

　　4　電磁気学　20

第2講　E=mc² の意味 23

　　1　ガリレオの相対性原理　24

　　2　ローレンツ変換　27

　　3　特殊相対性理論　28

第3講　放射能の発見 37

　　1　X 線の発見　37

　　2　放射線の発見　38

　　3　ピエールとマリのキュリー夫妻　40

　　4　ウラン鉱──地図にない宝物庫　45

第4講　ラザフォードと原子核の発見 53

　　1　アーネスト・ラザフォード（1871 – 1937）　53

　　2　放射線　59

　　3　崩壊系列　61

第5講　リーゼ・マイトナーと核分裂 69

　　1　中性子の発見──ジェームズ・チャドウィック（1891 – 1974）　69

　　2　超ウラン元素の探求　72

　　3　リーゼ・マイトナー（1878 – 1968）　73

　　4　オットー・ハーンとのチーム　77

   5 スウェーデンへ 79

第6講 亡命者たち 89
   1 1930 年代ドイツ 89
   2 亡命者たち──ユダヤ人知識人としての 92
   3 エビアン会議（1938 年 7 月） 96
   4 亡命者たち（続き） 98

第7講 マンハッタン計画 106
   1 レオ・シラード（1898 – 1964） 106
   2 J・ロバート・オッペンハイマー（1904 – 1967） 112
   3 アメリカのフェルミ 119

第8講 臨界──核分裂連鎖反応 127
   1 ボーアの悟り 127
   2 連鎖反応の条件 133
   3 コードネーム「冶金研究所」 135
   4 臨界 141

第9講 トリニティ実験 145
   1 フリッシュ＝パイエルス覚書（1940） 145
   2 「リトルボーイ」の構造 148
   3 プルトニウムの難点 150
   4 爆縮（implosion）型原子爆弾 153

第10講 投下──ヒロシマとナガサキ 163
   1 1945 年の状況 163
   2 科学者たち 164
   3 無条件降伏 168
   4 投下 169

5 　調査　175

6 　長崎への投下について　178

第 11 講　それは実験だったのか？　183

1 　ドラゴン実験　183

2 　放射線量　188

3 　もう一つのマンハッタン計画　191

4 　毒性　200

5 　戦争のどさくさに紛れようとする戦争犯罪　201

第 12 講　冷戦下の核実験──水爆とコバルト爆弾　203

1 　原子爆弾投下の理由と帰結　203

2 　冷戦下の核実験　205

3 　強化原爆と水爆　207

4 　核実験と被曝の実態　210

5 　ある漁船を襲った出来事の顛末　216

6 　最終兵器　221

第 13 講　原子力に平和利用は可能なのか？　227

1 　原子炉　227

2 　発電所の性能　233

3 　リスク社会　238

4 　フクシマの原発事故・再考　242

第 14 講　破局（想定外の事象）の論理　257

1 　チェルノブイリのその後　257

2 　事故をめぐる専門家の思考法　259

3 　専門家の無教養　265

4 　乖離　268

5 　想定外の想定可能性　270

    6   MAD 272

    7   抑止の論理を反対方向からひっくり返す 275

第15講   ある男が核の闇ルートを作り出す 279

    1   ＮＰＴとＭＡＤの理屈 279

    2   カーン・ネットワーク 283

    3   陥穽 289

読書案内 297

あとがき 310

第1講
力とは何か？　ニュートンと相対性原理

0　序

「科学と国家と大量殺戮」を主題に、春学期は生物学の主流から傍流として優生学という異形の子孫が誕生し、ナチズムがその思想を換骨奪胎しながら1000万人にも上る犠牲者を出した経緯を見てきた。

　秋学期のテーマは、物理学に由来する暴力の歴史を見てゆく。ただし、生物学編とは異なり、物理学編は因果の流れがはっきりしており、数百年にわたる知の蓄積の結晶として原子爆弾製造に至る。その点をめぐる評価はともかく、議論の展開の仕方が生物学編とは大きく異なる。ダーウィンやメンデルの仕事はレイシズムやポグロムの原因ではなく、偶発的ないし偶有的にそれらと結びついていったにすぎないが、原子爆弾に至る歴史において、アインシュタインやラザフォードの仕事は必須の前提であり、マイトナーの発見やフェルミの参加を抜きにして核兵器の出現はありえなかった。

　それゆえ、本講義では回を追う毎に内容を積み上げる形で進行し、先行する講義は後続する講義の土台ないし前提になってゆく。最終的に、冷戦の余波や核の平和利用の是非を含め、我々現代人に残された問題まで取り上げるつもりだが、大事な点は物理学的な知の意味を些かも疎かにしない態度である。

　言い換えるなら、我々の敵は内なる無関心であり、食わず嫌いの無知である。大衆の無知を前提とした種々の政治化こそが敵だと言ってもよい。無知蒙昧を前提しながら脅威を煽るのであれ、札びらで頬を叩くのであれ、いずれにしても大衆が権力に侮られている点では変わらない。とりわけ原子力に関しては問題が物理や化学にあるにもかかわらず、なぜか肝心の知が常に後回しにされる傾向にあるため、より一層この点は吟味されなければならない。

　もちろん無知は市井の人だけの問題ではない。専門家を自称する人々についても事情は大して変わらないのだ。彼らが専門家として演壇に立ちながら、専

門外の不案内な分野について出鱈目な言説を披露することが見かけられるが、その出鱈目さ加減を見破るためにも、我々の側に相応の広範さをともなう知的蓄積が必要になるのである。

　したがって、本講義では、時代的にも内容的にも、順を追って講義を展開してゆく。最初の二回の講義はすぐれて理論的であり、ときに数学に傾斜するため、ほとんど社会学とは感じられないかもしれない。数学や物理の公式に使われる記号が苦手という人は、計算にかかわる部分を読み飛ばしてもらってもかまわない。ただし、数学的に展開する内容の意味だけは疎かにしないでもらいたい。大事なのは「力とは何か？」という問いとその意味であり、「力」をめぐる問いに出会う前と後の人たちの認識の落差を知っておくことである。

　今日で言う物理学者たちは 17 世紀に「力とは何か？」という問いに出会って以来、ずっと同じ問いに取り憑かれ、日増しに憑依の度合いを深くしてきたと言っても過言ではない。

　今回の講義は、力をめぐる問いが朧げな姿を現わした契機を取り上げ、その経緯を見ておこうと思う。最初のステップは「力」が問われる前段階で踏み出された一歩だった。その一歩はヨハネス・ケプラー（1571-1630）のものであり、彼の思惟には「力」をめぐる問いは現われなかったものの、彼の歩みなしに「力」への問いもまたありえなかった。

　やがて「力」への問いは、見えない何かをめぐる無数の研究者たちの驚きを経て、我々の知る厳密な諸「力」の定義に至る。

1　ケプラーの法則

　ケプラーの業績に大きく貢献した人物として無視できないのは、ティコ・ブラーエの存在である。ケプラーは彼の助手に採用されたが、二人の関係はどうやらあまり穏やかではなかったらしい。ティコは当代きっての天体観測の大家であり、詳細かつ膨大なデータを蓄積していたが、惜しむらくは自分が観測したデータを解析し理論化するだけの能力に恵まれていなかった。対して、ケプラーには理論面の才覚はあったが、ティコは彼に心からの信頼を寄せることができなかったようで、ケプラーは観測データをきちんと見せてもらったことすらなかったらしい。

　ティコが急死すると、彼が遺した莫大な量のデータをケプラーは独り占めして逃げてしまう。彼がティコのデータから一般化した、いわゆる「ケプラーの法則」を以下にまとめておこう。

(1)　惑星は、太陽を1つの焦点として、楕円軌道を描く。
(2)　一定時間に通り過ぎる軌道の面積は等しい（図1）。
(3)　惑星の公転周期の2乗は軌道の長半径の3乗に比例する。

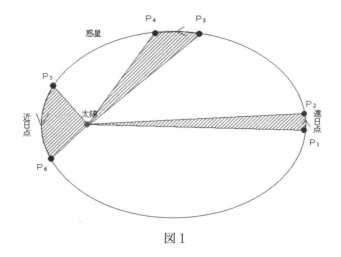

図1

　第一法則について簡単な解説をしておこう。
　ケプラーは、ティコも注意を払っていた火星の惑星軌道に着目し、正確な円運動からわずかにズレていることに気づいた。真円からのズレは、わずか8'（分：1' は1°の60分の1に相当する）だった。
　次に第3法則の補足説明をしておく。
　公転周期をTとし、長半径をaとすると、$T^2 \equiv a^3$ になるから両辺に1/2を掛けると、$T^{\frac{2}{2}} \equiv a^{\frac{3}{2}}$ が得られる。ゆえに

$$T \propto a^{\frac{3}{2}} \quad (a \equiv T^{\frac{2}{3}})$$

が成立する。
　この法則、すなわち軌道周期の2乗と軌道長径の3乗の比は、あらゆる惑星

について等しく当てはまる。

　これら三つの規則性を明らかにしただけでも、ケプラーには並外れた洞察力があったことがわかる。しかし、ケプラーの知性が完全に科学的であったかというと、どうやらそうとも言いきれない。というのも、惑星の周回軌道とその数学的な規則性は明らかにしたものの、惑星に公転軌道を守らせ、その軌道に縛り付けているものが何なのかを明らかにしようと考えるところまで辿り着けなかったからである。見えない何かの「はたらき」があることは漠然と感じていたみたいだが、何をとち狂ったか、ケプラーは天体の背後に「見えない天使」が控えていて、天使がバタバタ羽ばたいて惑星を動かしていると考えてしまった。

2　ガリレオの仕事

　データを盗んだ件からもケプラーを即座に善人とみなすことはできないが、ガリレオ・ガリレイ（1564-1642）にもどうやら大いに問題があったらしく、特に人格面での傲慢さには目に余るものがあったらしい。これまで科学と宗教の対立と思われていたガリレオの「それでも地球は……」発言にしても、実際には彼の才能を見込んできたパトロンに見捨てられた挙句の失態でしかなかったらしい。

　実際のガリレオがどんなにひどいやつだったかは（会ったことがないので）わからないが、はっきりしているのは彼が成し遂げた仕事の偉大さである。それだけは性格が良かろうが悪かろうが変わらない。概要だけでも確認しておこう。

(1) 等速度運動

　一様で一定の速さで運動する物体が2つの距離を移動すれば、必要な時間は互いにそれらの距離の比となる。同じ速さをv、二つの時間をt1、t2、2つの距離をS1、S2とすると、以下の法則が成立する。

$$S1 = vt1, \quad S2 = vt2, \quad \frac{t1}{t2} = \frac{s1}{s2}$$

(2) 等加速度運動

静止状態から一様に加速される運動により物体が落下する距離は、互いに、それらの距離を進むのに費やされる時間の2乗の比となる。

$$S1 = \frac{gt1^2}{2}, \quad S2 = \frac{gt2^2}{2}, \quad \frac{s1}{s2} = \frac{t1^2}{t2^2}, \quad (S1 : S2 = t1^2 : t2^2)$$

例えば、S1を自由落下する石や斜面を転がる石と考えてみよう。空気の摩擦や斜面の摩擦がないとすれば、任意の時間に進む距離の比を取り出すと、常にどちらの系においてもそれらS1とS2の速度の比と時間の比は正比例する。

(3) 慣性の法則

「摩擦のない水平の面上に粒子を投射するとすれば、……もし平面が無限に広ければ、この粒子はその平面上を等速度で永久に運動することがわかる」

＼円運動（天体の軌道）

(4) 相対性原理

いわゆる「相対性理論」という言葉によって（多くの人に）理解されている事柄は、たいていはガリレオの相対性原理である。特に文系に多いこの手の理解という名の誤解を解いておくのも大事な仕事なのだが、もっと大事なのはガリレオの「相対性」を知っておくことであり、それによって彼の思考の驚くべき近代性がわかる。最も大きな貢献度はガリレオの「相対性原理」によって古代の哲人、アリストテレスの定説が完全に打ち砕かれた点にある。次回のメインテーマであるアインシュタインの相対論とのちがいを知るための前提としても、まずはガリレオの相対性原理をしっかり理解しておきたい。

〔資料No.01〕運動量保存の法則以外に、ニュートンの第2法則から出てくる大切な原理がもう一つある。〔……〕この原理というのは、我々が静止していても、あるいはまた一直線の上を一様な速さで動いていても、物理学の法則は同じであるということである。例えば、飛行機の上でマリをついている子供からみると、マリは地面でついているときと同じようなはずみ方をするのである。飛行機は非常な速度で飛んでいるのだけれども、その速度が変化しない限り、

この子供にとっては、法則は、飛行機がとまっているときと同じにみえるのである。これがいわゆる相対性原理である。ここではこれを"ガリレオの相対性"ということにする。これはアインシュタインの、より周到な考えと区別するためであって、それについては後に述べる（ファインマン、レイトン、サンズ『ファインマン物理学Ⅰ.力学』坪井忠二訳、岩波書店、1967,86年。138-9頁）。

アインシュタインの「周到な考え」は次回に譲るとして、ガリレオが打ち砕いたアリストテレスの通説とは次の二つである。

ⅰ. 重い物体は軽い物体よりも速く落下する
ⅱ. 大地不動説（天動説）

まず「ⅰ」から考えてみよう。なぞなぞに「鉄１キロと綿１キロ、重いのはどっち？」というのがあるが、このなぞなぞには騙されなくとも、「それらをビルの上から落としたら、どちらが先に地表に落ちるか？」には、きっと「鉄」と答えるだろう。「ただし、摩擦がないものとする」の条件を課すとどうなるか。もちろん答えは「同時」になる。

次に「ⅱ」の天動説に関してだが、まずは資料の文章を読んでみよう。先の資料はアメリカの物理学者、リチャード・ファインマンが書いた教科書から取ってきたものだったが、次の文章はファインマンとノーベル物理学賞を共同受賞した日本人物理学者、朝永振一郎の一般向けの著作から採ったものである。

〔資料No.02〕『天文対話』という名が示すように、この本の眼目は何といっても天動説の打破でした。〔中略〕ガリレオは先ず大地は不動だというアリストテレス派の論拠を紹介します。それはこのようなものです。誰でも知っているように重い物体が高所から落されると、大地の表面に垂直な直線に沿って落ちてくるが、このことは論議の余地なく大地の不動なことを証明している。なぜかというと、もし大地が動くなら、たとえば塔の上から石を落したとき、石が着地するまでに塔は大地の運動によって西から東に運ばれているから、石は塔の根もとに落下せず、より西の方に落下するはずだ。

　しかしガリレオにとってこの主張は論議の余地がないどころか、大いにあることでした。彼はそのことを示すために次の実験を提案します。それは船のマストの頂上から鉛の球を落してみるという実験です。船が水上でじっとしているなら、その球はたしかにマストの足もとに落下する。そこで、その落下点にしるしをつけておく。次に船が水上を走っているときと同じことをやってみる。そうすると、もしアリストテレス派の論法が正しいなら、球が着床するまでに船は前方に動いているから、球の落下地点はマストの足もとのしるしの点より後方になるべきだ。
〔中略〕石はまさにマストの足もとに落下する。〔略〕こうして、船が動いているか止っているかに無関係に、マストから落された石は常にマストの足もとに落下するのです。

　船の運動に対して導かれたこの結論は、大地の運動に対しても成り立つはずです。すなわち、塔から落した石は、大地が動く動かないに関係なく常に塔の根もとに落下するでしょう。ですから、落下現象を利用して大地の運動を否定しようとするアリストテレス派の試みは成功しません。それでは大地の運動を決定できる現象がほかにないだろうか。

　アリストテレス派の人が持ち出しそうなそういう現象をガリレオはいくつか取り上げて吟味しています。そのなかで興味のある例をここで紹介しますと、大砲を用いる例です。すなわち、大地が西から東へ動くことによって、大砲を東向きに撃つときと西向きに撃つときとで射程にちがいが出るはずだ、という考え。また大砲を北または南に撃つとき、真北または真南においた的に命中しないのではないかという考えなどです。皆さんのなかに物理をかじった方がいれば、アインシュタインの理論に対して決定的な役割をしたマイケルソン－モーレイの実験のことを連想するでしょう。事実、大砲を撃つかわりに光を発射すれば、マイケルソンたちがエーテルに対する大地の運動を決めようとして行なった実験とまさに重なるのです。そして、ガリレオの吟味の結論も、アインシュタインの結論と同様、それらの実験から大地の運動は全く検出できないということです。

　その理由は結局こういうことに帰着します。すなわち、大地が動いているとき、地上の物体は、われわれ自身も含めて、すべて慣性によって大地と共通の

運動を持っており、そして、大砲や弩などの原因で物体が新たな運動を得ると
き、その新たな運動は慣性運動に影響を与えることなくそれと合成され、従っ
て同じ運動をわかち持つわれわれから見ると、その新たなものだけしか見えな
いのです。ガリレオの言葉でいえば「たとえ大地に何らかの運動が帰属される
としても、この運動は大地の住人であり従って同じ運動を分有しているわれわ
れには全く知覚されず、地上の事物のみを見ている間はまるでその運動が存在
しないようであるにちがいない」と。このガリレオの宣言を「ガリレオの相対
性原理」とよぶことがあります（朝永振一郎『物理学とは何だろうか（上）』、岩波
新書、1979 年。69-76 頁）。

　朝永さんの例は分かりやすく、補足する必要がないくらいだ。一般に使われ
る「相対的」という形容詞や社会学者が言う「相対主義」も、実は最低でもガ
リレオの相対性原理に依拠していないといけないのだが、実際には的外れな使
い方をされているケースが案外多い。その点だけ指摘しておいて先に進もう。
　最初からガリレオの側に立って、天動説に反論するのではやや面白みがない
ので、先ずは天動説の側に立って、地動説を反駁するとしたら、どういう理屈
が成立するかを考えてみたい。地動説によると、地球が他の天体のまわりを公
転しているだけでなく、地球それ自体も南北の極点を軸にくるくる回転してい
る。もしもそれが本当なら、地球上で成立する物理法則すべてに公転速度と自
転速度を加味しなければならなくなるだろう。自転を正確に考慮すれば、同じ
半球では運動の向きが東西のいずれを向いているかの違いで係数の値が異なっ
てくるかもしれないし、赤道から極点に向かって、いずれの係数の値も徐々に
小さくなってゆくはずだ。さらに地球の公転軌道を考慮すれば、計算はひどく
複雑怪奇なものになってしまうだろう。それら複雑な係数を考慮しなくとも常
に同じ物理法則が地球上のどこにいても成立するのはみなが知っている通りで
ある。その理由は、大地が不動だからだ。
　なんとなく理屈が通っているようにみえる。ところが、この天動説による反
駁の可能性を完全に封じるのが、慣性の法則を背景にした「相対性原理」なの
である。自転であれ公転であれ、地球全体が常に同じ速度で運動しているのな
ら、その運動速度は「ないもの」として度外視できる。飛行機の機内でも電車

の車内でも、あるいはエレベーターの中でも常に物理法則は同じように成立する。

　全世界であれ、小さなビルのエレベーター内であれ、一様な力が均等に与えられているなら、どんな空間であれ、その力は慣性と見做され、無視できる。慣性の法則の下にあるとき、言い換えるなら同じ慣性系にあるとき、人はそこに一様かつ均等にはたらいている力を感じることができない。人が感じられるのは、新たに加えられる力、つまり力の変化のみである。エレベーターであれ電車であれ、人は加速時と減速時にのみ力を感じる。

　ガリレオにおいて、慣性の法則が明らかになるのにともない、人も物も等しく「相対性原理」の内にあると判明する。それにより、人は新たに加わる（もしくは減る）力を感じるだけでなく、常に感じ取れないのだが、そこに常にはたらいている「力」（があること）を知ることができた。つまり、ガリレオの諸法則では「力」のはたらきと「力」のあることがいずれもきちんと意識されていたのである。

　しかし、たとえ力の存在と作用はわかっても、その力の由来はまだ一部しかわからなかった。私が物体を押したり引いたりすれば、力の原因は明白だが、天体の運行を支配している「力」の正体はまだわからなかったし、概念として形式化されることもなかった。それらを明らかにし、形式化したのが、アイザック・ニュートンである。

3　ニュートン力学

　科学史の中でもっとも偉大な物理学者は誰かと聞けば、半分以上の専門家は迷わずアイザック・ニュートン（1642-1727）の名を挙げるだろう。車椅子の天才物理学者として有名なスティーヴン・ホーキングは、母国の偉大な先達であるニュートンに対する軽蔑の念を隠そうともしなかったが、それは暗く猜疑心の強い性格と露骨な野心家としての面が負の伝説として脈々と語り継がれてきたからだろう。重病に冒されながらもユーモアを忘れず、友人を大事にしたホーキングにはニュートンの人間としての弱さと心の狭さ、そして器量の小ささが許せなかったのかもしれない。

　人物としてはどうあれ、科学者としての才覚は前代未聞と言ってよいほどの

ものなので、簡略的になるがその概要に触れておこう。

(1) 運動の第一法則

　すべての物体は、その静止の状態を、あるいは直線上の一様な運動の状態を、外力によってその状態を変えられない限り、そのまま続ける。(慣性)

　第一法則の中身はガリレオが明らかにした慣性の法則と変わらないが、この法則において「力」の概念がはじめて登場した。ただし、この段階の力は慣性を維持する力ではなく、慣性に介入し、変化をもたらす「外力」としてであった。「力」の意味が鮮明になり、ニュートンの天才が見えてくるのは第二法則からである。

(2) 運動の第二法則

　運動の変化は、及ぼされる起動力に比例し、その力の及ぼされる方向に行なわれる。速度を v、加速度を a として、質量を m とする。

　$F = mv,\ F = ma$

　運動の変化とは、正確には速度の変化にともなう運動量の変化であり、運動量の時間から微分の着想が得られる。すなわち、

$$F = \frac{d}{dt}(mv)$$

である。質量が同じなら

$$F = m\frac{dv}{dt} = ma$$

となる。

　たぶん「微分」という言葉を見た途端に緊張する人もいるだろう。無闇に難しそうだと感じられるかもしれない。しかし、私たちは小学校の算数ですでにその初歩に触れていた。以下の二つの公式は誰でも見覚えがあるはずだ。

・距離÷時間＝速さ……→微分

・速さ×時間＝距離……→積分

　距離 s を時間で微分すれば速度 v が得られ、速度をさらに微分すると加速度 a が得られる。他方、加速度を積分すれば速度 v が得られ、速度を積分すれば距離 s が得られる。

　加速度は、速度の変化の度合い（変化率）を表わす。そして、これこそが物理学における「力」の定義となる。力の第一の形式は「加速度」である。ファインマン物理学から引用しよう、

〔資料 No.03〕加速度は速度が時間的に変化する割合であって、ニュートンの第 2 法則のいうところは、一つの力の影響が質量に逆比例するということだけでなく、連続変化のむきと力のむきとは同じであるというのである（『ファインマン物理学 I 』124 頁）。

　ファインマンは「むき」という言葉を使って、「むきのある変化」を問題にしている。「むきのある変化」を別の言葉でいえば「ベクトル」になる。

(3) 運動の第三法則

　作用に対する反作用は常に逆の「むき」で相等しいこと、あるいは二つの物体相互の作用は常に相等しく逆「むき」であること、である。同じ重さのクルマが同じ速度で正面衝突すれば、衝突した地点で停止し、どちらも同程度に破壊される。その惨状によって証明されるのが、力の一般的性質の一つであるこの法則だ。

$$\frac{dp1}{dt} = -\frac{dp2}{dt}$$

$$\frac{d(p1 + p2)}{dt} = 0$$

　先の例を変形し、ある重さとある速度のクルマに対し、その 2 倍の重さのトラックが半分の速度で衝突する場面を考えてもいいだろう。どちらも答えが「0」になるのは自明だろう。

　さて、ニュートンのもっとも有名な法則に移ろうと思うが、こちらは公式が

やや複雑な形をしている。

(4) 万有引力

$$F = G\frac{mm'}{r^2}$$

m はある物体の質量であり、m′は別の物体の質量である。r は二つの物体のあいだの距離を表わし、G は万有引力定数である。

$$G = 6.672 \times 10^{-11} \text{ニュートン} \cdot m^2/kg^2$$

万有引力の公式を日常語に翻訳すると、ある物体1が別の物体2に及ぼす重力は、物体1の質量と物体2の質量の積を、物体1と物体2との間の距離の2乗で割ったものに等しい、ということである。

物体1と物体2にそれぞれ太陽と地球を代入すれば、ケプラーが規則性を明らかにしながら原因がわからなかった現象を明らかにし、ガリレオが力の存在を察知しながらその意味を解さなかった法則の意味を明らかにしたことがわかる。

地球の公転軌道が描く円運動の意味は、太陽から逃れようとする地球の直進運動と太陽に引っ張られる地球の落下運動との鬩ぎ合いである。

この現象をわかりやすく理解するには、やや親しみやすい例で考えてみるのがよい。以前、劇場用『ワンピース』のおまけ短編映画で、登場人物たちがサッカーの試合をする小品があった。クライマックスは、サンジの蹴ったボールが上空高く舞い上がり、地球を一周して相手ゴールに突き刺さるシーンだった。

そこで問題である。サンジが地表近くから水平方向にボールを蹴る際、そのまま落下することなく地球を一周するには、どれくらいの速度で飛び続けなければならないか?

地表近くの落下加速度は、9.8 m/s であるが、上空に行くにしたがって重力が弱くなり、空気も薄くなるから、重力も摩擦も弱くなる。今、サンジが蹴り上げたボールの上空における落下速度を、5 m/s としてみよう。地球の半径はだいたい 6 400 km になるから、直径は

6 400 × 2 = 12 800 km

になる

$$\frac{5}{1\,000} \times 12\,800$$

の平方根を求める

$$\left(\frac{5}{1\,000} \times 128\,000\right)^{\frac{1}{2}} = \sqrt{\frac{5}{1\,000} \times 12\,800} = \sqrt{\frac{64\,000}{1\,000}} = \sqrt{64} = 8$$

答えは、秒速 8 km であり、時速 28 800 km となる。

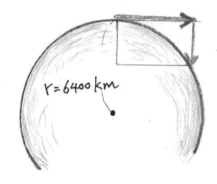

直径に円周率を掛けて、時速で割れば、サンジがボールを蹴ってから何時間何分後にゴールしたのかがわかる。だいたい 1 時間 20 分後になるだろう。

ちなみに、宇宙船も秒速 8km より速いと軌道から逸れて宇宙の孤児となり、地球に戻れなくなってしまうが、8km より遅くなると今度は地球に落下してしまう。そこから「第一宇宙速度」の概念が得られるのだが、正確な値は

7.9 km/s（28 400 km/h）

である。サンジの蹴ったボールは人工衛星に匹敵する速度で地球軌道を回ったことになる。

ニュートンが大学生としてケンブリッジにいたとき、イギリスは疫病であるペストの大流行に襲われ、社会は混乱を来し、大学も 1665 年 8 月から 1667 年 3 月までの 1 年半強のあいだ、ほぼ完全に閉鎖されてしまった。農家の倅だったニュートンもまたケンブリッジを離れ、故郷に避難していた。この偉大な物理学者の業績のほとんどすべてがこの、いわば当時の「ロックダウン」もしくは「緊急事態宣言」のさなかで達成されたものであることは銘記してよい事実だ。

　イギリス社会にとってはまさに「災厄の年」であったにちがいないが、ニュートンと物理学、そして科学にとっては長らく「奇跡の年」と呼び習わされてきた所以である。我々が余儀なくされた非常時にこそ「何をすべきか」「何ができるか」を、いかなる前提をも抜きにして再考すれば、おそらくニュートンの偉業ほど示唆的かつ教訓的なものはほかにない。

4　電磁気学

　力の第一の相は「加速度」であり、速度の変化率によって表わされた。力の第二の相は「万有引力」であり、力の出所は「m」すなわち質量に起因する。20世紀以前の物理は、さらにもう一つの力を発見する。それが電磁気力である。

　頭でっかちの科学主義者は、ドラマなどでしばしば「自分の目で見たものしか信じない」と言うが、きっと彼らは「電気」も「磁気」もともに非科学的と言い張って信じようとしない。なにしろどちらも目に見えないのだから。電気と磁気は、それらが発見された当時は別物と考えられていた。日本の平賀源内の逸話でも窺われることだが、電気はその昔、不可思議な現象として人々の好奇心を刺激し、社交界の見せ物として面白がられていた。一方、磁気の方はといえば、怪しげな民間療法として民衆の耳目を引きつけていた。その大立者であるメスメルは現代にも続く磁気療法の元祖である。

　電気と磁気が統合され、現代にまで続く電磁気学になるには、二人の対照的なイギリス人、ファラデーとマクスウェルによるところが大きい。電磁気学の公式は複雑なので省略し、いくつかの法則のみ簡単に挙げておこう。

(1) ガウスの法則：測定地点の電場の発散は、その地点の無限小の立方休に含まれる電荷の量に比例する。
(2) ファラデーの法則：測定地点の電場は、その地点の無限小のループ内の磁場の増減と「反対」に「回転」する。
(3) 磁場の発散は常にゼロである。
(4) アンペールの法則：磁場は電流もしくは電場の時間変動があると「回転」する。
(5) 光速 c

　電気と磁気が同じ現象であり、それらが波であることがわかると、我々の知る「光」もまた電磁波に含まれることがわかった。マクスウェルは電磁気の伝達速度を表わす係数 c を公式に導入したが、それが速度 v とも加速度 a とも異なる、ある意味で絶対の定数 c になるとは気付いていなかったようだ。

　〔資料 No.04〕歴史的にみると、マクスウェル方程式の係数 c がまた光の伝達速度であることは知られていなかった。方程式の中に一つの定数があっただけである。
　〔……〕マクスウェルは物理学の大統合の一つをなしとげた。彼以前には光があり、電気、磁気があった。後の二つはファラデー、エルステッド、アンペールの仕事で統合された。そこへ突然、光は "別のもの" ではなく、新しい形の電磁気——一片の電場と磁場が自分で空間を伝播するもの——にすぎないものとなった（『ファインマン物理学 III』237-8 頁）。

　運動量は質量（m）と速度（v）の積だった。物体の速度を漸進的に加速（a）し、速度の上限（c）まで上げて行ったら、何が起こるのか？
　この問いを突き詰めていくと、ニュートンの運動法則と電磁気学とを統合することになる。だがニュートン力学と電磁気学はどうしても相容れないところがあり、統合は不可能と思われていた。そして、その不可能と思われていた統合の仕事を成し遂げたのがアインシュタインの特殊相対性理論だったのだ。
　まとめとして、ファインマン物理学から次の文章を読んでおこう。

　〔資料 No.05〕まず最初に相対性原理のことを述べたのはニュートンであった。運動の法則に到達してニュートンはこういっている："与えられた一つの空間内におこる物体の運動は、その空間が静止していても、あるいは一様な直線運動をしていても、その相互関係は同じである。" この意味は、例えば、宇宙船が一様な速さで飛んでいるときに、そのなかでいろいろの実験をしてみても、あるいはまたいろいろの現象を観察してみても、それはみな、宇宙船が運動していないときと同じようにおこるということである。もちろん、宇宙船からそ

とはみないとしての話である。これがこの相対性原理の意味である。これは実に簡単な考えで、運動している系の中でいろいろな実験をすると、そのすべてについて、物理法則が静止しているときのものと同じであるというのであるが、しかしはたしてそうであるかどうか、これが問題である。

〔中略〕19世紀になって、電気や磁気や光の現象の研究が進むにつれて、この相対性の問題に対する関心が大いに高まった。これらの現象について多くの人がくわしい研究をつづけたのであるが、ついに電磁場に関するマクスウェルの方程式が現われた。この方程式は、電気と磁気と光とを一つのシステムに記述するものである。ところが、マクスウェルの方程式は相対性原理に従わないようにみえたのであった。〔中略〕それゆえ、宇宙船が飛んでいるときには、その中の電気現象や光学現象は、静止しているときとちがうものになるということになってしまう。だから、この光学現象を利用すれば、宇宙船の速さをきめることができるわけである：例えば、適当な光学測定か電気測定を行なえば、宇宙船の絶対の速さを決めることができるということになる。マクスウェルの方定式から二つのことが出てくる。その一つは、電磁場に何か攪乱がおこって、光が出ると、その電磁波は同じ速さ c、すなわち 186,000 マイル／秒〔約30万km/s〕ですべての方向へ一様に伝わっていくということである。もう一つは、この攪乱の源が運動していても、出てくる光は同じ速さ c で空間を伝わるということである。これは音の場合と同様である。音波の速さは、やはり音源の運動とは無関係である（『ファインマン物理学Ⅰ』208-9頁）。

　相対性原理が証明する「同じ」と異なり、どこか相対性原理に反する異様な「同じ」がここで問題となる。どこが異様なのか。相対性原理の「同じ」は、あらゆる慣性系を貫く。しかし、c の「同じ」は慣性系の内外を問わずに成立する絶対の「同じ」なのだ。もちろん、このちがいの解明は後世に委ねられる恰好になったのであるが……。

第2講
E = mc^2 の意味

　アルベルト・アインシュタイン（1876-1955）は、あまり優秀な学生ではなかった。やっと入った大学でも成績は芳しくなく、研究者の道はおろか、就職にすら難儀する始末だった。やっとのことで就職できた特許庁に勤めていた頃の話である。——妻子持ちの若きアインシュタインは、赤ちゃんがすやすや眠る揺りかごを揺らしながら、革命的な論文を立て続けに執筆し、次々に発表していった。その中に含まれていたのが「特殊相対性理論」である。ノーベル賞受賞理由になった論文、「光量子仮説に基づく光電効果の理論的解明」もこの時期、つまり1905年に発表されている。たぶん、アインシュタイン版の「奇跡の年」は1905年と言ってまちがいない。しかも、特殊相対性理論で「c（光速）」が重大な意味をもつことからしても、もう一つの「光」に関する論文が同時期に書かれていた事実は興味深く、また意味深でもある。

　前回の講義は今回の「前史」ないし前提と受け取ってもらえれば、それで十分である。となればメインテーマは特殊相対論であることになり、その何が大事なのかを明らかにすることが講義の核心につながっている。やや先取りして言えば、今回の講義のキモになる公式がタイトルでも言及しているシンプルかつ有名な式である。もう少し詳しく言えば、核分裂反応や核融合の核心にあるのが、特殊相対論が提唱したあまりにも有名な公式、「E=mc^2」だった。この恒等式を一言でいえば「力」の再定義である。もう少し正確に言えば、「極限的には、エネルギーとは、質量に光速の2乗を掛けたものに等しい」となる。この関係をさらに言い換えれば、「どのような物体でも極限においては質量すべてをエネルギーに転換することが可能であり、その規模がどれほどになるかを知りたければ任意の質量に光速の2乗を掛けてみるがいい」となる。有名な公式に秘められた可能性をアインシュタイン自身がどれほど把握していたかはわからないが、自分がものした公式の含意が核兵器に関係していることはそれ

が現実になる段階まで予想していなかったらしい。しかし、彼自身もそうだったように、人から教えられれば至極当然の帰結であり、少しでも慎重に考えてみればそこに辿り着くのは自然の成り行きだったように思われるのである。ただ、最初に誰かが辿り着くまでは誰一人予想すらできなかったのも否みがたい事実ではあるが……。

　おそらく「相対性理論」と聞けば、数式を見ただけで拒絶反応を起こす文系学生には難解というイメージが先立つかもしれない。しかし、昨夜の入浴の際に抜けた毛髪１本が、あるいは入浴後に切った小指の爪の先端部だけで、あなたの家をはじめ、あたり一帯をまるごと消滅させるほどのエネルギーになると考えれば、難しいなどと言ってはいられなくなるだろう。しかし、その事実の核心を理解したければ、変な例を出して驚かすよりも、アインシュタインの思考を真っ直ぐに辿ってエッセンスを理解すれば、案外誰にも正確にわかるかもしれない。少なくとも文章でくどくど説明し、イメージで理解しようとするよりは公式や計算を恐れずに真っ直ぐ考えていく方が容易に正解に近づけるし、より間違いも少なくなるだろう。

　手始めに前回の復習を兼ねて、ガリレオが樹立した相対性原理の骨格を確認しておくことにしよう。

1　ガリレオの相対性原理

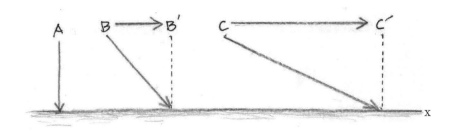

図1

図1を見て、三つの軌道を比較したい。

まず一番左のＡは、地上で子どもが「まりつき」をしているケースにおけ

るボールの軌道である。

　すぐ右の B は船に乗って、客室内で「まりつき」をしているとでも想像していただきたい。

　そして C は飛行機の中で、ややおてんばの女の子が長旅に飽きたのか、通路に出て「まりつき」をしているとでも想像してもらいたい。

　A は大地の上だから移動は考えなくてよい。

　B の場合、船は前進しているから、ボールが手から離れた時点から床に到着する時点のあいだに B は B' の地点に移動する。ボールはどこでも同じ弾み方をするから、B の目には A と同じ弾み方をして点線の軌道を辿ったように見える。しかし、その様子をもしも外の静止した地点から見る視線があれば、ボールは斜めの軌道を描いて B' の真下に落ちていたことになるだろう。

　もしも B が船の客室ではなく、甲板に出て「まりつき」をしたなら、前方から吹き付けてくる風の影響を受けて、実線で引かれた斜めの軌道を描いて落ちたのかもしれない。その様子を外部の視点から観測すれば、三平方の定理に反する事実を目撃したように見えたかもしれない。なぜなら、そのとき、当事者から見た B' および C' から x までの長さと B および C から x までの長さが同じになるからである。もしも三平方の定理が正しいなら、外部の視点から見えた現象（実線で引かれた斜辺）か、当事者である B' や C' から真っ直ぐに落下しているように見えた現象（破線）か、少なくともいずれか一方は誤りであることになるだろう。

　もしも斜辺の軌道を辿って斜めに落下したのに、当事者にのみ破線の軌道で真下に落ちたと感じられたとしたら、ボールが斜めに落ちるのに要する時間を、垂直に落下した時間として経験したことになる。もちろん主観的な経験ではない。つまり錯覚ではない。もし時計や記録映像を使って確認しても、経験が主観的な錯覚などではなく、客観的な事実だったことが厳密に裏付けられるだろう。反対に、もしも垂直落下が主観的な錯覚でしかなかったとすれば、実際には斜めに引き伸ばされながら落下していった軌道を、垂直落下として経験したことになるから、船や飛行機の中では時間の経過がひどく緩慢になっていなければならない。なにしろ垂直落下の感覚が地上にいるときとまったく変わらなかったのだから。もしも感覚がまちがっていないのなら、時間の経過に違いが

26

あったことになる。しかし、これはニュートンの絶対時間の仮説に反するばかりか、明らかに直観にも反している。なぜなら、それぞれの空港で出発時間と到着時間に時刻を確認しさえすれば、時計が機内でだけ一斉に狂うなどということはあり得ないとたちまち判明するからである。

　なんだかひどくおかしなことが起きたようだ。どれくらいおかしなことなのかを調べてみよう。

　前回の最後の資料では、相対性原理の限界として、音と光の速さは音源の運動とは無関係であり、常に速度が同一だと述べられていた。しかし、速度は同じでも、聞こえ方や見え方にはちがいが生じる。有名な「ドップラー効果」である。音の伝達速度が同じであっても、音源が接近してくる場合と音源が遠ざかっていく場合とでは波長が異なる。近づいてくる場合には波長が短くなるから音程が高くなり、反対に遠ざかってゆく場合には波長が長くなるから音程が低くなる。光の場合も同様であり、光の伝達速度は変わらないが、同じ化学反応により発せられた光でも、光源が地球から遠ざかる場合には波長が長くなり、赤側に傾斜していくのに対し、光源が接近している場合は波長が短くなり、青側に傾斜していく。これを「光のドップラー効果」と言う。

　先の例で斜辺のように見えた現象は、ドップラー効果のようなものなのだろうか。いや、そうではない。乗り物の運行速度はさまざまだが、どんな速度でもその内部が慣性の支配する空間であれば、一様に物理法則が成立する。それこそ相対性原理の告げる真理だった。もしも三平方の定理が問題になるとしたら、ガリレオの相対性原理が成立しなくなるときである。そのとき、ボールが真っ直ぐに落下する経験を外から観測すると斜めの軌道を描き、長く伸びた距離をゆっくり落ちてゆくことになる。この矛盾するように見える不快な問題を鮮やかに解決したのが特殊相対性理論だった。

　アインシュタインが特殊相対論の中で繰り返し操作していたのは、ローレンツ変換と呼ばれる公式である。有名な「$E=mc^2$」は、ローレンツ変換の極限、つまり行き着くもっとも先を表わしているのである。

　前もって断っておくが、今回の講義では媒質の問題は一切問わない。

2　ローレンツ変換

　先の例でいうところのBとxを結ぶ斜めの軌跡とB'とxを結ぶ破線の軌跡とのズレは実際、どれほどの規模になるのだろうか？　もしも実際に大きくズレるのなら、船の速度や飛行機の速度だけでなく、地表における自転速度のちがいも問題になる。なぜなら赤道直下では速度が最大化するのに対し、極点は自転軸の傾きの分だけ移動するだけなので速度は最小になるからである。自転の最大速度と最小速度とのあいだで物理法則に変動が生じれば、自転が（ガリレオの）相対性原理にとっての「破れ」を生じたことになるが、実際にはそのような事態にはならない。ならば、もしも相対性原理の「破れ」を意味するほどのズレが生じるとしたら、それはどんな条件下で生じるのか、また、どうやってそれを計測すればよいのか。その鍵がローレンツ変換にある。

　さて、ニュートンの第二法則の公式には微分方程式が隠されていた。

$$F = mv......F = \frac{d(mv)}{dt}$$

この式の「m（質量）」をアインシュタインは次のように修正する。

$$m = \frac{m_0}{\sqrt{1 - \frac{v^2}{c^2}}}$$

この公式の右辺の分母に姿を現わした記号のかたまりこそローレンツ変換の核心であり、速度を加味して通常の物理法則を補正するための鍵となる手法である。

　今、完全に静止しているとしよう。速度ゼロである（$v = 0$、つまり $v^2/c^2 = 0$）。すると分母のルート内は「1 − 0」となり、ルートを取っても分母は1となり、質量は補正される前と同じ「1/1」となって、何一つ変わらず、補正は不要になる。

「c」は光の速度であり、秒速30万キロメートルである。地球の公転速度は秒速28キロメートルである。計算を単純にするため、公転速度を近似値である秒速30キロに換算しよう。すると公転速度は光速の約1万分の1となるから、

その二つを代入して補正値を計算する（ちなみに自転速度は秒速380メートルであり、公転速度の100分の1強といった程度である。それゆえ光速と比較して公転速度の補正値が十分に小さく、無視して差し支えなければ、自転速度はさらに度外視してもよいことになる）。

$$m = \frac{m_0}{1 - \sqrt{\dfrac{(0.0001)^2}{1^2}}} = \frac{m_0}{1 - \sqrt{\dfrac{0.00000001}{1^2}}} = \frac{m_0}{1 - 0.00000001} = \frac{m_0}{0.99999999}$$

　なんと、実際より多めに設定した秒速30キロの速度ですら、補正値はたった1億分の1でしかなかった。この数値を先の例に当てはめれば、破線で表わした垂直落下の距離に比して、実線で表わした斜辺の長さは1億分の1しか長くならなかったことになる。ちがいらしいちがいはほとんどない。公転速度の100分の1強の自転速度の場合、それをさらに2乗することになるから、補正値はわずか1兆分の1程度にしかならない。まりつきの高さがもしも1メートルなら、実線の方だけその1兆分の1だけ長くなる恰好だ。言うまでもなく、自転速度がびっくりするほどのろいからではない、——時速1380キロである。クルマや船の速度はもちろん、飛行機の速度でさえ無視して何ら差し支えないのは、単に補正する意味がないほどその値が小さくなってしまうからなのである。

　この結果を単純だがナンセンスな「教訓」にしてみよう。もしもダイエットをしたいのなら、飛行機など速い乗り物に乗ってはならない。なぜなら一度のフライトで体重がおよそ数兆分の1くらい増えてしまうからである。ただし心配は無用だ。飛行機を降りたときには、その増分はどこかに消えてしまうはずだから。この、ごくわずかな増分が何を意味するかといえば、質量に加えられた運動エネルギーである。

　以下、そのメカニズムを理解するため、相対論の核心に迫ってゆく。

3　特殊相対性理論

(1) ニュートン力学の補正
　アインシュタインが修正した

$$m = \frac{m_0}{\sqrt{1 - \dfrac{v^2}{c^2}}}$$

を、ニュートンの第二法則の公式、

$$F = \frac{d(mv)}{dt}$$

に代入してみよう。すると、

$$p = mv = \frac{m_0 v}{\sqrt{1 - \dfrac{v^2}{c^2}}}$$

という形になる。

　アインシュタインによる補正は、速度が光速に比べて非常に遅い場合、（たとえ我々の感覚にとって十分に速いと感じられたとしても）ほとんど無視できる。しかし、速度が光速に近づいていくにつれて補正の意味がはっきりと現われてくる。それが何かを知るためにも、ニュートン力学からアインシュタインが導き出した式の意味をファインマンの教科書から読んでおくことにしよう。

　〔資料 No.01〕ニュートン力学では、運動量は速さに比例する。また相対論的力学でも……c にくらべて速さが小さいときには、ずいぶん広い範囲にわたって運動量は速さに比例する。平方根の式はほとんど 1 に等しいからである。しかし v が c にほとんど等しくなると、平方根の式はゼロに近付き、したがって運動量は無限に大きくなる。

　一つの物体に一定の力がながくはたらいたら、どんなことが起こるか？ニュートン力学によれば、その物体は速さをだんだん増して、光よりも速くなる。しかし、相対論的力学では、そういうことは不可能である。相対性理論においては、物体が得るのは速さではなくて、運動量である。そして質量が大きくなって運動量は次第に大きくなる。しばらくたつと、速度の変化という意味の加速度はほとんどなくなる。しかし運動量は大きくなる。力がはたらいても速度が少ししか変わらないとき、我々はこの物体の慣性は大きいというのはもちろんであって、相対論的質量の式のいうところ――v が大きくて c に近いと

慣性は非常に大きい――もまさにこれなのである。vを大きくするという努力の一例を挙げるならば、このカルテク〔カリフォルニア工科大学：ファインマンの勤務校〕で使われているシンクロトロンで、高速の電子の軌道をまげるのに必要な磁場の強さは、ニュートンの法則から期待されるものよりも 2000 倍も強いのである。いいかえれば、このシンクロトロンの中の電子の質量はふつうの値の 2000 倍も大きく、陽子の質量と同じくらいなのである！ m が m_0 の 2000 倍だということは、$1 - \dfrac{v^2}{c^2}$ が $\dfrac{1}{4,000,000}$ だということであり、$\dfrac{v^2}{c^2}$ と 1 との差は $\dfrac{1}{4,000,000}$ で、v と c との差の c に対する割合は $\dfrac{1}{8,000,000}$ だということである（『ファインマン物理学Ⅰ』219 頁）。

ファインマンの言うことを敷衍すれば、光速に近づいていくにつれ、物体に加えられる力は大きくなるが、それまでのプロセスとは様相が異なり、力が加速度に反映されることが少なくなる。速度がほとんど変わらない場合、（もしもアインシュタインの公式が正しいなら）新たに加えられた力を引き受けるのは質量しかない。では、ファインマンが例示したように質量が 2000 倍にも膨れ上がってしまうメカニズムを追ってみよう。

(2) 運動量 v

現代の物理学は孤独な天才による偉業の時代ではないのかもしれない。今や天才理論家の時代ではなく、大勢の専門家からなるチームが巨額の予算を呑み込みながら、大掛かりな装置を使って仕事をする時代なのだろう。ときには国や大陸を越えて観測や実験を行なうこともある。大掛かりな装置の代表格がいわゆるシンクロトロンであり、素粒子に運動エネルギーを付与しながら加速させてゆく装置である。以前はサイクロトロンというやや小ぶりな装置が主だったが、光速に近づくにつれて生じる諸問題を解決してゆく過程で装置もどんどん巨大化していった。特に有名なのは、スイス・ジュネーブの CERN（ヨーロッパ核物理学研究機構) に設置されたものだろう。地下 100 メートルに建造され、周長は 27 キロメートルに及ぶ巨大なもので、フランスとの国境を跨ぐ

規模になってしまったため、実験室を移動する際にはパスポートの所持が必須になるくらいである。この世界最大の加速器（LHC）を有する CERN には、たくさんの日本人研究者も在籍し、日々実験と観測に励んでいる。

　ところで、ファインマンから引いた資料のやや難しい部分を吟味してみよう。

　粒子加速器シンクロトロンに荷電粒子を放り込み、どんどん加速させ、$1 - \dfrac{v^2}{c^2}$ が $\dfrac{1}{4\,000\,000}$ にまで達すると、質量は 2000 倍になり、シンクロトロンの中の電子は陽子の質量と同じくらいになるという。

　数字を避けようとする感性からすると、$\dfrac{1}{4\,000\,000}$ と 2000 という数がぶっきら棒に投げ出されただけで嫌な感じがするかもしれない。目を背けたくなる気持ちをぐっと堪えて、二つの数値の関係を見ておこう。$\dfrac{1}{4\,000\,000}$ は分数だから電卓を使って 1 を 400 万で割ってみる。すぐに 0.000 000 25 が得られる。この値は 1 から何かを差し引いて得たものだから、反対の操作をすれば 1 から引いた数が得られる。

　　1–0.000 000 25=0.999 999 75

　0.999 999 75 は「v²」の値だから、v の値を知るのにはその平方根を求めなければならない。

　　$\sqrt{0.999\,999\,75}$ = 0.999 999 874 999 ......

　この数値が意味しているのは、カルテクのシンクロトロン内で加速された電子は、c（光速）の 99.999 987 5％の速度に達していたということである。

　ならば、光速に近い速度になると、どうして質量が莫大な大きさに膨れ上がるのか？　それを理解するにはローレンツの式の一部、

$$1 - \frac{v^2}{c^2}$$

にシンクロトロン内の速度を代入してみればよい。すでにわかっている分数の値をそのまま利用すれば

$$\sqrt{\frac{1}{4\ 000\ 000}} = \frac{1}{2\ 000}$$

という結果が得られる。アインシュタインが相対論の出発点に据えた質量の補正を通じた再定義をまたぞろ思い出さなければならない。

$m = \dfrac{m_0}{\sqrt{1 - \dfrac{v^2}{c^2}}}$ の分母に入る数はすでに計算によって手に入れているから、

$$m = \frac{m_0}{\left(\dfrac{1}{2\ 000}\right)}$$

になる。2000 分の 1 で割るという操作は、2000 を掛けることと同じ意味だから、今、私たちは巨大な運動エネルギーを与えられた荷電粒子が 2000 倍に膨れ上がったのを理論的な計算によって確認したことになる。

ちなみに原子の成分の通常時における質量を挙げておくと、

陽子　　1.6726×10^{-27}kg
中性子　1.6750×10^{-27}kg
電子　　9.1094×10^{-31}kg

である。電子の質量の 2000 倍は、大体 1.822×10^{-27}kg になるから、陽子や中性子の質量を上回る大きさになっていたことがわかる。
　気体を熱すると運動エネルギーが与えられ、分子の運動量が大きくなり、それにともなって質量も大きくなるから、気体は重くなる。

相対論における質量は、全エネルギーを c^2 で割ったものに等しい。

つまり、

$$m = \frac{E}{c^2}$$

である。この式は m、つまり質量に関するものだから、この式を変換して E を求めれば、晴れて、

$$E = mc^2$$

が得られるというわけだ。これを文章化すると、

mc^2 とは、一つの物質に含まれている全エネルギーである

となり、その内訳は、

$$mc^2 = m_0 c^2 + \frac{1}{2} m_0 v^2 + \cdots$$

となる。上の式の「$m_0 c^2$」は全エネルギーの一部であり、いわゆる「静止エネルギー」を意味する。

　静止エネルギーとは、一般に「位置エネルギー」と言われているものと同じである。位置とは通常、高さのことであり、物質はある高さで静止しているだけで、特定のエネルギーを湛えている。例えば、高飛び込みの選手が飛び込み台の上で競技の準備をしているときに蓄えられているエネルギーがこれに当たる。放水前のダム湖に湛えられた大量の水もこの位置エネルギーをいっぱい蓄えている。水力発電は、ダムの水が溜め込んだ位置エネルギーを解き放って、放水による運動エネルギーから電気エネルギーを取り出すからくりを利用した装置と考えればわかりやすい。

　なお、この「位置エネルギー」をもつ物体に付与される運動エネルギーを表わしているのが $\frac{1}{2} m_0 v^2$ である。

　この運動エネルギーに関して簡単な補足をしておこう。

　まずアインシュタインがローレンツ変換を利用して質量を補正したときの式である。質量とはその際、

$$m = \frac{m_0}{\sqrt{1 - \dfrac{v^2}{c^2}}}$$

だった。この式の両辺に c^2 を掛けると

$$mc^2 = \frac{m_0 c^2}{\sqrt{1 - \dfrac{v^2}{c^2}}}$$

となる。

　身近な世界では、v/c の値はきわめて小さくなる。先の公転速度の例でも v/c は約 1 万分の 1 だった。それが v^2/c^2 となるとさらに小さくなるから、1 億分の 1 程度にまで小さくなってしまった。

　数学では x がきわめて小さい場合

$$\frac{1}{1-x} \fallingdotseq 1 + \frac{x}{2}$$

という公式が使える。

　この公式を利用すると

$$mc^2 = m_0 c^2 + \frac{m_0 v^2}{2}$$

mc^2 の代わりに E を使えば、

$$E = m_0 c^2 + \frac{m_0 v^2}{2}$$

が得られるというわけである。

　繰り返しになるが、この式を日常語で言い換えると
「全エネルギーは、物体の位置エネルギー（質量と光速の 2 乗の積）と運動エネルギー（質量と速度の 2 乗の積の半分）の和である。」

　もちろんダム湖で静止している水の位置エネルギーとあらゆる速度の上限である光速（のそれも 2 乗）を乗じたものとが同じであるわけがない。
　通常の位置エネルギーは、質量と重力加速度、そして高さの積であり、mgh で表わされる（m が質量、g が重力加速度、h が高さである）。

　それゆえ「mc²」は普通に考えられる位置エネルギーを表わしているのではない。それは静止する物体に貯えられている潜在的なエネルギーの総体（すべて＝何もかも）を意味する。そのエネルギー量は、私たちが常識的に想像するエネルギーから見れば途方もなく大きく、ある意味で想像を超える。どれくらいの規模になるのか想像できないほど大きくなると言えばいいだろうか？
　それほど考え難くなろうとも、なお私たちにとって、ここで理解しておかなければならないことがあるとすれば、抽象的な公式の意味やその公式を説明する言葉の意味ではなく、それらが含意している事柄の意味である。ファインマンのやや軽妙な口調の解説を読んで、その意味について考えることにしよう。

　〔資料 No.02〕ふつうの場合には、ある与えられた量の物質からそんなにたくさんのエネルギーを作り出すことはできないから、このエネルギー変化といっても、質量の変化はきわめてわずかなものである。しかし原子爆弾では、例えば TNT の 2 万トンに相当する爆発エネルギーを出すので、爆発後の塵の質量は、反応物質のはじめの質量にくらべて、1 グラムも軽いことがわかる。これはエネルギーが放出されたからであって、$\Delta E = \Delta (mc^2)$ の関係によって、放出エネルギーのもっていた質量は、1 グラムなのである。質量とエネルギーが同じものであるという理論は、物質が消滅する——全部エネルギーになるという実験によって見事に立証された：電子一つと陽電子一つが、それぞれ静止質量 m_0 をもっているのが、いっしょになると、崩壊して 2 種類のガンマ線が出るが、そのエネルギーを測ると、それぞれ $m_0 c^2$ である。この実験によって、粒子の静止質量の存在に伴うエネルギーを直接に測ることができるのである（『ファインマン物理学 I』222 頁）。

　文中の TNT 火薬とは、トリニトロトルエンの略であり、通常爆弾（化学反応を用いた爆弾）では最強クラスの爆薬である。広島に落とされたウラン型爆弾は TNT 換算で 1 万 5000 トンの威力をもっていたと言われる。使われたウラン 235 の原料は約 20 キログラムと言われているが、それを使った核分裂反応から作りだされた「力」は通常爆弾で最強クラスのものを一挙に 1 万 5000 トンくらい使わないと得られない規模であったことを意味する。長崎に落とさ

れたプルトニウム型原爆は TNT 換算で 2 万トンほどだった。原料のプルトニウムは 8 キログラム程度と言われている。

しかし、その途方もない威力（通常火薬 2 万トンをいっぺんに、余すところなくすべて爆発させた威力）は、わずか 1 グラムにも欠ける物質がこの世界から完全に消滅するのと引き換えに導き出された「力」でしかなかった！

先にシンクロトロン内で電子の質量が 2000 倍に膨れ上がる例を検討したが、その例は、私たちに光速の壁を越える宇宙旅行はおろか光速に近い旅ですら原理的に不可能だと教えてくれる。というのも、どんなに強靱な作りの宇宙船であれ、光速に接近するにつれ、宇宙船と乗組員とを問わず、何もかもが根本的な変形をこうむってしまうからである。速度が増すにつれ、運動量が速度に変わってくれなくなると、付与された力がそのまま質量に加算されるようになり、船と乗組員の質量が飛躍的に増加していく。50 キロの女性が 2000 倍に膨れ上がれば、100 トンになる。そうなると、もはや人なのか物なのか、はたまたエネルギーなのかの区別すらつかなくなってしまうだろう。おそらく人とも物ともつかず、物質とエネルギーとの中間状態にあって、なんとか暴発寸前で堪えている状態なのだろう。

この世界から幾ばくかの物質が消滅し、純粋なエネルギーが解放される地点とは、この、途方もなく質量が大きくなりながら爆発寸前の状態でなんとかこらえている地点のほんの少しだけ先に待ち受けている。

私たちは今後 10 回ほどの講義の中で、今回、純粋に数学的な操作によって到達した「力」の場に、一つ一つの事実の発見を積み重ねた末にたどり着くことになるだろう。

第3講
放射能の発見

　前回までの2回は、やや過激な序章といった位置付けになるだろう。電磁気学を完成し、電磁波の伝達速度として「c」を導入したジェームズ・マクスウェル（1831-1879）が亡くなった年にアルベルト・アインシュタイン（1879-1955）が誕生したことは、どこか暗示的でもあった。今回、最初に登場する人物は、マクスウェルと今回取り上げる人たちをつなげるところに位置している。その人物とはウィルヘルム・レントゲン（1845-1923）である。

1　X線の発見

　今やX線とそれを照射する装置をともに「レントゲン」と言うくらいだから、何を発見した人かをあらためて問うにはおよばないだろう。まだチューリヒ工科大学で学んでいたころ、レントゲンは当代きっての科学者の一人、ルドルフ・クラウジウス（1822-1888）の講義を受ける中で、マクスウェルの電磁気学について知り、その影響下で光学および電磁気学を専攻した。

　レントゲンが主に行なっていたのは、圧力をかけた固体や液体の物性変化の研究だった。そして当時の光学者および電磁気学者の多数派に漏れず、彼もまた蛍光管を用いた実験をせっせと行なっていた。手製の道具だったのが幸いしたのか、地道な実験により「X」線を発見することになるわけだが、ご想像のとおり、彼はわざわざ「X」と命名したわけではない。なんだか訳のわからない現象を観察し、そのわからないものを未知数の「エックス」で呼んでみたにすぎない。つまりレントゲンは何かを特定したのではなく、正体のわからない何かを発見したことを自覚していたのだ。もちろん後の研究者はそれが何なのか解明することができた。しかし、それにより「X」の空欄が真に相応しい名称で埋められることはなかった。一度命名してしまうと正体がわかってもなお「X」の名で呼ばれてしまうという皮肉がおまけになってしまった。まあ、よくあることにはちがいないのだが……。

〔資料 No.01〕時は 1895 年 11 月 8 日の夕暮れ、場所はドイツのヴュルツブルク大学の実験室だった。50 歳の物理学教授だったヴィルヘルム・コンラート・レントゲンは、自ら発明した放電管を用いて型どおりの実験をおこなっていたのだが、その時、思いも掛けず 1、2 メートル離れた腰掛けの上に置いておいた、化学処理を施した一枚の紙がかすかに白熱光を発しているのに気づいた。驚いたレントゲンは放電管の電源を切った。すると、白熱光が消えた。もう一度電源を入れてみると、元の状態に戻った。レントゲンは、これが思いもかけない画期的な発見であることを理解した。白熱光は、離れた場所から「放射」されていたのである。彼は目には見えない光線が放電管から紙に伝わって白熱光を発光させたのだと推論した。実験を重ねたレントゲンは、蛍光発光を生み出したその光線がある種の物質（紙、木材、人体の肉など）を貫通することを発見した。これを技術的に応用すれば、人体の驚異を目の当たりにすることができる。それ以前には人体の内部を検査しようとすれば、それを切開する以外の手段はなかった。レントゲンは、新たに発見したこの X 線放射を用いることによって人体の内部を見ることができることを理解した（アミール・D・アクゼル『ウラニウム戦争』久保儀明・宮田卓爾訳、青土社、2009 年。44 頁）。

　言うまでもないことだが、レントゲンが発見したのは紙を煌めかせていた白熱光ではない。放電管と白熱鋼のあいだに「ある」と想定された謎の光である。その光を、直接目で見ることはかなわない。だが、少なくとも次のことだけはわかった。その不可視の光は光源から直進し、影を作り、写真乾板を感光させることができるということ、これである。直進性が、たとえ遮蔽物があったとしても（程度の差はあれ）変わらないということは、写真乾板を歪みなく感光させたことからも判明していた。

　結局、エックス線が特定の波長域に属する電磁波の一種であると判明するのは、1912 年のことだった。

2　放射線の発見

　レントゲンによる X 線の発見の翌年、つまり 1896 年になるが、今度はウラ

ン（ウラニウム）の放射線が発見される。発見者はアンリ・ベクレル（1852-1908）というフランスの研究者であり、日頃から発光現象に関心をもち、蛍光や燐光の研究を専門にしていた。ちなみに蛍光と燐光のちがいは、消えるのが早いか遅いかのちがいであり、早ければ蛍光、遅ければ燐光といった具合に区別される。いずれも物理現象であり、蛍やイカなどの生物発光とは質的に異なるが、ベクレルの当初の関心は生物発光にも寄せられていたようである。

　蛍光の原理を簡単に説明しておけば、高エネルギーの光（X線や紫外線）を照射すると、エネルギーを吸収した電子が励起（excite）し、それが基底状態に戻っていく際にエネルギーを光（つまり電磁波）として放出する現象である。それに対し、生物発光は細胞内のミトコンドリアが生成するATPと関連している。ATP（アデノシン3リン酸）はエネルギー通貨として知られる化学物質であり、解糖、筋収縮、イオンポンプを用いた能動輸送、クエン酸回路などの生合成を担当しており、それらのはたらきに関連して発光、発熱、発電などの仕事をこなす。当時、ベクレルは蛍光物質の中からX線源を探していた。彼が所持していたウランは純粋なウラン元素のかたまりではなく、ウランを含む化合物、ウラニル硫酸カリウムだった。それに太陽光を当てると蛍光を発した。光を当てると発光するメカニズムは先に説明した通り、蛍光の一種であり、当時でも取り立てて稀有な現象ではなかった。ベクレルの発見の何が偉大だったかと言うと（本当は偶然の産物なのだが）、たとえ太陽光を当てなくとも一定の強さで何かを放射している物質が「ある」という事実を突き止めた点にあった。

　〔資料No.02〕フランス人数学者ジュール・アンリ・ポアンカレ（1854-1912）は、レントゲンが自らの発見とX線を使った装置について記述している科学論文を読み、1896年の「フランス科学アカデミー」の会合においてその研究の成果を擁護した。フランスの高名な科学者たちはレントゲンの業績に心を奪われないわけにはいかなかったのだが、そのなかには蛍やある種の藻が発する光のような「内部発光」、いわゆる、私たちの目には青白く見える「燐光」が生み出される仕組みを研究していたアントワーヌ・アンリ・ベクレルがいた。ベクレルは、その頃、ウラン塩を実験室で研究していたのだが、ポアンカレは、X

40

線が蛍光発光を引き起こすということであれば、ウラン塩もまた、なんらかの種類の光線を放射するのではないかとその可能性をベクレルに示唆した。

ポアンカレの示唆に促されたベクレルは、ウラン塩の実験と数週間取り組んだのだが、その化合物が発光している事実を突きとめることはできなかった。ところで、ベクレルは、戸外で写真を撮ろうとして写真乾板をいくつか用意していたのだが、空模様が怪しかったので、たまたまその写真乾板を塩化ウランを収納していた引き出しに仕舞っておいた。二、三日後、その写真乾板を使って写真を撮り、それを現像してみたところ、ベクレルは、きわめて奇妙なことに気づいた。写真乾板が曇っていたのである。この不思議な現象を熟考したベクレルは、ウラン塩がその縞模様を引き起こしたに違いないと結論づけた。これは、ウラン塩が X 線とよく似た光を放射している証拠だと思われたからである（放射線の検出には今日でもフィルムが用いられている）。それを的確な実験によって確認したベクレルは、その研究結果を「フランス科学アカデミー」に提出し、1903 年、ベクレルの実験室からほど遠からぬパリに住み研究に従事していた一組の夫婦とともに、放射線の共同発見によってノーベル賞を共同受賞した（同 45 - 6 頁）。

ベクレルが幸運だったのは疑いないが、幸運をつかむには相応の知識と観察力、洞察力が必要だということは言を俟たない。岩石の中から数億年前の小さな虫の痕跡を発見するのに相応の知識と鍛錬を必要とするのと同じように、写真乾板にぼんやり描かれた縞模様が何らかの発光ないし放射現象の結果であることを見抜くには、単に幸運の一言で済ますことのできない能力の具わっていることが必要だった。

言うまでもないことだが、放射線量に使われるベクレルという単位は彼の名から採られたものである。

3　ピエールとマリのキュリー夫妻

マリ・キュリー（1867-1934）は、ポーランドにマリア・スクウォドフスカとして生まれた。彼女の名声のきっかけには、まだ十代の少女時代に姉ブロニアと交わしたきわめて大胆な約束があった。その約束とは、マリアが家庭教師

マリ・キュリー（左）とピエール・キュリー

をしてブロニアの学費を稼ぎ、ブロニアが医学の学位を取得したらマリアをパリに呼び寄せるというものだった。

　計画は着々と進み、ブロニアが学位を取るとマリアは 1891 年、ついにパリの地を踏む。3 年後の 1894 年、彼女はピエール・キュリー（1859-1906）という、ひどく変わり者の研究者と出会うことになる。ピエールはすでに圧電効果の研究により相応の評価を得ていた。圧電効果とは、水晶などの結晶に圧力をかけると電位が発生し、電界を付加すると変形することなどを指す。いわゆるクオーツ（水晶振動子）はこの効果を利用したものだ。

　〔資料 No.03〕ピエールはいつも我が道を進んだ。ここまでの章でも一匹狼の科学者は何人か登場したが、ピエール・キュリーはその中でも最たる人物だ。フランス科学界の枠にはまらず、国家から授けられる形式的な名誉賞は拒否した。博士論文の形式を整えるのも渋り、自分を科学アカデミーに推薦してくれるという友人にも協力しなかった。そして研究人生の大半を通じて、工学教育のために新設された二流校である物理化学学校に留まっていた（ウィリアム・H・クロッパー『物理学天才列伝（下）』水沢淳訳、講談社ブルーバックス、2009 年。141 − 2 頁）。

　この文章を読む限りでも、ピエールがただの「変わり者」や「一匹狼」といった枠に収まる人物ではなく、どのような枠にも収まらないからこそそう呼ばれたということがわかるだろう。何より彼は権威を嫌い、反骨精神のかたまりだった。お仕着せの形式を拒否し、生ぬるい人間関係を煙たがり、ひどく人

付き合いの悪いタイプの人物だった。誰もが誇る伝統に対しても、ピエールな
ら汚らわしい因習と見なし、吐き捨てるような調子だったのだろう。それとい
うのも当時のヨーロッパにおいて、女性の研究者が一線級の科学の世界に躍り
出ようとするのを容認するどころか支援しようとするなど、彼でなければ到底
考えも及ばなかったからである。事実、5世紀に当時のアレキサンドリア図書
館の館長だった女性哲学者、ヒュパティアを惨殺して以来、ヨーロッパ・キリ
スト教社会は実に1500年もの長きにわたり、ただの一人の女性にさえ科学者
や哲学者としてもてる力を世に問う機会を与えてこなかった。マリ・キュリー
がすんなり科学者の道を歩めたのは、1500年の伝統に唾を吐くことのできる
男、ピエールとの邂逅なくしては考えられなかった。生物学編で取り上げたフ
リッツ・ハーバーの悲しい夫婦生活の末路を思い出せば明らかなように、大学
院で同じ化学を専攻していながらも、彼の中では妻がそのまま研究を継続す
ることなど思いもよらなかったし、考える余地すらなかった。我々の時代感覚か
らすれば、ハーバーが時代錯誤であり、ピエールが現代的と感じられるかもし
れないが、当時はハーバーの感覚が正常であり、対してピエールはまさに常軌
を逸していた（エキセントリック！）。

　女たちは1500年以上もの長きにわたって、キリスト教が強制した生き方に
したがい、人生（身の回りの問題）を愛し、たとえ研究者としての才覚が認め
られても年頃になれば人生の側に連れ戻されるのが常だった。それゆえ、もし
も女性が研究者の道を進もうとすれば必然的に大勢の敵と戦わなければならな
かったが、その戦いは常に敗北を運命づけられていた。親族や階級社会はもち
ろん、大学もなかなか女性に門戸を開こうとしなかった点で、敵の一味に数え
られる。しかし、ピエールは彼自身が度外れていただけでなく、マリアのうち
に真の「才女」を見たのだろう、──つまり人生を科学に捧げられるだけの才
覚を具えた女性を見つけたのである。突拍子もない反骨精神をもった男と途方
もない才女が出会うことにより、ここにチームとしてのキュリー夫妻が誕生す
る。

　〔資料No.04〕マリ・キュリーは手始めに、純粋な化合物や鉱物をしらみつぶ
しに調べた。100ボルトに帯電させた蓄電器の帯電板の一方に鉱物を薄く敷き、

キュリーの電位計で放電電流を測定する。予想どおりウランの化合物と、加えてトリウムの化合物が、この装置で「活性」を示した。このとき、純粋なウランよりも、ウランの化合物、とくにピッチブレンド（おもに酸化ウランからなる）のほうが活性が高いという重要な観測結果が、さらなる研究の糸口となる。本来、活性はサンプル中のウラン元素の量に比例するはずなので、この結果は、ウランよりさらに活性の高い未発見の元素が少量存在することを示していた。驚くことにこの研究は、物理学者や化学者をそれまでも常に興奮させてきた方向、新元素の探求へと突然移っていったのだった。

「始めはこの未知の物質の化学的性質について、線を放射する以外は何も分かっていなかったので、その線を頼りに探すしかなかった」とマリはのちに『自伝』の中で書いている。キュリー夫妻は分析化学の手法を使い、ピッチブレンドから既知の元素を含む成分を分離しては、その活性を測定した。この革新的な方法はすぐに実を結び、ビスマスを多量に含む成分が、未処理のサンプルよりはるかに高い活性——「放射能」——を示すことが分かった。キュリー夫妻は1898年の論文で新元素の発見を宣言し、その元素にマリの証明印を堂々と押した。「我々の考えるところ、……ピッチブレンドから抽出したこの物質には、分析的性質がビスマスによく似た、これまで分類されたことのない金属が含まれている。この新たな金属の存在が確認されれば、我々の一人の祖国にちなんで『ポロニウム』と命名することを提案する。」およそ6カ月後にキュリー夫妻は、物理化学学校の同僚ギュスターヴ・ベモンと共同で、さらに別の放射性元素の発見を宣言する。これは科学的にバリウムと関連づけられ、「ラジウム」と名付けられた。

　どちらの宣言も間違いはないと思われたが、厳密に言えば精製して物理的性質や化学的性質を特定するまでは暫定的でしかない。しかしこれらの元素の単離は、実はとてつもなく困難だった。放射する線によって検出はできるが、存在量がきわめて少なく、原料1トンから1グラムも得られない。厖大な量のピッチブレンドから、何段階も経て最終生成物を取り出さなければならないことになる。それでも、ラジウムの単離というこの凄まじい作業に、マリ・キュリーは取りかかった（同145-6頁）。

　文中のピッチブレンド（pitchblende）とは瀝青ウラン鉱を指し、ビスマス（Bismuth）は 83 番元素で、質量数は 209 である。念のため復習しておけば、83 番元素ということは、単に周期表の 83 番目の升目にあるだけでなく、この元素一個の原子核に 83 個の陽子が詰まっていることをも意味している。そして質量数は「原子質量」とも言われ、陽子と中性子の合計が 209 個になるという意味である。なお、ポロニウム（Polonium）はビスマスに続く 84 番元素であり、質量は 210、そしてラジウムは 88 番元素で質量は 226 である。ラジウムはかなり放射線量の大きな元素で、半減期は 1601 年と短い。ポロニウムはさらに半減期が短く、たった 138 日である。半減期とは放射線量が半減するまでの期間である。ポロニウムのような強烈な物質を放射線療法に用いる場合、ほんの数グラムのものでさえ、病院関係者がそれを運搬する場合には、金庫のような鉛貼りの入れ物に入れて台車に載せ、なるべく身体を台車から遠ざけるように腰を引いた恰好で処置室まで運ぶと言われている。

　しかし、当時のキュリー夫妻はもちろん、ベクレルもまた放射性元素の放射が何を意味し、人体にどんな影響を及ぼすのかまったくわかっていなかった。客人が夫妻の家を訪れると、キャビネットに陳列された岩石を披露し、灯りを消す。ようやく夜目に慣れようかという頃、キャビネットから種々の岩石がさまざまな色彩で光り始め、まるで光を放つ宝石のように人々を魅了したという。

　キュリー夫妻がポロニウムとラジウムという二つの新元素を発見し、同定・命名・発表し、検証したのは資料でも言われている通り、1898 年のことだった。そして 1903 年、夫妻はベクレルとともにノーベル物理学賞を受賞することとなった。しかし、その頃になるとピエールの身体は放射能の影響のためか、変調を来し、まともな生活すら困難になり、授賞式への出席を辞退することになった。2 年後の 1905 年、ピエールの伝説的な受賞講演が行なわれるが、翌 06 年、馬車に轢かれる交通事故により突如、奇人ピエールの人生は幕を閉じてしまう。

　以降、生涯にわたって黒服に身を包むことになるマリは、夫婦で築いた研究を一人で継続していく。1910 年には悪質なスキャンダルに巻き込まれるも、翌 11 年には二度目のノーベル賞に輝くことになる。しかも今度は化学賞であり、二度の栄冠に輝いただけでなく、異なる部門で授賞した点でも傑出した

存在であったことが窺われる。第一次大戦に突入した 1915 年には放射線医療チームを率いて、移動式 X 線装置を開発、泥沼と化した第一次大戦の戦場に赴いて医療支援に尽くした。さらにはソルボンヌ大学とパスツール研究所が共同でラジウム研究所を設立した際には、初代所長に就任している。以降、彼女は研究所を維持するため、大嫌いな資金集めのため、その世界的名声を用いて宣伝活動に奔走し、世界各地に赴くことになった。亡くなったのは 1934 年のことで、死因は「極度の悪性貧血」とのことだが、長年にわたる放射線への曝露が影響しなかったといえば嘘になるだろう。

4　ウラン鉱——地図にない宝物庫

『ウラニウム』という本の冒頭近くに奇妙な一文がある。'Shinkolobwe is now considered an official nonplace.' この読みにくい場所の名は、とりあえず「シンコロブウェ」としておこう。構文は単純だが、言っていることは矛盾してはいないだろうか。シンコロブウェという地名が付いていながら、それが公式に存在しない場所だというのだ。地名があること自体、公的に認知された場所であることの証左であるにもかかわらず、それが公式に存在しないとはどういうことか……。

　その場所があるとされる国はコンゴである。『ウラニウム』の著者は、その辺りであったと推測される場所に向かって進むが、昔あったとされる村はすでに破壊されていた。住民は安住の地を追われ、建物は破壊し尽くされている。旅人は「行かない方がいい」と助言され、進もうとするのを地元の人に制止され、「危険だ」との警告も受けていた。危険性が警告の通りだったことはすぐに判明する。それらしき場所に足を踏み入れた途端に携帯電話が壊れてしまった。その昔、テレビを搬入したが、すぐに電源を入れても動かなくなったという。アフリカだとはいえ、T シャツ姿などもってのほかだ——放射能をたっぷり含んだ灰燼から身を守らなければならないからである。自分の身がかわいいならば長袖シャツを着て、きめの細かい生地のマスクを装着して肺に塵を吸い込まないよう細心の注意を払わなければならない。なにしろ広島と長崎に落とされた原爆の原料はほとんどこの地、つまりコンゴ産だったのだ。

〔資料 No.05〕シンコロブウェ（Shinkolobwe）はカタンガという、いくつか
の丘があり、アカシアの木々が生い茂るサバンナの中央にある。カタンガに暮
らす人々は木材とその地から採れた銅とで道具を作り、二千年ものあいだ、そ
こで農耕を営んできた。その場所は、そしてコンゴの残りの場所もそうなのだ
が、ベルギー王のレオポルド二世の私有地であり、1870年、ヨーロッパの有力
国が続々とアフリカ中に国旗を立て、植民を始めたとき、彼はそこを自分の領
地と言い張った。

　レオポルドは、ヘンリー・モートン・スタンレーという、以前にニューヨー
ク・ヘラルド紙の専属ライターをつとめ、消息を絶った伝道師、デヴィッド・
リヴィングストン博士を「探し当てる」という有名な離れ業をやってのけたこ
とで評判の冒険家に助力を要請した。スタンレーは5年にわたる旅に出ると
中央アフリカを横断しながら次々にそれぞれの地域の首長と土地協定を結ん
で、酒や衣服、そしていくらかの化粧品を贈ることを約束して、それらの物品
と引き換えに材木と象牙を取り付け、加えて現地人の際限のない肉体労働をか
ち取った。スタンレーはレオポルド王に対し、20年後、ベルギーの国土の5倍
もの広さの不動産を自分の取り分として要求した。彼はそれをCongo自由国と
呼んだ。その名は以前に書類に署名して土地を処分され、没落した土着の古い
王国の一つ、「Kongo」にちなんで命名されたものだ。レオポルドは現地の人々
への慈悲と恩恵のしるしに「この偉大なアフリカの金づる」を譲ると約束した。

　約束の言葉とは裏腹に、コンゴは巨大な強制労働キャンプになっていった。
アフリカ人たちは情け容赦のない鞭打ちと手の切断によって脅され、さらには、
ベルギー人管理者の課すノルマを満たすだけの象牙や材木を集められなかった
場合は、首を刎ねられることさえあった。ゴムの木が地域一帯を毛布で覆うよ
うに埋めつくしていたから、レオポルド王は、自転車のタイヤや電気の絶縁
体、電話線、ガスケット、ホースなどと並んで、新たに生まれつつあった自動
車産業の需要を満たすのにも絶好のポジションにあった。世紀の変わり目まで
に6000トン以上のゴムの樹液がコンゴから出荷されたが、そのすべては鞭打
ちや監禁、誘拐、殺人、そして組織的なレイプによって脅迫されたアフリカ人
たちから絞り取られたものだった。怠け者として目をつけられた者はレオポル
ドの警護組織であるフォルス・ピュブリークの隊員によって手や前腕を切断さ

れ、組織の連中はときに自分たちの勤勉な仕事ぶりを証明すべく、現地人たち
にしっかり収穫させていたことを示すため、切断した手をかご一杯に集める始
末だった。

　虐待の話が外部に漏洩するにつれて、コンゴは強欲の象徴になっていった。
レオポルドに対する多くの批判者のなかにジョセフ・コンラッドがいた。彼は
当時、コンゴ川に接する鉄道から蒸気船に荷物を積み込む仕事を得ていた。コ
ンラッドはそこで見たものに吐き気を催した。小説『闇の奥（Heart of Dark-
ness）』において、彼が描いた強欲な企業は、レオポルドの次のような譲歩の台
詞に範を取ったものだ。「地球のはらわたから宝を引っ張り出すのが彼らの欲
望だった」。彼は次のように続ける、「やつらの背後には道徳的な目的すら見出
せず、まさに安全地帯に逃げ込む泥棒さながらだった」（Tom Zoellner,*Uranium
: War, Energy, and the Rock that Shaped the World,*Viking, 2009. pp.3-4）。

　この『ウラニウム』という本は非常に面白い内容なのだが、残念ながら邦訳
はない。資料の終わり近くで言及されているジョセフ・コンラッドの『闇の
奥』は、岩波文庫版と新訳の光文社古典新訳文庫で読むことができる。フラ
ンシス・フォード・コッポラが企画・監督し、世界中で話題になった超大作、
『地獄の黙示録』の原案としても有名な作品である。

　コンゴは数少ないベルギー領植民地であり、当初はウラン鉱ではなく、銅山
として栄え、コバルト、スズ、亜鉛も採れた。引用文中にもある通り、無責任
で強欲な支配者により、はじめから人命や人権を度外視した粗雑かつ乱暴な搾
取が行なわれていた。これまでの歴史の中でももっとも悪名高い奴隷支配のシ
ンボルがコンゴだと言っても言い過ぎにはならないだろう。

　そのコンゴが20世紀、第二次世界大戦前夜に突如、ふたたび脚光を浴びる
こととなった。

〔資料No.06〕「腸チフスと赤痢が蔓延し、毎年10人に1人の鉱夫が病気や栄
養失調、岩の崩落、もしくはベルギー人管理者から浴びせられる鞭打ちによっ
て命を落とした」と、或る監視員は報告する。「彼らは週を通して小麦粉とト
ウモロコシしか食わせてもらえない」。

　そういう場所の一つがシンコロブウェであり、1914年、その一角から純度の高いウランが見つかった。当時、ラジウムは地上でもっとも高価な物質だった。アメリカの医師たちはラジウムを癌に効く奇跡の薬と呼び、人によっては自分の患者にリキッド・サンシャインと名付けられた弱ラジウム溶液を飲むよう勧めていた。ラジウムは1グラム当たり17万5000ドルで売れた。純金の3万倍の価格だった。

　ユニオン・ミニエール社は丘に分け入り、地下トンネル工事を開始した。1000人以上のアフリカ人労働者に命じ、鉱床の奥に向かって穴を掘ってゆくと、それまで地球上で発見された中でも最も純度の高いウラン鉱石の採れる場所が姿を現わした。作業者たちはビロード状の黒い石を袋いっぱいに詰めると、それを20キロ以上離れた鉄道まで運ばされた。袋は鉄道から港に送られ、次いでベルギー行きの蒸気船に載せられた。ウランを豊富に含む余りものは選鉱クズとして知られ、無造作に投棄された。ウランはちっぽけなラジウムのかけらを含むというだけで興味を持たれていたにすぎなかった。それ自体としては無価値であり、ただのクズ岩だったのだ。

　1940年、ナチスがベルギーに侵攻すると、ユニオン・ミニエール社は本社をニューヨークに移した。戦争は金になり、合衆国は間もなくコンゴ産コバルトの世界最大の消費国になった。コバルトは飛行機のエンジンの製造に欠かせない金属だったのだ。アメリカの消費量は戦争終結までに10倍にも増え、コンゴの鉱山は夜通し操業することとなった。

　だが、アメリカが必要としていたものに銅より遥かに大きな価値のあるものがあった。1942年9月18日の昼下がり、ケネス・D. ニコルズと名乗る米軍の大佐がユニオン・ミニエール社を来訪した。彼はその時のために正装のコートを着込み、ネクタイを結んでいた。ニコルズは当時、原子爆弾の製造という最高機密に属する、マンハッタン計画の助監督として雇われており、来訪の目的はそれまで無駄に投棄されていたウランを、唯一の供給源として知られる場所、シンコロブウェから買いつけるためだった（*Ibid.*,p.5.）。

　ウランは当初、何の価値も見出されず、たとえ掘り出しても出てくるそばから捨てられていった。シンコロブウェがウラン鉱として注目されるようになっ

たのは、ようやく 20 世紀に入ってからのことだ。アメリカが本格的に目をつける以前、ウランが出土する中心地といえば、ドイツのセント・ヨアヒムシュタール（St. Joachimsthal = Saint Joachim's Valley）だった。この鉱山も当初は銀山であり、ウラン鉱として栄えたわけではなかった。ちなみにセント・ヨアヒムシュタールという名称の英語訳も付けておいたが、聖ヨアヒムとは聖母マリアの父のことである。いわば聖母マリアの親父の谷というわけだ。

　1789 年、マーティン・ハインリッヒ・クラプロート（1743 〜 1817）という化学者が、鉛によく似た奇妙な鉱物を発見した。灰色に輝くその重金属にガラスを加えると黄色や緑に輝くことがわかった。クラプロートは、当時発見されたばかりの天王星（Uranus）にちなんで鉱石を "Uranium" と命名した。

　なんだか神々しい名前を付けられたものの、長らくクズ岩として邪魔物あつかいされてきた鉱物が突如, 稀少財となったのである。

　〔資料 No.07〕セント・ヨアヒムシュタール鉱山の監督たちは、キュリー夫妻からクズをただで譲ってほしいと頼まれたときは喜んで融通したものだが、今やかつての「凶運の岩」をスパ・ビジネスの中心的な売り物として掘り起こそうとしていた。彼らは 2 マイルのパイプラインを敷いてそこから汲み出した熱水を中世風の町の中心部まで運んだ。町はウィーンやプラハにほど近いところにあり、大都市に暮らす上流階級の人たちを引きつけるに十分だった。パック・ツアーなども委託されるようになり、鉄道の支線も加えられた。セント・ヨアヒムシュタールは間もなく年に 2500 人もの訪問者を迎えるようになってゆく。訪問者の一人に青い瞳のアメリカ人で J. ロバート・オッペンハイマーと名乗る私立学校の生徒がいた。やがて彼は科学に興味があると言うようになるが、その関心に火をつけたのは叔父からもらったというセント・ヨアヒムシュタールで採れた色鮮やかな鉱物コレクションの贈り物だった。

　　それまでコテージのあった場所に続々と新築のレンガ製タウンハウスが出現するようになる頃、鉱夫たちが謎めいた消耗性の疾患で亡くなっていた。大理石の巨大な階段があり、正面の庭園に噴水が設置されたラジウム・パレス・ホテルは、谷を見おろす傾斜地に建てられた。地元の醸造所は瓶詰めラジウム・ビールを売り出した。マリ・キュリーは彼女と夫を有名にした鉱物の「生地」

に招待され、巡礼の旅を通じて彼女自身、すっかり感傷的になったという。

　とはいえ事実としてマリとピエールは二人とも、当時はまだわからなかったものの、放射能性の疾患を患っていた。1903年、アーネスト・ラザフォードがパリに夫妻を訪ねたとき、彼はピエールの指が火傷で赤く腫れているのに気づいた。ピエールの指はひどく震え、客人に見せようとラジウムの試験管を握るのもやっとだった。彼の病状は重篤でノーベル賞の受賞講演にすら出られず、2年後まで講演を延期せざるを得なかった。ようやくストックホルムの地に立って賞を受けたとき、彼は躊躇いがちに語り出した。

　「自然の秘密にかくも奥深くに分け入ってまで調べ尽くすのは、はたして正しいことなのでしょうか？」と彼は問いかけた。「それがはたして人類を利するのか否か、あるいはその知識が人びとに仇なすことになるのか否か、といった疑問がここに浮かび上がってきます。ラジウムがもし犯罪者の手に落ちたら、たいへん危険なことになりえます。」

　講演の終わりに彼はスウェーデンの化学者、アルフレッド・ノーベルの名を引き合いに出して、希望を含んだ注意事項を述べている。ノーベルはダイナマイトを発明して富豪になり、新聞からは「死の商人」と酷評されたが、自身は平和主義者となり、科学の進歩や、芸術や平和の進展に寄与した人びとを祝福すべく、あの名高い賞を設けたのである。

　「ノーベルの発見の例は、強力な爆発物がある種の人びとに却って素晴らしい仕事をさせた点でも特徴的です」と言って、ピエール・キュリーは次のように結論づけた。「それはまた、民衆を戦争に駆り立てる大犯罪者の手に落ちた場合には恐るべき破壊の手段となります。私はノーベルとともに人類はこれら新たな発見から善よりも多くの害悪を引き出すと信ずる者のひとりなのです」。科学的好奇心は前進し、情け容赦のない力に向かっていくのだ（*Ibid.*,pp22-4.）。

　簡単な事実関係に関して、すこしだけ注釈を加えておこう。少年オッペンハイマーに鉱物のコレクションを送ったのが彼の叔父だと書かれているが、オッペンハイマーの評伝、『アメリカン・プロメテウス』によれば、どうやらプレゼントしたのは祖父のベンヤミン・オッペンハイマーだったようだ（Kay Bird & Martin J. Sherwin, *American Prometheus: The Triumph and Tragedy of J.*

Robert Oppenheimer, Vintage, 2006. p.14）。息子にピアノを習わせ、文学や芸術に親しむよう仕向け、なんとか芸術家になってほしいと考えていた母の願いに反して、以降、オッペンハイマー少年は科学に夢中になり、この講義の中心人物の一人になってゆく。その話の続きはまた——。

　話は再び世紀の曲がり角に戻すことにして——。

　キュリー夫妻が最初にノーベル賞を受賞したのは物理学賞だった。つまり、光学・電磁気学の対象としての放射線の研究が認められ、高く評価されたのである。ベクレルにしろピエールにしろ、いずれも光学や電磁気学の世界から放射性同位元素に関心を抱くようになったわけだから、元々の関心の動向からしたら至極当然の流れでもあった。彼らはウィルヘルム・レントゲンと同じく、すぐれて透過性の高い光（何かの放射）を発見したのだが、レントゲンとのちがいはそのような光を電気の力を借りずに発することのできる「物質」を発見したことにあった。天然の鉱物資源のなかに放射線を放つ物質、つまり放射線源が埋もれていたのだ。ベクレルのウラン、キュリー夫妻によるポロニウムとラジウムの発見から始まり、第一次大戦のさなかにマリが行なった医療支援の努力につながってゆくのも、ある意味、至極当然の流れだったと言えるだろう。すなわち、放射線医療の創始だけでなく、医療機器としてのX線照射装置の発明とその運用である。

　そしてと言うべきか、したがってと言うべきか、マリ・キュリーの二度目のノーベル賞は化学賞での受賞となった。今回は「放射性元素の発見と単離」が受賞理由だった。物理学で言う「原子」を化学では「元素」と言うのが慣例である。マリは、それぞれの放射性元素の化学特性を明らかにしながら、元素それぞれが発する放射線の強度についても研究を深めていった。

　放射線療法についての卓越した洞察力はさすがと言うべきだが、こちらを重視するなら、さらに医学生理学賞の授賞も夢ではなかったろう。とはいえ、こちらに関してはアーネスト・ラザフォードが呆れていたように、日頃から危険な物質に接していたがゆえの怪我の功名でもあった。ピエールとキュリーは不用心きわまりないほど気軽に放射性物質に触れていた。「指」に火傷を負うなど日常茶飯事だった。しかし、マリは自分の指に生じた火傷の痕を見て思うの

だ。皮膚組織を焼いて破壊するほどの放射線を延々と発し続けているこの鉱物の欠片を「癌」組織に埋め込んだら、どうなるのか？　彼女の脳裏をよぎったこの問いがいわゆる放射線療法の原点にあったものだ。

　そして、放射線療法の発見に至る異様な日常生活がピエールとマリの身体を次第に蝕んでいった。マリが日頃から愚痴をこぼし、おそらくはピエールも患っていた謎の「消耗性疾患」は、大量に浴びた放射線に起因していたにちがいない。

　そもそも夫妻にとってすら、彼らが魅了された物質が含む潜在的な何かは「未知の力」にほかならなかった。その「力」は、一つには物理・化学的な破壊力を意味しており、もう一つには同じ破壊力を逆手に取って医学的な力となり、まだ見ぬ生理学的な影響力をも孕んでいた。

　引用した資料の最後にピエールがストックホルムで死の前年、まるで遺言のように人類に遺した言葉が記されていた。彼の危惧は、まるで人類への書き置きのようにも読むことができる。

　元来、形式や人付き合いを極端に嫌ったピエールのことである、――ノーベル賞の授賞により彼らを見舞うことになるであろう大騒ぎを考慮すれば、そのまま放置し、知らん顔を決め込んでもよさそうなものだった。授賞の年に出席できなかったピエールが、より病状の重くなった２年後にあえて遠出をしてまで講演を行なった意味をよくよく考えておく必要がある。その「意味」とは、自分の身体を通して知った「力」の意味であり、また、物質がその内側に孕みもつ力を無思慮に解放してしまうときに現われる世界の変化（の可能性）の意味でもあった。

　ピエールが語ったことの「意味」をマリが（いかほどであったかは窺い知れないとしても）理解していないはずがなかった。しかし、それでもなお彼女は一人の「役に立つ人間」たらんとして黒服に身を包み、今日もまた謎の消耗に苦しみつつ気怠さを押してパーティに赴いてゆく――。

第4講
ラザフォードと原子核の発見

1　アーネスト・ラザフォード（1871-1937）

　アーネスト・ラザフォードは、ニュージーラン
ドでもとりわけ風光明媚な地、ネルソンに12人兄
弟の4番目として生まれた。父はスコットランド
出身の農夫であり、母はイングランドの出だった。

　幼少より並外れて優秀だったアーネストは1895
年、奨学生としてイギリスのケンブリッジ大学に
赴き、当時最先端のキャヴェンディッシュ研究
所の研究員になった。早くも1898年には、ラザ
フォードの輝かしい研究史における最初の発見が
記録されている。

アーネスト・ラザフォード

　〔資料No.01〕X線の研究を完成させたラザフォードは、難なく次の実験計画
を立てた。X線の電気的効果が興味深い代物だとしたら、ベクレルやキュリー
が最近報告したウランなどの放射性元素から発せられる放射による同様の効果
も、やはり価値のある研究対象ではないか。そう考えたラザフォードはため
らうことなく研究を始め、それによって最も重要な発見へと導かれることと
なる。マリ・キュリーがラジウムを単離する化学的方法を発見した一方で、ラ
ザフォードは放射能に伴う放射の特徴を見極める物理的方法を発見した。最初
の重要な発見は、ウランの放射が少なくとも2つの成分からなっていること
だった。一つは経路上にアルミ箔を置くと簡単に遮断され、もう一つはもっと
透過能が高い。ラザフォードは「便宜上」、透過しにくい成分を「α線」、透過
性を持つ成分を「β線」と名付けた。もう一つの成分「γ線」も、のちにラザ
フォードによって発見される（クロッパー『物理学天才列伝（下）』170頁）。

　アルファ線（以降、α線）は、観測できた放射線のうち、薄いアルミ箔すら透過できなかったものに命名された。この観測によりα線は少なくともＸ線のような透過性の高い光ではないということが明らかになった。1906年、ラザフォードはついにα粒子の中身を特定する。それは水素イオンの2倍の電荷があり、質量は約4倍であった。これらの情報から謎の粒子がいったい何であるかは明白だった。電荷が水素二つ分ということは陽子が二つ含まれていることを意味する。また、質量が4倍ということは、陽子以外の何か、少なくとも正負の電荷をもたない粒子がほかに二つ含まれていたことになる。つまり、α粒子の正体はヘリウム・イオンにほかならなかった。この場合の「イオン」は、核の周りを回る2個分の電子がなく、正の電荷しか検出できない状態、つまり原子核が裸の状態で投げ出されているということである。

　ちなみに1895年、ウィリアム・ラムゼーがウラン鉱石からヘリウムを発見していた。ヘリウムという名前の由来は、太陽光に含まれるスペクトルを分析した際に、ヘリウムを発光させたときと同じスペクトルが認められたからである。そこで太陽神ヘリオスにちなんで「ヘリウム」と命名された。

　〔資料No.02〕ヘリウムは、実際、太陽や宇宙ではごく普通の物質で、多くの星の質量の約4分の1を占めているほどである。それにもかかわらず、地上にごくまれにしか存在しないのは、ヘリウム原子が非常に軽く、化学的に不活性だからである。地球大気中のヘリウム原子は、空気の分子との衝突によって、地球の重力から抜け出すのに必要な速度を簡単に得てしまう。また、ヘリウムは、水素が水の中にとり込まれるように、他の比較的重い分子に取り込まれることがない。

　ヘリウムが放射能から生成されることは、1903年、マギル大学で、ラムゼーとソディによって見出された。彼らはラジウム塩からヘリウムがつくられることを見つけたのである。

　しかし、その確認作業は、1907年から1908年にわたって、マンチェスター大学でラザフォードとT. D. ロイズによって行なわれた。彼らは、ラジウムの試料から放射されたアルファ粒子を十分に集め、それが太陽の中で確認され

たヘリウムと同じスペクトル線を示すことを観測したのだった。

　ラザフォードはその時は知らなかったが、アルファ粒子が放射性原子から普通に放射される理由は、ヘリウムがわれわれの宇宙でたくさん存在する理由とまったく同じなのである。ヘリウムの原子核は軽い原子核の中でもとび抜けて強く結合した原子核だからである（スティーヴン・ワインバーグ『電子と原子核の発見』本間三郎訳、ちくま学芸文庫、2006年。230頁）。

　まずワインバーグの言う、この宇宙にヘリウムがたくさんある「理由」について簡単に説明しておくべきかもしれない。宇宙にある物質の大部分は水素であり、二番目に多いのがヘリウムである。ざっと数値を挙げておこう。

水素：全物質の93.41％
水素＋ヘリウムでは、全物質の99.87％

　つまり、元素番号1と2で物質のほとんどが占められている。その他の物質を含め多い順にざっと並べると、

水素＋ヘリウム＋酸素＋炭素＋ネオン＋窒素＋マグネシウム＋珪素＋鉄＋硫黄＝99.999％

　となる。放射性同位体が発見されるまで人々は、物質は永遠不変であり、不滅であると信じていた。ところが放射性元素が発見されると、永遠不滅の存在に疑問符が付されることになった。そもそもある種の物質はなぜ放射線を放つのだろう？　その理由は、放射線を放つことにより、元素の中心にある何かに幾ばくかの異変が起きていたからである。何種類かの異変により、宇宙に存在する物質全体の存在比にもわずかながら変化が生じてくる。物質が永遠不変ではないのだから当然であるとはいえ、変化はランダムに生じるのではなく、ある方向性があり、いくつかの規則性をともなっていた。宇宙全体で水素がゆっくりと減少し、するとヘリウムをはじめ他の元素がやや増加するのである。
　まず、放射性元素の場合、α粒子としてヘリウム原子核を放出することによ

り、いわゆる「放射性崩壊」が起こる。崩壊とはいえ、原語の「decay」は壊変とも訳され、必ずしも壊れて世界から消失してしまうわけではない。放射により宇宙から退場するのではなく、壊変という二字が示すようにある物質としては壊れながら別の物質に変わっていくのである。その変転のプロセスを「崩壊系列」や「壊変系列」と言う。いくつかの系列があるが、どれも長大なプロセスを辿って何度も異なる元素へ変身し、最後には必ず安定同位体に帰着する。この場合、水素の減少はともなわないが、いくつかの壊変についてはそのたびにヘリウムが放出されるから、その都度ヘリウムは増加し、崩壊した元素の量は相対的に減少していくことになる。

　次に太陽の場合であるが、太陽は水素の核融合により、あの猛烈なエネルギーを放射している。水素が結合すればヘリウムが生成されるから、太陽からは熱せられたヘリウムに固有のスペクトルが観測されたのである。

　さらにヘリウムが三つ結合するという化学反応も太陽の中心部で起きていた。いわゆる「トリプルアルファ反応」であるが、その結果、炭素が作り出される。ヘリウムに水素が１つ結合すればリチウムができるのだが、どうやら太陽の表層から検出できるリチウムの量はひどく少ない。また、核融合による物質の創造にも限界がある。恒星の中心部の炉、つまり高温高圧の炉心で作り出される元素は鉄が限界であり、鉄よりも大きな元素は別の方法に訴えなければならない。ともあれ太陽をはじめ、恒星はみな水素の核融合により猛烈な量のエネルギーを生み出し、熱と光を放出しているため、相対的に水素が減少し、他の元素が増えているとは言えそうだ。

　ちなみに核反応には放射性崩壊や核融合のほかに核分裂がある。核兵器や原子力発電所は核分裂からエネルギーを取り出すが、材料に用いられる物質はウランやプルトニウムなど巨大な元素に限られる。核廃棄物と放射能の問題が必ずセットになっているのも核分裂の悩みの種である。対照的に、核融合の場合はまったくゴミが出ない。材料も水素やヘリウムなど軽い元素に限られる。生まれるエネルギー量も核融合の方が核分裂よりはるかに大きく、かつゴミも出ないからクリーンといえばクリーンだが、実現が困難であるばかりか、あまりにも巨大な力が解放されるため、取り扱いは非常に難しい。水素と大気中の酸素から水を作る反応を利用して充電する、いわゆる「燃料電池」でさえ、よう

やく実現したばかりなのだから、技術的に乗り越えなければならないハードル
はまだまだ高く、課題も多い。現状では、プロセスのごく一部を除けば、核融
合を実現するために投入しなければならないエネルギーはたいへん大きく、そ
こから取り出せるエネルギーを大きく上回っている。

　いちおう太陽の大きさも復習しておくことにしよう。直径は 139 万 2000km
である。比較のために地球の直径を挙げておくと、1 万 2799km である。太
陽の直径は地球の約 110 倍程度となる。質量は 2 × 10^{30}kg となり、やや信じ
がたい大きさである。地球と比較すると 33 万倍にもなる。太陽系の全天体の
99.86 ％を太陽が占めていることになる。物質の組成は水素が 73.5 ％、ヘリウ
ムが 25 ％、その他 1.5 ％となっている。その他というグループに 3 番元素のリ
チウムから 26 番元素の鉄までのすべてがあると考えればよい。

　さて、ラザフォードは 1907 年、マンチェスター大学に招聘されると、早速、
ドイツから訪れたハンス・ガイガー（1882-1945）と共同研究を開始している。
ガイガーは、放射能（放射線量）の値を測るガイガー・カウンターの発明者と
しても有名だが、ラザフォードとともに成し遂げた仕事はカウンターの発明以
上に価値がある。彼らは薄い金属箔にアルファ粒子（ヘリウム）を照射し、表
面に衝突したヘリウムの軌道を観察した。アルファ粒子は金属箔を構成する元
素の付近を通過する際、どうやら軌道がわずかに曲げられ、広がってゆくらし
かった。彼らは硫化亜鉛の板を用意し、それにアルファ粒子を当てて測定して
みた。ヘリウム原子核が金属板に衝突した際に発する閃光を観測したのである。

　〔資料 No.03〕1909 年、ラザフォードは、何らかの理由で何個かのアルファ粒
　子がビームの入射方向に対して大きな角度に散乱されていないかどうか、調べ
　てみようと考えた。ここで何が起こったかについて彼の回想がある。これをラ
　ザフォードの最後の講義から引用してみよう。
　「ある日、ガイガーが私の所へやって来て言ったのです。『マースデンに放射
　能実験の方法を教えていますが、簡単な実験を始めさせてみてはいかがでしょ
　うか。』私もそう思っていましたので、『彼にアルファ粒子が大きな角度へ散乱
　されるかどうか調べさせてみたらどうかね』と言いました。私は内証で申し
　上げますが、そんなことが起こることはまったく思っていませんでした。アル

58

ファ粒子は、非常に速く走る重い粒子で、大きなエネルギーを持っていたし、そのような粒子が小さな衝突を数多くくりかえして後方へ散乱されてくる確率は、きわめて小さいことがわかっていたからです。

　それから、2、3日して、ガイガーが非常に興奮してやって来て言ったのです。『何個かのアルファ粒子が後ろにはねかえされるのを見つけることができました。……』これは、それまでの私の生活で起きた事件の中で、もっとも信じられないものでした。もし、みなさんが、1枚のティッシュペーパーめがけて15インチ（381mm）砲弾を打ち込んだところ、それがはね返ってきてみなさんにあたったとしたら、それが信じられるでしょうか。私にはこれと同じくらい信じられないことだったのです」（同 248-250 頁）。

　散乱はどんな割合で起こるのだろうか？　例えば、ラジウムを 4×10^{-5}cm のとても薄い金属箔めがけて撃ち込み、通過させようとすると、散乱の最確値は $0.87°$ となる。大半は角度にして $1°$ 未満に収まる。しかし、2万回に1回の頻度で後方に散乱することがある。$90°$ を超えるような散乱は、稀少性において最確値の 100 倍以上になる。100 倍以上に少ないというのは 1% 以下も同然だが、厳密に言うと、およそありえないほど小さな確率であり、3×10^{-2174} という途方もない予測値となる。ないも同然の値だが、これほどの確率ならティッシュですら弾丸や砲弾を弾き返してくるかもしれない。

　可能性としては、「α 線が原子と1回衝突して大きな角度に曲げられた」場合にのみ説明が成り立つ。ただし、原子同士が正面衝突したというより、原子の内部にあってアルファ粒子と同じ電荷を持つ何かとぶつかったと想定した方がつじつまが合う。つまり、α 線との電気的な反発力がその粒子をまっすぐ後ろに弾き返したと考えられるのだ。というのも、原子の表面には電子があり、負の電荷をもっているから、正の電荷をもつ α 線をむしろ引きつけてしまうからである。加えて電子はアルファ粒子よりも約 8000 倍も軽いから、大きな角度で散乱を起こすなどとは考えられない。「原子はその中心に小さな核、すなわち原子核をもっていて、その原子核は原子の質量のほとんどをその中に含み、正の電荷をもち、負の電荷をもつ電子に引力を及ぼし、それらを自分のまわりの軌道上に束縛している」。となれば、α 粒子が大きな角度で散乱している以

上、直進する a 線は電子殻の雲を抜けて、原子の中心部にあって正の電荷をもつ何ものかと正面衝突したことになる。それはアルファ粒子と同じく、電子よりもはるかに重く、とても大きいものでなければならなかった。その場所はガイガーの奇妙な報告とそれに対するラザフォードの驚きが導いたところだった、——a 粒子が激突したものこそ「原子核」にほかならなかった。

2　放射線

　ラザフォードもレントゲンと同じく、正体のわからない放射線に仮の名を付けていった。X線に続けて順当にY、Zと名付けていけばまだしもよかったのだが、えてして現実はうまくいかない。ラザフォードはギリシャ文字を使って、アルファ（a）、ベータ（β）、ガンマ（γ）と命名したのである。a 線はすでに述べたようにヘリウム原子核であり、正の電荷を帯びている。β 線には負の電荷があり、電子なのではないかと推察されていた。では、γ 線はどうか？

　〔資料 No.04〕3種類の放射線の第3番目のものは、ベータ線やX線のように高い透過性をもつが、アルファ線やX線と同じように、磁場によって簡単に曲げることができなかった。この放射線は、最初、フランスのP.ヴィラールが1900年に観測し、1903年にラザフォードによってガンマ線と名付けられた。
　ラザフォードは、ガンマ線がX線のように波長の非常に短い光であると考えたが、このことは1914年まで証明されなかった。
　1914年、ラザフォードは、E.N.ダコスタ・アンドラーザ（1887-1971）とともに、ガンマ線を結晶に当てた時の散乱を観測し、これからガンマ線の波長を測ることに成功した（同 230-1 頁）。

　γ 線は電磁波であり、目には見えないが光である。あなたが目に見える光（可視光）しか「光」と呼びたくなければ、光は電磁波のごく一部に含まれる。人に見える光は波長でだいたい800ナノメートルから400ナノメートル（以下、nm）くらいである。1 nm は1マイクロメートル［以下、μ m］の1000分の1であり、1 μ m は 1mm の1000分の1である。可視光よりも波長が長い電磁波も目に見えない。もっとも波長の長い可視光の「赤」よりも波長が長

く、知覚できない光を赤外線と言う。他方、もっとも短い波長の可視光は紫色であり、それより波長が短くなると見えなくなるから紫外線と言う。紫外線は400nm 〜 10nm の範囲であり、それよりも短くなると X 線（10nm 〜 1pm：pm はピコメートルと読み、1 pm は 1nm の 1000 分の 1）と呼ばれ、1pm よりさらに波長が短くなると γ 線と呼ばれる。

　周波数と振動数は一緒で、波長は一回の周期の長さを表わしている。たとえば、蛍光灯の中を走る電子振動の周波数は関東で 50 ヘルツ（Hz）だが、関西では 60Hz である。これは周期が 1 秒間に 50 回ないし 60 回であることを示している。光は秒速 30 万 km なのだから、30 万キロを振動数で割れば関東と関西における蛍光灯の波長が得られる。関東は 6 千キロ、関西は 5 千キロであり、たいへん長いがそれでも人の目には早すぎて点滅しているのがわからない。

　そもそも電磁波は何を伝達しているのだろう？　物質が振動する様子である。あらゆる物質は振動しており、それが電磁波の振動数によって表現されているのである。ならば肝腎の振動とは何だろうか？　ずばり熱である。波長の短い電磁波ほど高エネルギー波と呼ばれるのは、それだけ激しく振動し、高い熱を発する物質から放射されたからである。物質は冷えるにしたがって振動数が減少してゆく。波長ゼロの電磁波は、物質が完全に静止状態にあることを示している。そのとき、物質の温度は絶対零度、すなわちマイナス 273.15° になる。この状態を熱力学では「熱的な死」と呼ぶが、電磁気学では電圧がゼロになるから超伝導状態とも言われる。絶対零度よりも高い温度の物質は、それゆえ例外なく固有の振動数で震え、電圧があり、熱と電磁波を放出していることになる。ちなみに X 線は可視光の 1000 倍から 10 万倍という高いエネルギーを湛えている。日本では健康診断で毎年、上半身のど真ん中に X 線を照射されるが、病気でもない人間が必要と指摘されたわけでもないのに毎年のように放射能に曝露する習慣は世界的にもほかに例がなく、「健康」診断とは言いながら、少なくとも健康的な習慣とは言えない。紫外線を浴びることに敏感な女性たちが X 線にあまり抵抗がないのを見ると、私はやや不気味に感じてしまうのだが……。

3　崩壊系列

（1）放射性元素の驚異

　先に触れたとおり、放射性元素が発見されたとき、それまで信じられていた物質の永遠不変という信念が根底から覆された。それどころか永遠不滅のものなど一つも存在しないのかもしれない。しかも、元素の中には勝手に崩壊していくものさえあるというのだ。どの元素がいつ崩壊するのかは前もって予測できないが、集合体（かたまりや集まり）レベルで見れば規則的な確率で崩壊してゆく。つまり元素を個別に見ると予測不可能でも、かたまりを全体的に見れば確率論的に一定の崩壊速度を確認することができる。このことからわかることがある。

　〔資料 No.05〕現在、地球上にはウラン 235 はウラン 238 のわずか 0.71 ％しか存在していない。したがって、ウランが作られたのは、短寿命のウラン 235 が大部分壊れてしまうほど昔のことであった、ということになる。
　定量的にいうと、0.0072 は、ほぼ $(1/2)^7$、つまり 2 分の 1 を 7 回かけたものに等しいので、ウランが形成されてから今日までに経過したウラン 235 とウラン 238 の半減期数の差が、約 7 にならなければならない。これからすると、ウランの年齢は約 6×10^9 年となる。この年齢は、ウラン 235 の半減期の約 8.5 倍、ウラン 238 の半減期の約 1.5 倍であり、その経過半減期数の差が 7 になるからである（同 240-1 頁）。

　半減期というのは、減衰関数という漸進的かつ規則的に減少する現象を扱う関数によって測られる尺度であり、永遠に 0 になることはないが、延々と半分、その半分、さらに半分の半分といった具合に減っていく特徴がある。さて、少しややこしい説明になるが、我慢してほしい。
　ウラン 235 の半減期は約 7 億年であり、ウラン 238 の半減期は約 45 億年である。半減期一般については
　$0.5 = e^{-xa}$
という式で表わすことができる。x には半減期の数値が入り、e は自然対数

の底という定数である。eの意味は各自調べてもらうとして、その値は

$e=2.718281828459\cdots$

に決まっている。2の自然対数は

$a=0.693$

となり、その逆数である 1.443 は、放射性元素の平均寿命となる。ここで覚えておいてほしいのは、半減期の逆数が平均寿命になるという、そのことだけである。なお、2分の1の自然対数は − 0.693 である。

ワインバーグの計算の根拠を簡単に示しておこう。ウラン 238 はどうやら今、平均寿命を迎えつつあるようだ。問題はウラン 235 の元々の量だった。現在のウラン全体に占めるウラン 235 の存在比は 0.71% である。この量は元の量の

$(1/2)^{8.5}=1/362$

となる。現在の量が元々の 363 分の 1 なのだから、0.71 を 362 倍すれば257.02 になる。他方、ウラン 238 は現在、99.29％を占めている。ウラン 238は誕生からおよそ 1.5 回の半減期を経験していると予測されるから、

$99.29 \times 1.5=148.935$

が元々の量と考えられる。現在を 100 とすれば、ウラン全体の元々の量は

$257.02 + 148.935=405.955$

ほど存在していたことになる。しかも、元来はウラン 235 が全体の 63％を占めていたということまでわかる。

(2) エネルギーの観点から見た放射能

通常の化学反応と核反応はいったいどこがどう異なるのか？　資料を読んでみよう。

〔資料 No.06〕天然ガスのような通常の燃料を燃やす時に出るエネルギーは、1キログラム当たり約 5×10^7 ジュールである。したがって、ラジウムの放射性崩壊で放出されるエネルギーは、普通の化学反応で放出されるエネルギーの約10^5 倍も大きいことになる。(1903 年、キュリーとラボルデは、放射能によって生成される熱を直接測定した。彼らは、ラジウムが崩壊生成物と一緒に、1 時間に 1 グラム当たり 100 カロリーの熱を生成することを発見した。これは、も

し熱を逃がさなければ、2、3 時間のうちにラジウム自身を溶かしてしまうほど
の熱量である）（同 245 頁）。

「約 10^5 倍」とは「約 10 万倍」と同じ意味だが、その前に数字が置かれるこ
とが多いので、だいたい十数万倍もしくは数十万倍と考えておけばよい。エネ
ルギー効率から見れば、核反応は化学反応よりはるかに高効率である。少ない
原料から大量のエネルギーを取り出す（吐き出させる）ことができることから、
軍事的にも経済的にもコストパフォーマンスがよいと感じられたのだろう。し
かし、本当に安上がりなのか否かは種々の情報を調べ、吟味した上で考察する
必要がある。この講義が単なる反核でもなければ原発推進でもなく、物理学的
な原理の説明から開始するのは、考察し判断するのが私ではなく、聞き手の学
生たちだからである。私はただ最低限の仕組みを解説し、自分の頭で考えるた
めの材料をばらまくだけである。

(3) 放射性崩壊（放射壊変 radioactive decay）

　さて、半減期は放射性元素の半分が世界から消滅するのではなく、放射線を
出しながら、元の量の半分が他の元素に変化し、それまでの特徴を失って別の
特徴をもつようになることである。α 粒子の放出をともなう崩壊現象を「アル
ファ崩壊」と言い、β 粒子の放出をともなう崩壊現象を「ベータ崩壊」と言う。

　〔資料 No.07〕『放射能の原因と性質』と題された 1903 年の古典的な 2 つの論
文の中で、ラザフォードとソディは、「放射能という現象は、実際には、1 つ
の化学元素から他の化学元素への変換であり、その変換は、電荷を帯びたアル
ファ粒子やベータ粒子の放出によって引き起こされる」と説明している。これ
は大胆な内容であった。なぜなら、元素の不変性というものは、それまでの化
学の基本原理だったからである。
　翌年、ラザフォードは、英国学士院の懐疑的な聴衆の前で、彼とソディによ
る「崩壊理論」について述べた。聴衆の中にピエール・キュリーがいた。その
時、彼は放射能についての研究の概説講演を用意していた。キュリーは、講演
の中でラザフォードとソディの崩壊の理論について一言も言及しなかった（同

234-5 頁)。

　ピエール・キュリーは、ラザフォードの講演に耳を傾けながら、おそらく先手を取られたと感じていただろう。科学史ではとかく理論物理学者がもてはやされがちだが、ラザフォードはまちがいなく実験物理の最高峰に位置する人物だった。一つ一つの実験の設計が見事であっただけでなく、それぞれの実験を貫く展望や、人の使い方や育て方も並外れていた。やたらと声のでかい大男で、口先だけの理屈はなかなか信用しなかったらしいので、ある種の人々は警戒して近づかなかったにちがいないが……。さて、α崩壊とβ崩壊である。

　〔資料 No.08〕ラザフォードとモーズリーの研究は実を結び続けた。ソディは、1911 年、「原子がアルファ粒子を放出すると、常に、表の中で 2 つだけ順番の低い原子に変わる」と指摘した。

　また、ソディと K. ファヤンスと A.S. ラッセル（3 人とも何度かラザフォードの共同研究者であった）は、1913 年、それぞれ別個に、「原子はベータ粒子を放出すると、常に、表の中で 1 つ順番の高い原子に変化する」と記している。

　こうした遷移法則は、モーズリーによって原子番号と原子核電荷の間の関係が発見されたことで、矛盾なく説明された。アルファ粒子はプラス 2 の電荷を運ぶ（ヘリウムが元素表の 2 番であることに注意）ので、原子核がアルファ粒子を放出すると、2 単位の電荷を失うことになる。また、ベータ粒子は電子だから、マイナス 1 の電荷をもち、原子核がベータ粒子を放出すれば正の電荷が 1 単位だけ増加することになる（同 271 頁）。

　α線は、ヘリウム原子核（陽子 2 つに中性子 2 つ）だから、例えば元素番号 92 のウラン 238 一つが今、α線を発して崩壊したとしよう。ウランは陽子 2 つ分の正の電荷を失い、原子番号（つまり陽子数）が 92 から 90 に減少した。これは 92 番元素のウランから 90 番元素のトリウムに変わったことを意味する。また、陽子 2 個と中性子 2 個の計 4 個の核子を失ったことにもなるから、原子質量は 238 からマイナス 4 の 234 へと減少した。つまり、α崩壊により、ウラン 238 は陽子数についてはマイナス 2、質量についてはマイナス 4 になり、90

番元素のトリウム 234 になったのである。新たに出現したトリウム 234 は親元素のウランの性質を継承することなく、固有の半減期（24 日）と固有の化学的性質を帯びるようになる。

　トリウム 234 は 24 日の半減期を有するが、今度は β 崩壊し、24 日後に半分が別の元素に変わってしまう。β 崩壊は電子を放出するので、負の電荷が一つ減るのだが、電子殻（電子の周回軌道）から気まぐれな電子が一個、外に飛び出したわけではない。β 崩壊において本質的なのは、中性子 1 つが負の電荷を放出し、中性であることをやめる点にある。中性子のことをニュートロンと言うが、まさしく「±0」のニュートラルな存在が負の電荷を失えば、正の側に傾いてしまう。つまり中性子は電子を射出して陽子になるのである。その結果、β 崩壊では粒子を放出してわずかな支出があったにもかかわらず、質量数は変わらずに原子番号だけ 1 つ増えるのである。90 番元素のトリウム 234 は、こうして 91 番元素のプロトアクチニウム 234 になる。

　プロトアクチニウム 234 は半減期 24 万 6000 年をかけ、β 崩壊する。β 崩壊である以上、質量数は変わらずに原子番号だけ 1 つ増えるのだから、あ〜ら不思議、元のウランに戻ってしまった。ウランが α 崩壊したあと、β 崩壊を二つ経てウランに戻るという、とても不可解なことが起きた（とはいえ、原子番号は元の 92 に戻るけれども質量数は崩壊前の元素と変わっていないからウラン 234 である）。

(4) 崩壊（壊変・遷移）法則

　以下の資料では崩壊とも壊変とも訳されず、遷移という語彙が採用されているが、意味は同じである。

　〔資料 No.09〕遷移法則はまた、マギル大学でラザフォードとソディが研究した複雑な放射遷移系列に意味づけをした。これがトリウム系列に対してどのように適用されるか見てみよう。

　天然のトリウムのほとんどは、長寿命のトリウム 232 からなっている。また、トリウムの原子番号は 90 である。つまり、その原子量は水素の 232 倍で、原子核は 90 電子単位の電荷をもっている。トリウムは半減期 1.41×10^{10} 年で、

アルファ粒子を放出することが観測されている。したがって、崩壊後の原子は 232 マイナス 4 で 228、原子番号が 90 マイナス 2 で 88 でなければならない。88 というのはラジウムの原子番号である。そこで、私たちはトリウム 232 がラジウム 228 に崩壊する、と結論できる。

次に、ラジウム 228 は 5.77 年の半減期でベータ粒子を放出することが観測されている。そこで、ラジウム 228 は同じ原子量を持ち、原子番号が 88 プラス 1 で 89 という原子に変化することになる。これはアクチニウムの原子番号なので、ラジウム 228 はアクチニウム 228 に崩壊することがわかる。

アクチニウム 228 は 6.13 時間の半減期でもう 1 回ベータ崩壊を起こし、原子番号 90（トリウムの原子番号）に戻る。原子量は 228 なので、トリウムの軽い同位体、トリウム 228 である。

次にトリウム 228 は、1.913 年の半減期でアルファ粒子を放出し、ラジウム 224 に変わる。これがラザフォードのいう「トリウム X」で、実際には、天然トリウムの曾孫娘核である。

ラジウム 224 はアルファ粒子を放出し、原子番号 86 のラドン 220 に変わる。これがラザフォードのいう「トリウム・エマナチオン」である。

さらに 4 回のアルファ崩壊と 2 回のベータ崩壊によって、最後に、鉛の最も普通の同位体鉛 208 となって、放射能がとだえるのである（同 275-6 頁）。

資料末尾の「普通の同位体」とは何か？　まず同位体とは、同じ原子番号をもち、中性子数が異なるものを指す。英語では「アイソトープ isotope」と言い、日本語に訳せば（周期表の）「同じ場所」を占めるもの、という意味になる。つまり、原子番号と名前は同じだが質量数がちがうものである。普通という意味は、放射性ではないという意味であり、したがって「普通の同位体」とはもはや崩壊しない「安定同位体」であるということになる。

ウラン 238 から崩壊が始まる系列は「ウラン系列」と呼ばれる。ウラン 235 から始まる系列は「アクチニウム系列」と呼ばれるが、ごく最近、ウラン鉱から天然のプルトニウムが発見されたことから、おそらくは近いうちにプルトニウム 239 から始まる方向で訂正されるであろう。ついでに名称も「プルトニウム系列」に変更してもらえればわかりやすくなるのだが、科学の常というべき

か、おそらく名前はそのままだろう。資料が取り上げているのは、もう一つの系列である「トリウム系列」である。これはトリウム232から始まるもので、半減期はなんと140億年である。大元のトリウムが宇宙開闢の時に作られたとしても、まだ最初の半減期さえ迎えていないことになる。先に述べたように鉄よりも大きな元素は核融合で作り出すことができない。鉄よりも大きい元素がほしければ巨大な恒星の死を意味する「超新星爆発」に頼るしかない。星の死がビッグバンと同時に起こることはありえない。巨大な恒星が寿命を迎え、爆発しなければ作られないということは、どんなに短く見積もっても最初の半減期が訪れるまでに、まだかなりの時間を要することになる。もっと言えば、トリウムやウランのような超の付く巨大元素は、超新星爆発でも作るのには無理があると言われている。恒星の爆発を超える事件となると、もはやあれ絡みの出来事しか考えられないが、これ以上想像を逞しくするのは慎むとしよう。もしもトリウムがウランと同じ時代に作られたとすれば、少なくとも次のことくらいは言えるのではないだろうか。すなわち、トリウムの最初の半減期が訪れるその時まで人類が存続することはない、と。なぜなら、そのときには地球もおそらくは生物の住める星ではなくなっているからである。もちろん昨今の環境問題とはちがって、人間のせいじゃないのでご安心を。何しろその頃になると太陽の寿命さえ尽きる時代になっていそうだからである……。

　ちなみに三つの系列すべてに共通しているのは最終的な決着である。そう、どの系列をたどろうとも結局はみな鉛の安定同位体に到達して静かになる。しかし、鉛がすべて安定同位体であるわけではない。トリウム系列のあるケースでは1度目で鉛の安定同位体に到達するケースもあるが、むしろ例外的と言うべきだろう。一般に三つの系列すべてにおいて、安定同位体に達する前に、放射性の鉛を経由している。トリウム系列では一発で到達するケースのほかに2度目で達するケースがあり、ウラン系列は3度目の正直を地で行くケースであり、アクチニウム系列では2度目に到達する。

　ここで一つの事実に突き当たる。すなわち、鉛という金属はありふれているが、実のところ安定同位体を有するもっとも巨大な元素だったのである。82番の鉛より1つだけ大きい83番のビスマスにも安定同位体があると長らく信じられてきた。しかし、実はビスマスも放射性同位体だったのだ。ただし、百

年以上も安定同位体だと信じられてきたくらいだから、半減期はものすごく
長く、係数 1.9 に掛ける数、つまり 10 の肩に付く指数がトリウムの 9 を遥か
に凌ぎ、19 にもなる。10 の 15 乗で 1000 兆だから、その 1 万倍くらい（1.9×10^{19}＝1900 京）の年月を経て、やっと半分が崩壊する……。長らく安定同位体
と思われていたビスマス 209 は、こうして、あらゆる元素の中でもっとも長い
半減期を有する元素として知られるようになった、とさ。

第5講
リーゼ・マイトナーと核分裂

1　中性子の発見——ジェームズ・チャドウィック（1891-1974）

　ケンブリッジ大学のキャベンディッシュ研究所には、ラザフォードの指揮下で研鑽を重ねるたくさんの若手研究者がいた。その中にジェームズ・チャドウィックもいた。彼はポロニウムから放射される非常に速い α 粒子をベリリウムなど軽い元素の板に衝突させる実験を行なっていた。チャドウィックが気づいたのは、時折り高い透過性をもつ粒子が放出されていることだった。γ 線も高い透過性を示すのだが、それは正負いずれの電荷ももたない高エネルギー波だったからである。しかし、彼が発見したのは光速で物体を貫通してゆく電磁波ではなく、それよりも遅くて重い粒子だった。明白なのは、正の電荷をもつ α 粒子ではないし、負の電荷をもつ β 線でもないということだった。「物質透過力の大きさは、それが電気的に中性でなければならないことを示していた。電荷をもたない粒子は原子の中の電場で曲げられない。これが、電気的に中性のガンマ線が、アルファ線やベータ線より大きな透過力をもつ理由である」（ワインバーグ 293 頁）。

　その粒子をチャドウィックは「中性子（neutron）」と命名した。いっそラザフォードの命名法に倣って「デルタ線」ないし「デルタ粒子」とでも名付けてしまうか、さもなければ α 線、β 線、γ 線の方をそれぞれの特性に基づいて改名すればよかったのだが、取り立ててそうする様子も見られないまま、例のようにグダグダのネーミングをそのまま放置して先に進むのが科学の常なのであった。

　ともあれ、こうして明らかになったのが、原子核は陽子と中性子から成るということ、および中性子はときに電子を手放して陽子になることがある、ということだった。そして、後者の出来事がいわゆる「β 崩壊」だったのである。

　チャドウィックの洞察力がすばらしかったのは、当時の物理学者たちの頭脳

がラザフォードの説に呪縛されていたからである。その説とは、正の電荷をもつ陽子と負の電荷をもつ電子とは互いに強い絆で結ばれ、束縛し合っているという考えだった。その緊密な関係のあいだにちゃっかり割って入るような物体がほかにあろうはずがなかったのである。

　1934年、チャドウィックらの実験により、中性子の質量が陽子と電子それぞれの質量の和よりもわずかに大きいことが判明した。すなわち、中性子の質量は陽子より0.138％大きく、陽子と電子の和よりも0.083％ほど大きかった（ワインバーグ299頁）。このわずかなずれが表わしているのは、β崩壊により若干の質量が失われること、および中性子が陽子と電子のペアを単独の粒子と取り違えたものではないということ、そして、原子核の中にあるのは陽子と中性子であって、電子は存在しないということ、の計三点だった。質量が何かに転換されて失われるという事実が、実は残る二つの大事な事実を導く、このことが肝心だった。やや専門的になるが、その事実を証明する論理を資料から引いておこう。

　〔資料No.01〕アインシュタインは次のように考えた。「光の放射は、静止している物体が光を放射する場合と同じように、物体内に蓄えられた内部エネルギーを減らすだけではない。運動している物体の質量を減少させることによって、物体の運動エネルギーも減少させる」（ここで、運動エネルギーは、速度の2乗と運動物体の質量の両方に比例する量であることを思い出していただきたい。）

　一般的な結論は、内部エネルギーの増加や減少は、常に次の式で与えられる質量の変化を伴う、ということであった。

$$質量の変化 = \frac{内部エネルギーの変化}{(光の速度)^2}$$

これが有名な式、$E=mc^2$ の原型である〔第2講を参照せよ〕。

　さて、普通の単位での光の速度は非常に大きい（$2.9979 \times 10^8 \text{m/s}$）から、ほとんどの日常の過程では、質量の変化は検出できないほど小さい。

　たとえば、天然ガス1キログラムが燃えると約5×10^7ジュールのエネルギーが解放されることは前にふれた。熱が逃げた後、燃焼による生成物は、1

キログラムから次の量だけ軽くなる。

$$\frac{5 \times 10^7 \text{J}}{(3 \times 10^8 \text{m/s})^2} = 5.5 \times 10^{-10} \text{kg}$$

これはちり 1 粒の質量より小さい。

　アインシュタインは、放射能現象では、はるかに多くのエネルギーが解放されることを知っていた。彼は次のように推測した。「（たとえばラジウム塩のように）そこに含まれるエネルギーが大きく変化する物体では、私の理論を十分にテストすることは決して不可能ではない」

　アインシュタインは正しかった。〔中略〕

　今日、私たちは内部エネルギーが、アインシュタインの理論で予言される質量を与えることを知っている。たとえば、最も普通のウラン同位体であるウラン 238 のアルファ崩壊では、1 原子当たり 6.838×10^{-13} ジュールのエネルギーが解放される。これは、ほとんどがアルファ粒子の運動エネルギーになっている。

　アインシュタインの式によると、崩壊生成物が静止したとき、その質量はもとのウラン 238 の質量より、

6.838×10^{-13}J／$(2.9979 \times 10^8$m/s$)^2$=7.608×10^{-30}kg

だけ軽くなっていなくてはならない。

　原子量の単位は 1.66×10^{-27} キログラムに相当している（これを、原子質量単位〔atomic mass unit〕amu と呼ぶ）ので、崩壊生成物の原子量が、ウラン 238 の原子量より

$$\frac{7.608 \times 10^{-30} \text{kg}}{1.66 \times 10^{-27} \text{kg/amu}} = 0.0046 \text{amu}$$

だけ軽くなっている、と言いなおすことができる。

　これをチェックしてみよう。ウラン 238 の原子量は 238.0508 である。これが原子量 4.0026 のアルファ粒子と原子量 234.0436 のトリウム 234 に崩壊するのだから、失われた質量は、

238.0508 － 4.0026 － 234.0436=0.0046

で、アインシュタインの式から期待される値と完全に一致している（ワインバーグ 178-181 頁）。

　数字と数式が多いため、難しく感じられるかもしれないが、要は単純。化学反応であれ、核反応であれ、放出されるエネルギーは物質から転換されたものであり、その分だけ損耗し、失われるということである。化学反応の場合、エネルギーを放出する代わりに失われる質量があまりにも小さいため、元々の量と反応後の量とを比較することさえ困難であり、反応前の物質と反応後の物質とを区別することさえできない。

　しかし、放射性元素の場合、たとえばα崩壊では質量も元素の特徴もガラリと変わるから、反応の前後で物質を取り違えることはありえない。しかも質量の損耗についても化学反応に比較すれば、すこぶる大きい。核分裂や核融合となれば、さらに失われる量が大きくなるのは言うまでもない。それでもなお、素朴な直感からすれば、放出されるエネルギーの大きさに比して、物質から失われる質量はあまりにも微量であるように感じられる。その微量さの意味を絶妙な形で表現してくれたのが、アインシュタインの公式、「$E=mc^2$」なのだ。放出されるエネルギー（E）は、物質（質量 = m）に光速の自乗（c^2）を乗じてようやく求められるほどの規模だったのである。

　チャドウィックの発見の偉大さをさらに一つ付け加えるなら、それにより原子の全貌がようやく明らかになったことである。

2　超ウラン元素の探求

　ここに登場するのが、マンハッタン計画の中心人物と呼ぶべきイタリア人物理学者、エンリコ・フェルミ（1901-1954）である。業績よりも頭脳や手腕で比較すれば、20世紀でもっとも傑出した物理学者はおそらくフェルミその人にちがいないだろう。フェルミのものすごさには数々の逸話があるが、今はリチャード・ファインマンの『ご冗談でしょう、ファインマンさん』におけるマンハッタン計画の章をひもとくのを薦めるにとどめよう。少年の頃から始まる数々の伝説が桁外れだったためか、欧米の大学生は大企業への就職を実現するため、フェルミ伝説の核心にある概算の能力を身につけるべく、こういう類いの本を読んでいるらしい、——『フェルミ推定力養成ドリル』（ローレンス・ワインシュタイン&ジョン・A・アダム著、草思社文庫、2019年）。

　チャドウィックの発見を受け、フェルミのチームはベリリウム線（中性子線のこと）を鉛の薄い板に当てる実験に取り組んでいた。ある日、フェルミは当人にも理由のわからない直感により、その実験を取りやめにし、鉛の箔片ではなく、パラフィン（炭化水素）に照射することにしてみた。すると不思議なことが起きた。中性子の速度が落ちたのである。この、いわゆる「パラフィン効果」は中性子の「減速効果」であり、それにより遅い中性子の概念が生まれる。「熱中性子」という概念が、この遅い中性子を指すのだが、核分裂にともなって放出される「遅発中性子」と混同してはならない。熱中性子の遅さは単純に速度が遅いことであり、遅発中性子の遅さは、早く放出されるか遅く放出されるかの区別における「遅さ」なのである。

　フェルミは、熱中性子をウランに照射した。すると、ウランの原子がいわゆる「中性子捕獲」という現象により、質量を増やし、ウラン239になったか、あるいは原子番号93や94になる超ウラン元素へと変化したのかもしれなかった。単純に中性子が一つ増えただけならウラン239になるが、多くなった中性子の一つがβ崩壊すれば、92番元素のウランに陽子が一つ増えることになるから新たに93番元素が出現したことになる。さらにもう一つ中性子を捕獲させ、それをベータ崩壊させることができれば、94番元素だって夢ではない……と、そのように思われた。

　早速、フェルミのチームは超ウラン元素の発見を大々的に発表し、世界的な栄誉となるはずだった。しかし、フェルミの発見は幻であったことが後に判明する。とはいえイタリア科学にガリレオの栄光を取り戻させようとするフェルミの勢いは、「新たな放射性元素」の発見により1938年にノーベル賞をもたらすことになる。この授賞の正否は別として、そのタイミングがのちにアメリカと日本にとって決定的な意味を持つことになる……とはいえ当時はフェルミ当人ももちろん、世界の誰にもわからなかったし、予想もできなかった。

3　リーゼ・マイトナー（1878-1968）

　先ずは彼女の生い立ちを資料から読んでみよう。

　〔資料 No.02〕リーゼ・マイトナーは1878年のウィーン生まれ、中流の自由な

ユダヤ人一家の、8人きょうだいの3番目だった。父親は弁護士で多趣味だった。父親とその妻ヘドウィッヒは、「自宅に国会議員、作家、チェスプレーヤー、弁護士といった興味深い人たちを集めた」とマイトナーの主要な伝記作家ルース・サイムは書いている。「子供たちは夜遅くまで話を聞いた。後年マイトナーに子供時代のことを訊くと、一番覚えているのは『両親がとても良くしてくれたことと、きょうだい全員がとても刺激的な知的環境の中で成長したこと』だという。」

　マイトナー家の子供たちは才能に恵まれ、それにふさわしい道を選んだ。リーゼの姉アウグスト（グスティ）は音楽の天才で、作曲家兼コンサートピアニストになった。リーゼも音楽が好きだったが、演奏家になるほどの気性はなかった。しかし早くも8歳には数学と物理学に強い興味を示し、大学を目指した。19世紀のオーストリアでは、女性の公教育は14歳までとなっていて、大学入学に必要な勉強にははるかに足りなかった。それでもマリ・キュリーと同じく、リーゼ・マイトナーも不十分な中等教育に甘んじなかった（クロッパー『物理学天才列伝（下）』204頁）。

　フェルミが20世紀が誇る最高の能力だったとすれば、リーゼ・マイトナーは20世紀でもっとも高潔な物理学者として今なお多くの科学者の尊敬を集めている。資料の文面から察することができるのは、彼女の育った家庭はとてもリベラルで進歩的だったということだろう。オーストリア出身であり、かつユダヤ人という点では、精神分析の創始者であるフロイトとも共通しているが、マイトナーの家庭からはフロイトの父のように厳格な雰囲気は感じられない。そのためか、マイトナーの思考に宗教性は皆無に近く、生活面でも宗教色はきわめて稀薄だった。ユダヤ人とはいえ、マイトナーはアインシュタインと同じく、敬虔なユダヤ教徒からはほど遠く、むしろ自由な気風をそなえ、時代の先端を行くコスモポリタンだったのではないだろうか。

　とはいえ、彼女が育った時代において、少数性（minority）という点ではユダヤ人であることよりも女性であることの方が遙かに不利益・障害ともに大きく、その点ではポーランドからフランスに渡ったマリ・キュリーと共通していた。向学心旺盛な女性にとって、高等教育の壁はとりわけ高く、分厚かった。

1867 年まで、オーストリアでは男性に対しても大学は全面的に門戸を開いていなかった。階級の格差は即座に経済的な格差に反映していたし、それらの格差は当然のように教育格差に直結していた。加えて、宗教や出自の面でも障害は多々あった。それらの障害の大部分が取り除かれたあとも、女性への門戸は相変わらず閉ざされたままだったのである。1901 年、つまり 20 世紀最初の年であるが、実質的には聴講生に近い形ではあるものの、ようやくマイトナーはウィーン大学の授業への出席を許可される（処遇はとても平等とはいえなかったが、1897 年、文学と科学の二つの学科に限られていたとはいえ、女性にもやっと入学が許可されるようになった）。

　マイトナーと同じく、男子学生ばかりの世界にぽつんと女性が混じっていて、それがヘンリエッテ・ボルツマンだった（Ruth Sime, *Lise Meitner : A Life in Physics*, University of California Press, 1996. p.9）。その父、ルードウィヒ・ボルツマンこそ熱力学に代わる物理学の新分野、統計力学を創出し、量子力学の登場を準備した巨人だった。リーゼはボルツマンの情熱的かつ斬新な講義に魅了され、大きな影響を受け、さらには生涯にわたる敬意を抱くこととなった。先の資料で言及された伝記において、サイムはこう述べている、――「これまでに聴いた中でももっとも美しく、刺激的な講義だった、……彼自身、わたしたち学生に教えるあらゆる事柄に対して途轍もなく熱狂的でしたから、学生にとっては、どんな講義からも完全に新しく、また驚くべき世界が覆いを剝がされて真の姿を現わしたかのような感覚に襲われたのです」（*Ibid.*, p.13）。
　先見の明に溢れんばかりの知性の持ち主であったボルツマンは、その名声に違わず、当時の大半の人々とは感覚においても大いに異なっていたのだろう、女性に対する偏見がなく、ごく当然のように女学生を受け入れ、彼女たちの才能を認めた。後年まで続くマイトナーの尊敬の念と影響力を見れば、ボルツマンの態度における偏見のなさがただの飾り物ではなく、濁りも曇りもない本物だったことがわかる。
　ただ、ボルツマンの真っ直ぐな情熱が仇となり、当時、彼の仕事は敵の陣営に包囲され、袋叩きの憂き目に遭っていた。物理現象を統計学的に考える手法が主流派の癪に障ったのだろうか、――学会の領袖だったエルンスト・マッハ

がとりわけ彼を敵視し、呵責ない攻撃を繰り返していた。出口の見えない論争に巻き込まれ、懸命に反論・抗弁し、反駁を試みるも、ボルツマンは次第に消耗し、衰弱していった。

1905年、マイトナーは女性で二人目となる博士号を取得し、ようやく科学者としての道を歩み始めようとしていた。その矢先、つまり学位取得の翌年にボルツマンの訃報に接することになった。夏の休暇中、ボルツマンは妻子と連れ立って避暑地の別荘に赴き、心身ともに休養を取ろうとしていたときのことだった。

1907年、マイトナーはベルリンに移り、革命家ボルツマンから、堅実かつ保守的な人物として知られるマックス・プランクの許に行こうとするが、芳しい返事は得られなかった。プランクという人物のとりわけ興味深い点は、常に用心深く行動し、少しでも過激そうに見えたら、その道を行くのは避けようとする性格だったのだが、それでいながら結果的にもっとも望ましくない道に通じ、あえて遠ざかろうとしていたゴールに到達してしまうのだった。

後年、マイトナーはボルツマンの講義にみられる「目一杯の熱狂」に溢れ、とても人間的だったと評した上で、彼と対比してプランクの講義は「とびきり明晰だけれど、はじめはどこか人間味がなく、ほとんど無味乾燥に感じられた」と思い返している（*Ibid.,* p.26.）。つとに有名な黒体放射の実験においても、ボルツマンの不幸を知っていただけに、彼の仮説に適った結果が出ると、なんとしてもそれだけは避けようと何年も追試に費やし、結果的にボルツマンの仮説を立証してしまった。その道だけは、と必死に避けていた統計力学を確立し、かつ量子力学の先鞭を付ける結果となった。プランク定数はもちろんだが、ボルツマン定数でさえも実は保守主義者、マックス・プランクが定式化したものだった。

望んだ結果ではなく、皮肉な形で革命家になってしまったプランクは、保守的だったけれども特に偏見が強かったわけではないから、アインシュタインやフリッツ・ハーバーとも親しくしていたし、間もなくマイトナーもプランク家を頻繁に訪れるようになる。恒例の音楽会とお喋りの機会が催されると、決まってプランクがピアノを奏で、アインシュタインがバイオリンを弾いていた

ものだ。時折りマイトナーも請われてピアノを弾いたが、たいがいは演奏に耳を傾け、お喋りに興じていた。たまに会に呼ばれ、自慢のテノールを披露していたのが当時はまだ新進気鋭の化学者だったオットー・ハーン（1879-1968）である。ハーンはマイトナーと親交を結ぶや否や彼女の才能を悟ったのか放射能研究に誘うようになり、間もなくチームへの参加を熱心に要請することとなったのである。

4　オットー・ハーンとのチーム

　ハーンは当時、ベルリン大学の科学研究所助手という身分だった。彼は研究所の所長を説得し、地下の一室を実験室としてマイトナーに用意した。日も差さない狭い部屋だったが、それでも場所が用意されただけよかったのかもしれない。というのも、リーゼとオットーが出会ったのは1907年（*Ibid.*, p.27）のことであり、ハーンがクビになる危険を覚悟で上司のエミール・フィッシャーを説得し、はじめて女性用の部屋を用意したのが翌08年であり、そして女性に高等教育を受けることが認められ、研究所への出入りが認められるようになったのがその翌年に当たる1909年のことだったからである。

　理論物理に通じているマイトナーと実験化学が本領だったハーンは、研究チームとしては文句なしの組み合わせだったが、さらにはシャイで内気だったマイトナーと社交的で陽気なハーンは人としての相性もよかったのだろう、二人の関係はきわめて生

リーゼ・マイトナー（左）とオットー・ハーン

産的な研究チームへと育っていった。何より研究第一の関係を意識してのこと
だったのかもしれないが、彼らは互いに共同研究者の間柄よりも深いつながり
になってはならないと気を使い、細かく配慮してもいたようだ。日本風にいえ
ば、呼び名も互いの姓を「さん」付けで呼ぶ習わしを崩さず、必要以上にフラ
ンクになるのを注意深く避けていた。その甲斐あってか、チームの業績として
は 1908 年に 3 篇の論文、翌 09 年には 6 篇の論文を発表するなど順風満帆であ
り、もっといえば圧倒的な生産性を誇っていた。

　1912 年、その圧倒的な生産性が認められたのか、二人は暗くて狭い地下室
から解放され、そしてマイトナーは実質的なステイタスがない無給の研究員と
いう立場からも解放され、カイザー・ウィルヘルム研究所（現・マックス・プ
ランク研究所）に招聘されることとなった。彼女はこのとき、すでに 34 歳に
なっていた。

　〔資料 No.03〕マイトナーとハーンが二人で行なった最初の発見が認められ、
　二人は、当時はまだベルリンの西はずれだったところに新設されたカイザー・
　ウィルヘルム研究所の大きな実験室に移ることができた。そのころはまだ、遠
　くに田舎の風車が見え、西に向かってずっと行けば森もあった。彼らは重要で
　信頼できる研究チームとして、次第に有名になっていった。彼らは、原子とは
　どのようなものであるかに関して、核心となる、絶対不可欠な知識を確立する
　作業に貢献していたのである。彼らの発見はまたたくまに、イギリスのラザ
　フォードの発見と同じように、無視できない重要な事実となった。
　　この間一貫して、彼女とハーンは表面的な儀礼を守り通し、親しい間柄で使
　うドイツ語の二人称「ドゥー」を使わないように気をつけた。彼女の手紙のな
　かでは、彼はいつも「親愛なるハーン氏」だった。しかし、このような形の特
　別な間柄というものもあり得る。すなわち、このようにしかつめらしい儀礼が、
　お互いがもっと深い関係になるのを防いでいるのだということを意識しつつも、
　あくまでもそれには触れないという間柄が（デイヴィッド・ボダニス『E=mc²』
　伊藤文英・高橋知子・吉田三知代訳、早川書房、2005 年。118-9 頁）。

二人が研究所で一緒に取り組んだのは、元素周期表の「穴」だった。特にこ

だわっていたのがアクチニウム系列の穴、すなわちアクチノイドの先頭に位置する 89 番元素のアクチニウムの「母元素」が当時、まだ不明だったのである。たくさんの研究者が我先に発見しようとあくせくしていた。しかし、チームがちょうど波に乗りはじめ、これからというときに第一次世界大戦が勃発してしまった。ハーンは従軍し、おそらく有能な化学者だったことが理由でフリッツ・ハーバーの指揮の下、毒ガス作戦に従事していた。独り研究所に残され、孤軍奮闘するマイトナーと戦場で毒ガス戦に従事していたハーンは、なお手紙による文通を通じて共同研究を続行しようとしていた。しかし、戦争が泥沼化していくにしたがい、ハーンからの返信は滞りがちになっていった。

　終戦の年、すなわち 1918 年、最終論文「アクチニウムの母物質」が発表された。実質的にマイトナー単独の研究だったが、論文の筆頭著者はハーンであり、元素名も周囲の人々に勧められた「リーゾニウム」や「リーゾットニウム」など「リーゼ」の名に因んだものではなく、淡泊に「プロトアクチニウム」とされていた (Sime, *Lise Meitner*, p.71.)。プロトアクチニウムは原子番号 91 番で、質量数は 231 だった。この物質が α 崩壊すれば、陽子が 2 つ減り、中性子 2 個と合わせて質量は 4 つ減るから、89 番元素のアクチニウム 227 が現れるというわけだ。

　この論文が発表されたとき、マイトナーはすでに 40 歳になっていた。いちいち女性の年齢を書くのは失礼に感じられるかもしれないが、大事なのはその点ではなく、すでに大半の物理学者は全盛期を終え、実質引退になる年代に入っていてもおかしくない年齢なのだ。にもかかわらず、マイトナーの最大の功績はまだかなり先の話になる。その点、マイトナーはアインシュタインやハイゼンベルクとは異なり、むしろチャンドラセカールやファインマンのような稀有な例に近く、生涯にわたってトップランナーだったのかもしれない。ただし、本講義にはその間の話をしている暇が残されていないので、一挙に最高到達点に飛ぶ。

5　スウェーデンへ

　1933 年 1 月末、ヒトラーがドイツの首相になる。以降、ドイツと周辺国は地獄模様に呑まれてゆくことになる。その前年に当たる 1932 年について、マ

イトナーの伝記の著者、サイムは「奇跡の年」と言い、アインシュタインが1905年、立て続けに偉大な金字塔を打ち立てて以来のことだったという（*Ibid.,* p.125）。チャドウィックの中性子の発見が科学者たちを新たな実験に駆り立て、フェルミの超ウラン元素の発見につながってゆく。物理の世界の騒ぎはさらに大きな歴史のうねりの中にあった。

〔資料 No.04〕1933年、ドイツには60万人のユダヤ人がいて、人口比にすると1％にすぎなかった。しかし、学問的な共同体に占める彼らユダヤ人の代表（の割合）ははるかに高く、科学全体では20％、とくに物理学では25％を超えていた（*Ibid.,* p.139.）。4月の初めから、マックス・プランクはイタリアでバカンスを取っていたが、マイトナーがハーバーの解雇について手紙を送ると急いでベルリンに戻った（*Ibid.,* p.142）。

　マックス・フォン・ラウエの要請にしたがって、プランクはカイザー・ウィルヘルム研究所でハーバーの一周忌を記念する行事を企画し、開催する。当局の脅迫があって、科学者たちは出席を見送ったが、彼らの妻たち、産業界や軍関係者など、生前のハーバーと親交のあった人たちが参加したという。プランクはスピーチを次の言葉で終えたという、「ハーバーは我々に対して誠実だった。我々も彼に対して誠実たらんとしよう」（*Ibid.,* p.156）。

1934年、超ウラン元素に関するフェルミの論文を読むと、世界中の科学者たちが功を焦るかのようにして中性子照射の実験を開始した。代表的だったのは、イタリアのフェルミチーム、フランスのジョリオ＝キュリー・チーム、そしてドイツのマイトナー＝ハーンのチームだった。因みにフランスチームのジョリオはマリ・キュリーの娘イレーヌの夫であり、かつマリの崇拝者でもあった。

〔資料 No.05〕まず最初に、リーゼ・マイトナーはベルリンで化学者のオットー・ハーンと約30年間ともに働いていて、最後の3年間は、中性子をウランに衝突させ、そこで作られた放射性物質を研究していたことを説明しよう。この実験を最初に行なったフェルミは、超ウラン元素、すなわちウラン（最も

重い元素として当時の化学者に知られていた）より重い元素を作り出したと考えており、化学者ハーンは研究すべきたくさんの新しい元素が得られたので喜んでいた。しかし、リーゼ・マイトナーは、中性子をウランに衝突させる実験で、そのような多数の異なった物質が作られたと説明することがどんなに難しいか理解していた。さらに、明らかにウランより軽いものがいくつか（パリで）発見されたので事態はより複雑になった（オットー・フリッシュ『何と少ししか覚えていないことだろう』松田文夫訳、吉岡書店、2003 年。141-2 頁）。

ウランよりも重い元素は「超ウラン元素」と呼ばれる。ならば、中性子照射の結果、新たに生じるウランよりも軽い元素はいったいどう呼べばいいのか？
　そもそもウランより軽い物質はどうして急に現われたのか？　その謎めいた現象は 1935 年、イレーヌ・キュリーによって報告されている。新たに発見された物質はランタン（原子番号 57、質量数は 139）だった。その報告を読むや否や、ハーンは何かの間違いであると確信し、その証明を決意したという。しかし実験はハーンの意図しなかった結果をもたらし、「いいや」とばかりに正確を期して繰り返していくうちに、ますます彼の意図を反証する結果が出てしまうのだった。いったいこのことをどう理解すればよいのか？
　どのチームも大発見の手前で地団駄を踏んでいるなか、38 年 8 月、志半ばでマイトナーはハーンを残し、スウェーデンに発つことになった。

〔資料 No.06〕「新たな出発」。その言葉はまるで嘲っているかのように楽観的に響く。31 年前にベルリンに到着して以来、彼女がひどく孤立感を深めてきたからだというわけではない。彼女と同じく何千という人々が亡命したとわかったところで、彼女の絶望に加算されることにしかならないからだ。〔マイトナーの亡命を助けた〕ディルク・コスターへの感謝すら、彼女のような影響力がなく、それゆえ献身的に手を貸してくれる友人たちもいないがため、かくも多くのユダヤ人たちがドイツから逃れられなくなったと知れば台無しになってしまうのだ。彼女はのけものになり、過ぎ去った過去と何一つ残っていない未来とのあいだで宙吊りになっていた。「あえて振り返りません」と彼女はスウェーデンからコスターに書き送った、「でも前を向くこともできないのです」

（Sime,pp.208-9）。

　リーゼの重苦しい感慨には逃避行に成功したことの安堵はなく、むしろ何者でもない者、つまりステイタスなき者の空隙のようなステイタスだけがあり、その何もない空隙を逃げられなかった者たちの不運が埋め尽くし、亡くなった同胞たちの悲惨が覆い尽くす。このような論理が生き残った者たちを戦後になっても苛むこととなった。

　さて、マイトナーの甥に当たるオットー・フリッシュは資料の経緯を端的にまとめ、「リーゼ・マイトナーは非常に急に出国を説得されて（と言うより、恐らく、追い立てられるようにして）、オランダの友人たちに助けられながら、デンマークに逃亡し、秋には、ストックホルムのマン・ジーグバンが率いるノーベル協会で働く誘いを受け入れた」と記している（フリッシュ141頁）。フリッシュはそれまでベルリンの叔母の家を訪ね、一緒にクリスマスを過ごしたが、その年の暮れは事情が変わり、スウェーデンで過ごすことにした。この訪問が歴史を変えるとも知らずに――。

　スウェーデンの研究所に身を寄せたが、受け入れ先のトップだったジーグバンは徹頭徹尾マイトナーを冷遇し、彼女はスウェーデンを去るまで憔悴しきった状態から脱することができなかった。他方、ドイツに残されたハーンは完全に迷路に迷い込んでしまい、こちらもなす術がない状態だった。当惑しきったハーンの手紙を、マイトナーはスウェーデンの地で受け取り、フリッシュの面前で封を開け、字面を追うこととなった。

　〔資料No.07〕クングエルブで最初の晩を過ごしていた翌日、私がホテルの部屋から出ると、リーゼ・マイトナーがハーンからの手紙を調べていて、明らかにそれに悩まされているのがわかった。私は自分で計画していた新しい実験について話したかったのだが、彼女が聞こうともしなかったので、私は手紙を読まなければならなくなった。その手紙は非常に驚くべき内容だったため、最初は書かれていることに懐疑的になりかけた。ハーンとシュトラスマンが見出した三つの物質はラジウムではなく、……バリウムだった。

　結局はただの間違いかもしれないと私は示唆したが、リーゼ・マイトナーは

手を振って否定した。ハーンほど優れた化学者がそんなしくじりをするはずが
ないと彼女は私に請け合った（Sime, p.236）。

　バリウムは原子番号56、質量数137の元素である。ハーンは質量数の異な
る同位体があるのを怪訝に感じていた。そこにあってはならないものがあった
からである。もしも実験で用いるバリウムの中に自然の存在比ではありえない
量の同位体があったとすれば、自然に反することが起きていたことになり、単
なる間違いで済ますことなどできない。いったい何が起きたのか？
　すでに核分裂を知っている我々からすると自明なことのように感じられるが、
誰一人として予想だにしえない現実が起きていた、――「リーゼ・マイトナー
の頭のなかである発想が一瞬閃いたのだが、それはきわめて革命的で、この上
なく強力で、通念にはまったく反した、そうした意味合いからすれば、ニュー
トンやアインシュタインの発想にも匹敵する類いのものだった」（アクゼル『ウ
ラニウム革命』144頁）。

　〔資料No.08〕フリッシュが朝食を取るあいだ、二人はテーブルに座ってその
　ことについて話し合った。マイトナーがベルリンの作業チームに指示した実験
　が奇妙な結果をもたらしたことは、何らかの理由でウラニウム原子が分裂した
　とすれば説明がついた。バリウムの原子核は、ウランの原子核のほぼ半分の大
　きさである。彼らが検出したバリウムは、ウランが真っ二つに分裂してできた
　原子だったとしたらどうだろう？　しかし、原子核物理学がこれまでに明らかに
　してきたことからすると――ラザフォード以降、これまでのあらゆる成果を考
　慮しても――、そんなことはあり得ないはずだった。ウランの原子核のなかに
　は、陽子と中性子を合わせて200個以上の粒子があった。これらの粒子は「強
　い核力」と呼ばれる、原子核内部で接着剤のように働く、おそろしく強い力で
　まとめられている。中性子が一個侵入してきたからといって、このように強力
　な結びつきをばっさりと断ち切って、真っ二つに割ることなど、どうしてでき
　ようか？　大岩に小石を一個投げつけて、その大岩が真っ二つに割れるなどと思
　う人はいないだろう（ボダニス125-6頁）。

　因みにオットー・フリッシュ（1904-1979）は、マイトナーの甥っ子である。当時、コペンハーゲン大学（デンマーク）のニールス・ボーア研究所に在籍していた。出来事は甥のフリッシュが冬の休暇を利用して叔母を訪ねていたときに起きた。

　叔母の発想に耳を傾けながら、フリッシュは困惑して何度も自問した、——原子核を破砕するのに要するエネルギーを考えてもみるがいい、と。それは途方もなく巨大なものになるだろう。それはまるで……「鶏の卵から恐竜が孵化するのと同じくらい奇想天外」（アクゼル150頁）なことだった。その奇想天外なアイディアに到達する際の出来事を甥のフリッシュは次のように回想している。

　〔資料No.09〕私たちは雪の中を上り下りし、私はスキーに乗り、彼女は徒歩だった（彼女はその道を徒歩でもスキーと同等の速度でついていけると言い張り、その言葉を証明した）。そして、ある考えが徐々に形を取り始めた。それは原子核の薄切りでもなければ亀裂でもなく、むしろ原子核は液体のしずくのようなものであるというボーアのアイディアによって説明しうるプロセスなのだ。一滴のしずくが長く伸びれば、割れてしまう……。通常の液滴にみられる表面張力が二つの小さな液滴への分割に抗うのと同じく、そのプロセスに抵抗する強い力があるのはわかっていた。しかし、原子核はある重要な点で通常の液滴とは異なっている。核には電荷があり、それが表面張力の効果を消してしまうことが知られていた。

　この点まで達すると、我々は二人とも木の幹に座り、紙切れに計算を始めた。ウランの原子核の電荷は、我々が見出したところでは、ほぼ完全に表面張力の影響に打ち勝つのにちょうど十分なだけの大きさだった。ウランの原子核はまさにぐらぐらした不安定な液体のしずくであり、（一個の中性子の衝突のような）考えられる最もわずかな刺激でも簡単に分かれてしまうのかもしれなかった。

　しかし、もうひとつ別の問題があった。二つのしずくが分かれるとき、それらは互いの電気的反発力によって引き離され、その結果、合計して約200MeVにも及ぶたいへん大きいエネルギーを得る。ところでこのエネルギーはどこか

ら来たのだろう。幸運なことに、リーゼ・マイトナーはいわゆる充塡率の計算式という、原子核の質量を計算する計算式を覚えていたので、彼女のした計算によれば、ウランの原子核が分かれて作られる二つの原子核は、二つ合わせて、もとのウランの原子核より陽子の質量の約5分の1だけ軽くなるはずだった。今や、いつでも質量が消滅すればアインシュタインの式 $E=m \times c^2$ に従ってエネルギーが発生し、陽子の質量の5分の1はちょうど200MeV に等しかった。そして、ここにそのエネルギー源があった。すべてのつじつまが合った（Sime, pp.236-7）。

　こうして我々は再びアインシュタインの公式、$E=mc^2$ に出会うことになり、再び冒頭の資料 No.1 に送り返され、講義はループ構造の結末を迎えることとなる。

　さて、ループを抜けたところでマイトナーの人となりをもう少しだけ見ておこう。たぶん今回の講義に接するまで彼女の名前すら知らなかった人も少なくないかもしれない。業績の質・量ともにマリ・キュリーに劣らぬ水準にあるにもかかわらず、彼女の知名度があまり高くないのは、元々内向的な性格であり、目立つのを嫌ったことが影響しているようだ。せっかく発見した新元素の命名権を手にしながら自身に因んだ名称にしなかったことや、また実質的に彼女一人でなしとげた論文でさえ筆頭著者を共同研究者のハーンにしたことなどに、彼女の控えめさが窺われる。

　もちろんマリ・キュリーも同様に控えめな性格ではあったが、彼女の場合は研究室の資金を調達するため名声を利用して社交の場に出向く必要があった。それに対し、マイトナーの場合、賑やかなところを避けようとする傾向が幸いしたのか、華々しい世界に引っ張り出されずに済んでいたようだ。第二次大戦後、ハリウッドから伝記映画を制作する企画が持ち上がったときも、彼女は一切の協力を拒んだという。結果として見るに堪えない無残な映画が仕上がってしまった、――お陰でマイトナーの名声を不必要に高めるようなことにもならなかったようだ。

　つまり、マリ・キュリーは本人の真意に反する形でセレブとなり、アイン

シュタインに並ぶイコンにされてしまったが、リーゼ・マイトナーの場合は専門家集団に評価されるにとどまり、言い換えるなら、輝かしいイコンたちの陰に紛れ、意のままに控えめなネームバリューに収まることができたというわけだ。

　もちろん、彼女はただ控えめだっただけではない。

　1930年代末、マイトナーの名は核分裂の発見の報せとともに世界中を突風のように駆け巡った。発見者の一人、甥のフリッシュはスウェーデンからデンマークに戻ってボーアに発見を知らせると間もなくイギリスに逃れた。そこで彼は後述するように歴史の転機となる決定的な仕事をすると今度はアメリカに移動し、マンハッタン計画に加わった。

　同じオットーでも、リーゼの共同研究者だったオットー・ハーンはドイツに残って、ハイゼンベルクらとともにナチスの核開発チームに加わった。いずれも天才的な物理学者と化学者から成るのだから鉄壁のチームと言ってもよいはずだったが、実際には思わぬところで悪戦苦闘を強いられることとなった。

　核分裂の発見者という栄誉ある人物となった以上、当然ながらマイトナーにも協力を要請する声が掛かった。しかし、彼女はまっぴらごめんとばかりに一切の協力を断った。そのため彼女はユダヤ人ゆえドイツの核開発に参加しなかったのは言うまでもないが、アメリカの計画にも一切タッチしなかったのである。

〔資料No.10〕ハーンが後に示唆したことだが、第一次大戦の経験からおそらくリーゼにはすでに明らかだったのは、自分の家があった国および未だ自分の友人たちでもある人々に対して用いられるかもしれない爆弾のために働くことなど耐えられるはずもなかった。それは一面の真実ではあるがすべてではない。マイトナーはどこであれ（人の）死に関わりたくなかった。彼女自身と彼女の物理——それら二つは別物ではない——を戦争の兵器に関わらせることはできなかった。1915年から翌年にかけて直に死者たちを見ていた。絶叫をも耳にしていた。見るのも聞くのも無理だった。彼女の決断は瞬時のものだったが絶対でもあった。議論の余地はなかったのだ。爆弾のために働くわけがない（*Ibid.*, p.306）。

　核分裂発見の中心的な役割を果たしながら、核開発に一切かかわろうとしなかった研究者であったこともまた、リーゼ・マイトナーの名を特別なものにしている。極論を言ってしまえば、他の科学者たちは、彼女のようにそうすべきではないと考えればできるはずのことをしなかった人たちでもあった。その点は、ナチスの支配下でのドイツ人についても言えることでもある。勇敢という以上に無謀だったマックス・フォン・ラウエやマックス・ボルンの名を忘れてはならないのは無論だが、穏健で知られるプランクもまた彼らと同様、戦中と戦後を通じてマイトナーとの変わらぬ関係を維持していた。

　〔資料 No.11〕マックス・プランクだけが同意を隠さなかった彼女〔マイトナー〕の考えとは、ドイツの敗北が必然であること、そしてプランク自身と他の反ナチ活動家を含むすべてのドイツ人が第三帝国による罪禍の責任を分かち合うべきだというものだった。「我々の身に起こらなければならなかった恐るべきこととは」と 1943 年の夏、彼がリーゼに言ったのは「我々が最も恐ろしいことに手を染めたことだ」。プランクに対するリーゼの敬愛は無条件だった。彼は「我々が」と「我々に」という言葉を使った（主語の「我々」と目的語の「我々」を用いたのだ）。そして、この 85 歳の老人がその抵抗の果敢さにおいて他の全ての者よりも勇敢であった。プランクもまた他の人々と同様、生き延びるために忍従し妥協したとしても、リーゼにとって問題ではなかった。彼女が称賛した抵抗は内面深くに根差し、その勇気は道徳的な強さの表現にほかならなかった（*Ibid.*, p.306）。

　プランクの罪責感は、反ナチ活動を貫いたことで彼に免罪符を与えるたぐいのものではなかった。第三帝国の罪禍の責はドイツ人の誰一人として免れない。その気高い自覚こそリーゼをしてプランクに無条件の敬愛を抱かせた原因だったろう。おそらくプランクやラウエは常に勇敢だったが、むしろマイトナーの彼らへの信頼と敬愛からも分かる通り、彼らは従前とただ単に変わらぬ彼らだったのであり、言い換えるなら、ありのままの彼ら自身でいただけだったからこそ気高さを失わなかったのかもしれない。それが最も困難である時代に身

を置いていたからこそ——。

　そのことを踏まえた上で問うとしよう。

　どうすべきだったのかを後世の視点から判定するのは、やや卑怯なことと感じられるかもしれないが、後世の視点から言えることをすべて飲み込んでなかったことにしてしまうのも別の意味でまちがっている。したがって、マイトナーの発見についても、次のように指摘することができるだろう。もしも彼女の発見がなければ、（もしくは、発見がもう少し遅ければ、——間もなく他の誰かが彼女に先んじて発見することになったとしても——）、核兵器の開発が何年かは遅れることになっていたにちがいない。ならば、マイトナーは核分裂を発見すべきではなかったということになるのだろうか？　いったい誰が、どのような観点からそのようなことを言えるのか？　卓越した能力があり、目の前に学問的な好奇心をそそる難問が解明されずに「ある」というのに、にもかかわらず、もてる力を発揮するのを、誰がどのような視点から「慎め」と言えるのだろうか？

　たぶん難問である。スピノザはそのような視点など「ない」と断言するだろう。17 世紀だから、素直に断定できたのだろうか。ジル・ドゥルーズもスピノザ論において「ない」と断言した。おまけに彼が断定したのは第二次大戦後である。彼らがそう断定した根拠には言及すまい。また、性急に答えを出すのは慎もう。むやみに正解を求めるのも慎もう。代わりに我々みなに突きつけられた難問だと断った上で、その扉だけ開け放したままにしておくとしよう。

第6講
亡命者たち

1　1930年代ドイツ

　第一次大戦後のドイツは、いわゆるワイマール文化が開花し、人々は自由と進歩の気風に彩られた時代を生きていた。パウル・クレーやワシリー・カンディンスキーなど今も愛されるバウハウスの芸術家たちが台頭したのはこの時代だった。もちろん優生学が徒花を咲かせ、反ユダヤ主義を標榜する愚かしい政党が力を付けつつあったとはいえ、人々は総じて新たな時代の空気を歓迎していた。

　しかし、第一次大戦の敗北により蒙った賠償金はドイツの財政を延々と責め苛んでいることに変わりなく、そこに世界恐慌が追い打ちを掛けると、世界の構図が一変してしまった。妙にファッショナブルな制服に身を包み、エキセントリックな主張を繰り返すちょび髭の男を党首に戴く泡沫政党が次第に頭角を現わしつつあった。そのことを憂慮する人は案外少なく、大半の人たちは少しばかりたちの悪い冗談くらいに捉えていたにすぎない。ちょび髭にオールバックの党首、アドルフ・ヒトラーは、ドイツ国民の目には当初、新手のコメディアンか喜劇役者、あるいはサーカスの道化めいた存在のように映っていた。総じて人々は時代の変化に鈍感だったのである、——現代人と同様に。リーゼ・マイトナーの甥っ子であるオットー・フリッシュは当時を思い返して次のように述べている。

　〔資料 No.01〕三十年代初めのハンブルグで、私は社会全体の危機的状況に殆ど注意を払わなかった。繰り返される政変と、ドイツ共和国の大統領にさせられた有名な将軍ヒンデンブルグの不適当さが種々の冗談の的となっているのを、皮肉な微笑みを浮かべながら、眺めていた。アドルフ・ヒトラーという男が演説をし、政党を旗揚げしたときも、注意しなかった。ヒトラーが首相に選ばれ

たときでさえ、私はちょっと肩をすぼめて、どんなものも料理したての熱さで
は食べられないと思い、ヒトラーは前任者たちよりもそんなに悪くないだろう
と思っていた。

　もちろん、それは私の間違いだった。ヒトラーの反セム主義が単なる演説
だけでないことがすぐに明らかになり、人種法が通過したとき、シュテルンは、
私もユダヤ人であることを知ってたいへんな衝撃を受けた。シュテルン自身と、
四人の協力者のうち三人までもがユダヤの生まれだった。シュテルンは職を離
れなくてはならず、私たち三人も同様で、グループではひとりだけ、フリード
リッヒ・クナウアだけがアーリア人だったので大学のポストに残ることができ
た。

　〔中略〕ヒトラーの法律が効力を持ったとき、ロックフェラー財団は遺憾の意
を表しながら、このような状況では、これ以上奨学金を私に提供できないと連
絡してきた。他の手段を探さなければならなかった。このとき、シュテルンが
仲間のために、どんなにドイツ国外でポストを求めて奔走したか、私はよく覚
えている。シュテルン自身はたいして困ってはいなかった。彼は個人的に裕福
であり有名だったので、仕事を得るのに困難はなかったと思われる。

　〔中略〕この運命的な 1933 年の夏、シュテルンはパリに行き、マリー・キュ
リーが女王として君臨しているラジウム研究所で、私の職を探してみると言っ
た。数週間後に戻ってきたとき、シュテルンは、マダムキュリーのところに私
の仕事はなかったが、ロンドンのパトリック・ブラケットを説得して、私に職
を提供させ、新しくイギリスに設立された学術援助協議会（後に、科学教育保
護議会と改名した）が、当時としては過分な 250 ポンドの棒給を、私に一年間
支給することになったと言った（フリッシュ『何と少ししか覚えていないことだろ
う』62-3 頁）。

　資料中の「反セム主義」というのは、通常「反ユダヤ主義」と訳される単語
である。英語では「anti - semitism」と表記されるが、あえて直訳すれば「反
セム語族主義」であり、中東で広く用いられている言語を母語とする民族への
差別や反感を指す。もっとも広く知れ渡ったセム語系の言語はヘブライ語とア
ラビア語だろう。前者は旧約聖書の言語であり、後者はコーランの言語である。

福音書（新約聖書）はギリシア語で書かれているから、言語それ自体はインド＝ヨーロッパ語族に属するが、一神教を掲げる三つの聖典はどれも中東からヨーロッパとのつなぎ目の辺りで生まれたことになる。エルサレムが三つの宗教に共通の聖地とされる所以でもある。因みに、イスラム教シーア派が大多数を占めるイランで用いられているのはペルシア語であり、ギリシア語やラテン語と同様、インド＝ヨーロッパ語族に含まれる。

　さて、通常は「反ユダヤ主義」と訳され、そのように理解されている言葉に、「反セム語族」の意味があり、延いては反アラブ、反イスラムの含意が隠されている点は留意しておいてもよいだろう。

　とはいえ、フリッシュの回想からもわかるとおり、1920年代から30年代のドイツでは反ユダヤ主義の風潮は稀薄で、誰がユダヤ人で誰が非ユダヤ人であるかは判然としていなかったし、当のユダヤ人自身、そのことをさして意識していなかった。自身や同僚がユダヤ人であるとわかり、意識するようになるのは、反ユダヤ主義が台頭して以降のことだった。第一次大戦後の不景気や世界恐慌の煽りを受ける形で、人々のあいだに不満が鬱積し、富をもつ者たちに対する根拠のない憎しみが募っていた。積もり積もった鬱憤が一方的な悪意となって、当時ヨーロッパの金融を牛耳っていたユダヤ資本に向けられた。募るばかりの反感は、やがて金融とは無関係な人々にまで向けられるようになり、地味な研究者や芸術家までが景気の悪化の元凶であるかのようにみなされた。

　こうして、心優しい隣人たちがある日を境にして、悪意に満ちた眼差しを向け、陰鬱な動機を行為に変換するようになる。

　〔資料No.02〕ユダヤの友人たちは、暗くなるとユダヤ人が殴られているので、夜は外出しない方がいいと警告した。ある晩遅く帰宅途中に、人通りのない通りで、足早の足音が追いかけてきたことを覚えている。私は反セム主義の暴漢が暴れているのではないかと不安になった。もちろん走って逃げ出したら、たちまち私の正体がわかってしまうだろう。私はそのままの速度を保ったが、足音はどんどん近づいてきて、とうとう私の横で止まった。ＳＡの制服を着た逞しい男だったが、帽子をとると、たいへん礼儀正しく私に挨拶をした。男は下宿の小母さんの息子だった。彼は、この予備軍へ加わらないと、法学を修了す

ることが許されないのだと私に説明した。彼のようにナチスを嫌っている若者
は多かったが、ナチスに加わらないわけにはいかなかったのだ。

　強制収容所や、ユダヤ教会の放火や、暴行と拷問などの話が絶え間なく聞こ
えてきたが、全てはドイツの敵による単なる「恐ろしいプロパガンダ」である
として、ドイツの新聞により強い調子で否定されていた。私の友人たちは、そ
の話は真実だと言った。本当は、真実はもっと悪いものだった。しかし、私は、
ドイツがそんなにも突然に恐ろしく変わり、全ての新聞が一貫して嘘をつき続
けるとは信じられなかった（フリッシュ 64 頁）。

フリッシュの文章からわかることがいくつかある。

　一つはナチスの党員になった者たちがみなナチスを支持していたわけではな
いことである。フリッシュに声を掛けた人物は、学位のためにナチスの党員に
なったが、反ユダヤの気風にすらまったく染まっていなかった。

　第二に、ユダヤ人に対する組織的な暴力をドイツのジャーナリズムが、敵に
よるプロパガンダだと主張していたことである。ドイツのジャーナリストが真
実を知りながらそれを隠蔽したのか、本当に知らなかったのかはわからない。
わかっているのは、ヒトラーが首相に就任して以降のジャーナリズムは完全に
ナチスに掌握され、政権の意のままになっていたことである。報道機関は政府
の統制管理下にあったから、記事が真実なのか宣伝なのかは誰にもわからな
かった。いつの間にかドイツ市民は事実とプロパガンダが識別不可能になった
世界に足を踏み入れていた。

　それゆえ第三点として、いわゆる「無知の無知」が蔓延することになった。
すなわち、真偽の境界が不可視となった「現実」の世界では、人々が「まさか
そんなことが起こるはずはない」と否定したうわさ以上のことが実際に起きて
ゆくのだが、政権の中枢にいる数名を除いて誰にも起きている事柄の真偽はも
ちろん、その全貌をつかむことはできなかったのである。

2　亡命者たち——ユダヤ人知識人としての

(1) アルベルト・アインシュタイン

引き続きフリッシュの自伝から印象的なエピソードを引いておこう。

〔資料 No.03〕私はアインシュタインに一回だけ会ったことがある。大学の入り口のホールで、リーゼ・マイトナーが急に私をとどめて、「こちらがアインシュタイン教授よ、貴方を紹介しましょう」と言った。私は急いで右手の本の山を左手に移し、手袋を脱いだが、その間、アインシュタインは手を差し出したまま、いつもの形式ばらない全くリラックスした様子でじっと待っていた。しかし、アインシュタインはかなり深刻な苦しみの中にあり、私はそれに気がつかなかった。アインシュタインは彼の理論を理解しない大勢の人々によって偶像化されていたが、まさにその同じ理由と、増大する反セムの風潮により、同僚の何人かから悪意のある攻撃を受けていた。海外から心引かれる招待を受けていたが、アインシュタインの友人たち、なかでも1914年にベルリンへ来るように説得したマックス・プランクとワルター・ネルンストは、熱心に自分たちのもとを去らないように懇願していた。アインシュタインをドイツで最も偉大な物理学者だと本当に認めている、そのほかの人々もそうだった。しかし、1932年の暮れ、ヒトラーが権力を握る直前にアインシュタインはついにドイツを去って行った。

　後年には、アインシュタインはいつもタートルネックのセーターを着ていた。実際、アインシュタインはあらゆる形式的なことを嫌い、そのために、ヒトラーが権力を握った後、イギリスに留まらずアメリカに渡ってしまったと、私は聞いた。国を上げて大歓迎していることを示すために、イギリスの友人たちはアインシュタインをパーティに招待し、誰もが燕尾服とタキシードを着て、制服の召使による食事でもてなした。アインシュタインは、このように大量の形式的なことが行なわれる国にはおそらく住むことができないと感じた。イギリス人のもてなしは全て完全に逆効果だったわけである（フリッシュ 41-3 頁）。

　この資料にはアインシュタインの飾らない人柄や、形式や地位関係にとらわれないボヘミアンの気風を見て取ることができる。実は私も形式的な場が苦手で、暗黙裡に礼節を要求される空気が嫌いなので、彼が逃げるようにイギリス

を離れたときの気持ちはよくわかる。

　アメリカに渡ったアインシュタインの動向については、また触れる機会があるだろう。

(2) ジグムント・フロイト (1856-1939)

　フロイトはオーストリアのウィーンに生まれ育ち、愛憎半ばするその地を離れる気にはなかなかなれなかったようだ。しかし1933年、ナチスが実施した焚書の標的にされると、精神分析の祖である彼をめぐる状況も一挙に険しくなった。弟子たちはみな国外に亡命して行ったが、彼は頑なまでにウィーンにとどまろうとしていた。

　当時、ドイツ精神療法学会および国際精神医療学会の会長の座にあったのは、『体格と性格』や『天才の心理学』で有名なエルンスト・クレッチマーだったが、彼は間もなくナチスと衝突し、会長の座を降りてしまう。その代わりに新たに会長に就任したのは、かつてフロイトと蜜月の関係を築きながら離反した高弟、カール・グスタフ・ユングだった。のちにフロイト派の人々は、この就任劇を「裏切り」と非難し、ナチスのお先棒を担いだと口汚く非難することになるが、ユング自身はフロイトの身を案じ、国内および国際学会の会長の立場を利用して亡命に手を貸すつもりだった。ところがフロイトはユングの申し出にも頑として耳を貸さず、なお故郷の地にとどまろうとした。間もなく、ナチスにより精神分析用語の使用禁止が通達されるが、この一件も、さすがに濡れ衣であるとはいえ、ユングが後年までフロイトの弟子たちから恨みを買う要因となった。

　1938年、ナチスはオーストリアに侵攻すると、ウィーンにある精神分析出版所の全財産を没収してしまう。同年3月11日、上顎癌で病床にあったフロイトをゲシュタポが家宅捜索し、その一週間後、フロイトの看護をしていた娘のアンナが人質に取られてしまう。周囲の人々は粘り強く亡命の説得を続けるものの、フロイトは何があってもウィーンを離れず、そこに骨を埋めるつもりだと言ってきかなかった。しかし刻々と体調は悪化し、癌の進行のため心身はボロボロの状態になっていた。なんとか説得に成功し、ナチスに出国許可を申請するものの許可が出るのに3カ月を要した。

　同年 6 月 6 日、ようやく一家でロンドンに発ったが、ウィーンに残った妹 4人は収容所で殺害されてしまった。臨床心理学の大立者としてイギリスでは大歓迎を受けるものの、すでに末期になっていた病気はその後も進行を緩めず、翌 39 年 9 月 23 日に生涯を閉じた。享年 83 であった。

(3) ハンナ・アーレント（1906-1975）

　ハンナ・アーレントは、カール・ヤスパースに師事し、マルティン・ハイデガーと密な関係にあった哲学者である。ヤスパースは精神科医として卓越した著作を物して名を成したあと、哲学に転じたユダヤ系の研究者だった。ハイデガーは戦後、親ナチス的な姿勢を糾弾され、それを否定したが、実際にはナチスの中でももっとも急進的な派閥を支持していた。比較的早い時期にナチスと袂を分かったのは、ナチス幹部が当初の理念を曲げてドイツの財閥など各界の実力者との関係を強めていったことに起因するらしい。変節のために心が離れたのだから、むしろハイデガーはピュアなナチのシンパであったことになる。だからこそ二人の関係が余計に興味深く感じられるのだ。なにしろ、ナチスの思想的な急先鋒の一派に共鳴していた哲学者とユダヤ系の、それも女性の思想家の心が、たとえ一時的にであれ通じ合っていたことになるのだから。二人ともこの時期の関係については戦後も頑として語ろうとしなかったし、再会しようともしなかったので、一切は謎のままである。とはいえ二〇世紀を代表する二つの知性がどのように結びつき、また離れていったのかは未だ興味深いテーマではあるだろう。

　ナチスが政権獲得に動いていた頃は、ハイデガーが急速にナチスに接近していった時期に当たり、それはまたユダヤ人への迫害が熾烈を極めようとする頃でもあった。アーレントは当時、反ユダヤ主義の資料収集に奔走しながら、ドイツから他国への亡命を試みる人たちを援助する活動に従事していた。このときに収集した資料はのちに、あの恐るべき大著『全体主義の起源』の材料になったと思われる。

　アーレントがパリにいた時代にはヴァルター・ベンヤミンと一緒に英語の勉強をしたりと、かなりの期間にわたって行動をともにしていたらしい。ぎりぎりまでフランスにとどまったベンヤミンは、やがて行き先を失い、スペインと

の国境近くで命を絶つが、アーレントは40年にフランスがドイツに降伏すると見るや、翌41年にはアメリカに亡命している。1951年には市民権を獲得し、バークレー、シカゴ、プリンストン、コロンビアの各大学において教授や客員教授を歴任することとなった。

3　エビアン会議（1938年7月）

　ナチスがユダヤ人への迫害を開始して5年半の歳月が過ぎようとしていた頃、いよいよ露骨さを増す迫害政策も多くの人に知られるところとなり、欧米諸国は高まりつつある世論をいよいよ無視できなくなってきた。厳しい声に推されるようにして、32カ国の代表がフランス・エビアンで開催されたユダヤ人問題に関する会議に参集した。代表者たちは、たとえばキリスト教的見地から、たとえば人道主義的見地から、ユダヤ人を救済するために一致してナチスの政策を阻止すべし、と口々に熱弁を振るった。そして、みんなで難民を受け入れよう、と大げさな身振りで旗を振ってみせたものの、どれもこれも空理空論に終始し、具体策は何もなかった。

　会議に参加した代表たちはみなきれいごとばかり並べるが、本音はみなユダヤ人の救済を他人まかせにし、自分は尻込みしている状態だった。本音を言えば、率先してユダヤ人を受け入れるつもりなど毛頭ないというわけだ。実際に会議後、アメリカとフランスは移民法の条件を緩めるどころか、逆に移民制限をより厳格化していった。

　スイスにいたっては、ユダヤ人の不法越境が増加していることに関して、ナチスに強く抗議する始末だった。この抗議がユダヤ人の出国をより困難にし、彼らを国内に釘付けにすることになるのだから、スイスは抗議することによって却ってナチスの迫害を支援してしまったも同然だった

　イギリスのチェンバレン首相は、わざわざ「ユダヤ人を受け入れることによって、国内の反ユダヤ主義が強まるのを恐れる」とのたまって、受け入れに消極的な姿勢を示した。まるでチェンバレンの言葉を待っていたかのように、ナチスの外相リッペントロップは「我々がドイツからユダヤ人を放逐しようと思っても、受け入れてくれるところがどこにもない」と、わざとらしく嘆いてみせる始末だった。もちろん、ナチスにとって、これら欧米各国の反応は予測

されていた事態であって、ユダヤ救済のラッパは鳴れども誰も実際には動かない、という体たらくだった。まさに国際社会の全体がヒトラーの思う壺になったのである。

　ユダヤ教会が焼き討ちに遭い、ユダヤ人の経営する商店のウィンドウが砕かれ、路上に飛び散ったのは、エビアン会議の 4 カ月後だった——いわゆる水晶の夜である。

　迫害が目に見えて広がり、激しさを増す中、ユダヤ人の国外脱出は増えてゆく一方だった。隣国フランスはユダヤ人を受け入れるどころか、反対に受け入れ防止の手を打つ。するとイギリスのチェンバレン首相は（例のように、と言うべきか）よせばいいのに余計なことを言い出す。自分のことは棚に上げて「フランスはもっと受け入れるべきである」。チェンバレンのメッセージに対してフランスは「我々はすでに受け入れすぎた。もう一人たりとも入国させられない」と応じ、すでにフランスに入国しているユダヤ人たちをドイツに送り返す方針を発表したのである。

　フランス史上でももっとも悪名高い政権の一つ、ヴィシー政権のラバル首相はドイツをバックにした反ユダヤ主義をむしろ利用してフランスの再建を図り、「同化しないユダヤ人は、フランスの中に別に国家を築いて我々を滅ぼそうとしている」などという埒もない台詞を平然と言い放った。もはやナチスの傀儡政権にほかならないことを証明するかのように、1941 年には自国のユダヤ人から財産の没収を宣言することになる。いわゆる「アーリアニザシオン」である。直訳すれば「アーリア人化」だが、その内実はユダヤ人が貯め込んだ財産を非ユダヤ人、つまり「アーリア人」という名のフランス政府が強奪し、我が物にするということである。さらに嘆かわしいことにはフランスを占領しているドイツＳＳ将校との会合において、恥知らずにも次のように述べた、——「反ユダヤ主義のアクションという点では、我々フランスの方があなた方ナチス・ドイツよりも先輩である」。

　このような状況から見るべきなのは、ユダヤ人を襲った悲惨は、ヒトラー個人に帰すことなど到底できず、むしろ各国の指導者を含め、多くの政権、多くの人々のさまざまな行為が参画して初めて可能になったということである。フランスのレジスタンスの中枢にあって、占領下フランスの指導者たちの姿を見

ていたジャン・ポール・サルトルは次のように述べている、――「私はユダヤ人の組織的迫害計画を、単なるヒトラーの狂暴性のおそるべき結果として片づけることはできなかった。／このような反ユダヤ政策がフランスにおいて可能だったのは、多くのフランス人が何も言わずにのんびりと『共犯者』となっているからであって、さもなければとてもありえないことだと、毎日毎日いやというほど思い知らされたものだった。／それに、1942 年のユダヤ人一斉検挙を行なったのは、ほかならぬわがフランス警察であることや、『真性フランスのフランス人』たるラバル首相が、ユダヤ人追放に関する命令書に『子供を含む』と書き込んだ事実を忘れることはできないのである」（サルトル編『アラブとイスラエル』サイマル出版会）。

　アメリカに目を向けると、1939 年 6 月に「スミス法」が制定され、これにより外国人受け入れの取り締まりも強化されることとなった。スミス法制定の 2 年後、1941 年 11 月には「ラッセル法」が制定され、それによりビザの発行が制限され、その結果、ヨーロッパのアメリカ出先機関は事実上、機能停止に陥ることとなってしまった。
　ナチスは当初、ユダヤ人が自由に国外逃亡するのを黙認していたが、それを禁ずるために引いたデッドラインは 1941 年 8 月であり、実施は 10 月下旬に予定されていた。したがって、アメリカが定めた二つの法令は、これから出国しようとするユダヤ人の足を二重に縛り、出国の動きを封じることとなった。ナチズムの犠牲者たちをどうカウントしてもかまわないが、総死者数の幾ばくかは周辺諸国の非寛容によって生じたものだと断定してもやりすぎではないだろう。各国の非寛容とユダヤ人団体の関与がなければ、あれほどの数を抹殺することは決してできなかった。

4　亡命者たち（続き）

(1) エンリコ・フェルミ
　すでに何度か名前が出ているフェルミだが、まずは資料に目を通してみよう。

　〔資料 No.04〕1938 年 7 月 14 日、イタリア政府は、「マニフェスト・デッラ・

ラッツァ」と呼ばれている反ユダヤ人法を制定した。これはナチスの悪名高い
ニュルンベルク法の焼き直しであって、この法令は、ユダヤ人があくまでも概
念上のカテゴリーであるアーリア・イタリア人とは異なった人種であることを
証明しようとする偽造された科学に依拠したものだった。〔中略〕いずれにせ
よユダヤ人は、いかなる意味合いにおいてもほかの人たちと変わったところな
どなく、ユダヤ人がまったく住んでいない地域もあった。それを例証する話を
一つご紹介しておこう。シチリア島の小さな都市のある市長が、そのほかの市
長と同じように、新たに制定された法律を遵守してユダヤ人を隔離するよう指
示する一通の電話を受け取った。市長はローマにすぐさま返電を打ったのだが、
その文面とは、「了解した。だが、ユダヤ人とはいったいどういったものなの
か？　見本を送っていただきたい」というものだった。

　ラウラ・フェルミは、ユダヤ人家族の出身だったが、ラウラとエンリコは、
子どもたちをフェルミ家の宗教であるカソリック教徒として育てた。したがっ
て、エンリコと子どもたちの身に危険が及ぶ恐れはなかったのだが、ラウラに
ついては必ずしもそうとは言い切れなかった。事実、ナチスが1943年9月に
イタリアを領有すると強制移送が始まり、1943年10月にはローマに住んでい
た1000人以上のユダヤ人がアウシュヴィッツに送り込まれた。1938年に政府
が人種法を制定したとき、フェルミはその非道に憤激したのだが、家族の安全
と安寧を脅かすような行動をとる意図はもっていなかった。フェルミは国外、
とりわけ合衆国に職を求めようとしていた（アクゼル『ウラニウム戦争』133-4頁）。

　この資料を読んでいて思わず笑いを催してしまうのは、シチリア島の市長の
台詞だろう。イタリアで反ユダヤ主義が稀薄だったというだけでなく、反ユダ
ヤ主義が吹き荒れる時代に、ユダヤ人という概念すらまったく根を下ろしてい
ない地域があったということを、陽気な笑いと驚きをもって知ることができた。
それゆえ、フェルミの憤慨に関しても、特に政治的なものと考えるにはおよば
ない。おそらくはもっと素朴なところに根ざしていた。反ユダヤ主義が意識に
根付いていないところに忽然と現われた反ユダヤ政策が理詰めの物理学者であ
るフェルミに怒りを覚えさせたのは、そもそも無理もない話だったのだ。アイ
ンシュタインの逸話を思い出すまでもなく、何事も理詰めで考えるタイプの人

間が根拠も因果関係も定かでない「差別」政策に憤りを覚えるのは至極尤もな話であって、彼がファシズムを嫌ったのもお仕着せの形式主義に反感を抱き、反射的に唾棄するのと大して変わらなかった。

　妻の件はもちろん、ファッショの波に危機感を感じていたフェルミは早速、一計を案じ、ノーベル賞の授賞式を利用してイタリアを出国し、そのままアメリカに亡命しようと企てることとなった。

　〔資料 No.05〕妻ラウラがユダヤ人だったため、これらの人種差別法によりフェルミはイタリアを出る決意をますます強めた。それまでの 10 年の間にフェルミは夏期休暇を利用して何度かアメリカの大学を訪れており、訪れるたびにアメリカへの移住に魅力を感じるようになっていた。アメリカ人とアメリカ人の考え方は好ましかった。実は、すでにアメリカのいくつかの大学に招聘してもらえるよう依頼し、まもなく承諾の返事も受け取っていた（イタリア政府当局には、半年だけアメリカへ行くと伝えた）。そこで、ストックホルムで開かれるノーベル賞受賞式の後、そこから直接アメリカへ向かうことにした。

　　こうした準備は無駄にはならなかった。1938 年 11 月 10 日の早朝、その日の夕方にストックホルムからかかってくる電話を待つように告げられたのだ。その日フェルミは仕事を休み、ラウラとふたりで時計などの貴重品を買いに行った。彼らの出国を予期しているイタリア政府当局に怪しまれずにもち出せそうな貴重品である。夕方になり、電話を待つ間、ふたりでラジオを聞いていると、いくつもの苛酷な反ユダヤ人政策のニュースが流れていた。ユダヤ人の子どもを公立学校から締め出す法律、ユダヤ人の教師を減らす法律、冷酷な、そして愚かな法律をつぎつぎにラジオは伝えていた。そのとき、電話が鳴った。スウェーデン王立科学アカデミーの秘書官が表彰状を読み上げ、ときおりある共同受賞ではなく、受賞者はフェルミひとりであると告げた。それからすぐ友人たちがやって来て、エンリコとラウラを祝福し、ラジオで聞いた悲しいニュースを忘れさせてくれた。

　　1938 年 12 月 10 日（ノーベルの没日）、スウェーデンのグスタフ五世からフェルミにノーベル賞が授与された。〔中略〕イタリア政府は、王がフェルミに賞を授与するときに、フェルミが片腕をまっすぐに伸ばしたファシスト式の

敬礼をすることを期待していた。しかし筋金入りの反ファシストのフェルミが
そんな仕草をするはずもなく、彼はごく普通に王の手を握っただけだった（ダ
ン・クーパー『エンリコ・フェルミ』梨本治男訳、大月書店、2007 年。61-2 頁）。

　日本に暮らす者として残念に思うのは、第一にフェルミの妻がたまたまユダ
ヤ系の人物であったことであり、第二にイタリアが大した考えもなしに人種差
別的な法律を次々に制定したことである。それら二つの条件が揃わなければ、
フェルミが他国に亡命する企てなど考え出すはずもなかった。にもかかわらず、
フェルミがアメリカへの亡命を決意したことにより、我々が「もしも……」と
再び言いたくなるのは、それらの条件が揃わなければ、決して広島にも長崎に
も原爆が落とされることはなかったと確信をもって断言しうるからである。
　しかし、事実は我々が反射的に「もしも」と仮定したくなる現実とは異なる
経路を辿って進むことになる。

　〔資料 No.06〕授賞式の後、フェルミとその家族はコペンハーゲンにボーアを
訪ね、そこからひとまず英国に向かい、サウサンプトン港からフランコニア号
に乗船し、ニューヨークに向かって旅立った。だが、フェルミが中性子の衝撃
によって生成された超ウラン元素について語っていたとき、それとはまるで
異なった、また、まったく予期していなかった結果がベルリンにおいて得られ、
分析されたのだ（アクゼル『ウラニウム革命』137 頁）。

　アクゼルが簡潔に述べている内容は、複雑な内容を含んでいる。フェルミの
ノーベル賞受賞は、超ウラン元素の生成と発見だった。しかし、その発見は束
の間の夢でしかなかった。実際に起きていたのは超ウラン元素の生成などでは
なく、核分裂反応だった。フランスのジョリオ＝キュリーのチームはそれを観
測していながら、困惑するばかりで、なす術がなかった。リーゼ・マイトナー
と引き離されたオットー・ハーンはジョリオ＝キュリー・チームを反駁するつ
もりが同じ結果に至り、こちらも混迷を極め、頭を抱えるばかりだった。おそ
らく、フェルミが授賞式を隠れ蓑にしてアメリカに向かう途上にあった頃だろ
う、——スウェーデンに逃れたマイトナーの許を甥のオットー・フリッシュが

訪れ、雪道を歩きながら、核分裂のアイディアに到達したのは——。

　マイトナーの発見はいち早く甥のフリッシュがコペンハーゲンに持ち帰り、当時、ボーアの研究室を訪れていたアメリカ出身の生物学者に「生物学では細胞分裂って、なんて言うんだっけ？」と質問して得られた「fission」という単語を使って「nuclear fission」と命名された。そして、フリッシュが持ち帰ったニュースは渡米を直前に控えたニールス・ボーアに伝えられ、非公式の形ながら、ボーアがアメリカに核分裂発見のニュースを伝え、アメリカに到着直後のフェルミがそのニュースを知人から聞いた、というのが正確なストーリーである。

「もしも」の仮定をいくらでもしていいなら、こうも言うことができる。もしもマイトナー＝フリッシュによる公式発表前の業績を頭に詰め込んだボーアがアメリカを訪れるのがもう少し遅かったならば、もしくは、ボーアの許を訪れるフリッシュのタイミングがもう少し遅く、すでにボーアが旅立った後だったならば、やはり原爆は日本に落とされなかったであろう。しかし、残念ながらと言うべきかもしれないが、人々の行動は「もしも」が実らない方向に収束し、もっとも残酷な事実に結実したことを歴史が教えてくれる。

(2) ヴァルター・ベンヤミン（1892-1940）

　ベンヤミンがフランス・パリに亡命したのは 1933 年 3 月のことだった。

　もしもナチスに何らかの文化的貢献の要素があったとすれば、ユダヤ人迫害によりベンヤミンがフランスに逃亡したことを真っ先に挙げるべきだろう。ジョルジュ・バタイユとピエール・クロソウスキーにニーチェの重要性と真髄を伝授したのは、誰あろうベンヤミンであったと伝えられている。フランクフルト学派の知を伝授したのも彼だったが、アドルノやマルクーゼなど同派の他の研究者とは異なり、ベンヤミンは主義主張や論理的な整合性に拘泥するよりも、センスのかたまりが街を闊歩し、文化を謳歌するようなタイプの書き手だった（パサージュ！）。何よりフランスにおける戦後のニーチェ研究がクロソウスキーの『ニーチェと悪循環』やジル・ドゥルーズの『ニーチェと哲学』および『差異と反復』に結実した背景にベンヤミンの逗留があったということだけでも記憶にとどめておいてほしいものである。

　彼は大戦前夜になってもパリにとどまっていた。1939年9月から11月のあいだ、ベンヤミンは開戦にともなって敵国人としてヌヴェール郊外の収容所に収監されてしまった。1940年、パリが陥落する直前に街を逃れ、ルルドに向かうが、8月はじめに非占領地域のマルセイユに移動し、そこでアメリカへの渡航を企てるも、すでに外国人の受け入れ制限が始まり、出国ビザは下りない状況となっていた。致し方なく非合法的な手段に訴え、徒歩でスペインへの入国を企てるが、こちらの策もポルボラであえなく入国を拒否されてしまう。八方塞がりの状況に絶望したのかもしれないが、ベンヤミンは大量のモルヒネを服用し、その翌日に死去する。

　おそらくタイミングが少しだけ遅れたにすぎなかったのだろう。紙一重で盟友のアレントは渡米に成功し、ベンヤミンは取り残され、死を選ぶしか残された手がなかった……。

(3) ニールス・ボーア（1885-1962）

　名声および影響力という点で、ボーアはおそらくアインシュタインと双璧をなす20世紀物理学の中心人物であった。パブリックとプライベートの区別なく、四六時中物理や数学について議論するスタイルはボーアがヨーロッパに広めたと言って過言ではない。物理の最先端を知ろうとすれば、ボーアの研究所への行脚をするのが事の倣いとなっていた。その研究所、すなわちコペンハーゲン大学にニールス・ボーア研究所が設立されたのは1921年のことだった。彼がノーベル物理学賞を授賞したのはその翌年に当たる22年のことである。

　ボーアは、一般にコペンハーゲン学派を導いた指導的人物と評されているが、実際は世界中から人材が集まり、活発に議論を交わし、指導を求めていたわけだから、20世紀前半の量子力学の専門家のほとんどはボーアの弟子に当たると言っても過言ではない。

　なかでもボーアがもっとも期待し、かわいがり、信頼していたのは、不確定性原理で有名なヴェルナー・ハイゼンベルクだった。

　〔資料 No.07〕敵対する両陣営に引き裂かれた科学者どうしが連絡を取りあう
　ことなどめったになかった。そのような珍しい対面の一つが、1941年9月後半、

ハイゼンベルクがナチス占領下のデンマークまでボーア（イギリスとアメリカ
が共同して、核爆弾を製造するプロジェクトを進めていたことはまったく知ら
なかった）に会いに行ったときに実現した。この緊張をはらんだ会談は、二人
の当事者のあいだでまったく異なるものとして記憶され、また、まったく異な
る解釈がなされた。劇作家のマイケル・フレインは、このときの二人の議論を
元に、『コペンハーゲン』という戯曲を60年後に書いた。この戯曲は会談の当
事者たちの意図を探ろうとすればするほど真の意図はますますあやふやになっ
ていくように思えるという、不確定性原理のメタファーになっている。二人が
何と言ったのか、正確に知ることは永遠に不可能だろうが、彼らの会談が至っ
た一つの帰結ははっきりしている——二人の友情が、修復不可能なまでに損な
われたのだ。

　ボーアともハイゼンベルクとも連絡を取りあっていなかったディラックは、
そんな会談のことなどまったく知らなかった。二人が会っていたとき、ディ
ラックはケンブリッジで新学期の準備をしていた——三カ月前にスターリンと
結んだ不可侵条約を一方的に破棄し、ヒトラーがソビエト連邦に侵攻しはじめ
たというニュースを、不安な思いで読んでいたことは間違いない。カピッツァ
は、今やヒトラーの照準のなかに入っていたのである。7月3日、不可侵条約
が破られ、スターリンが連合国側についた数日後、カピッツァはディラックに
電報を送った——戦争のあいだにディラックが彼から受け取った数少ない手紙
類の一つである。

　われわれの二つの祖国が共通の敵と戦っている。この緊張の時に、わたしは
君に友情の言葉を送りたいと思う。すべての科学者が力を合わせれば、野獣の
ような力で、ドイツにおいて自由を破壊し、科学的思考の自由を蹂躙し、さら
に全世界において同じことをしようとしている不誠実な敵を破って勝利するこ
とに、大いに貢献できるはずだ。すべての人々の自由のため、われわれの二つ
の祖国にとってこの上なく大切な科学的思考の自由のために、完全な勝利を収
めんとして戦うという志において団結するすべての友に挨拶を送る。

　戦争の後半になってディラックが珍しくカピッツァに手紙を書いたとき、彼

はこれと同じくらい見事な言葉を用いずにおれなかった。二度目のスターリン賞受賞に「心からおめでとう」と伝えたのに続いて、「今この世界をすっかり闇にしている、ヒトラーというとほうもない脅威がすぐにも撃破されることを」望むと綴ったのだった（グレアム・ファーメロ『量子の海、ディラックの深淵』吉田三知世訳、早川書房、2010 年。401-2 頁）。

　この資料は、イギリスの物理学者、ポール・ディラックの評伝から採ったものなので、ディラックという人物が頻出しているが、要点は前半のボーアとハイゼンベルクの不幸な結果に終わった会談と、体制の違いによって親交が崩れなかったディラックとカピッツァの絆との対比である。

　戯曲『コペンハーゲン』の題材にもなった二人だけの対話の中身（とその真偽）については、もはや知る由もないが、少なくともわかっているのは、この会談以降、ボーアは二度とハイゼンベルクに会おうとはしなかったことである。そして、非ユダヤ人であったから当然といえば当然でもあるのだが、祖国に忠誠を誓い、ドイツを離れるどころかナチスに協力的だったことにより、ハイゼンベルクはかつての友をほとんど失い、戦後になっても孤立を深めることとなったのである。戦前と同じく、ハイゼンベルクを生涯の友として親しくしていた人物、それがポール・ディラックである。

　余談になるが、ディラックとハイゼンベルクは世界一周の船旅を二人で決行したことがあり、その途中で日本に立ち寄り、京都大学で連続講演を行なった。その聴衆の中に湯川秀樹や朝永振一郎がいて、間もなく二人の旅人が行なった講演の内容も翻訳・出版された。以降、日本の物理学が飛躍的に発展し、多くのノーベル賞学者を排出した発端に、ディラックとハイゼンベルクののんびりした船旅があったことを指摘して、今回の講義の幕を閉じることとしよう。

第7講
マンハッタン計画

1 レオ・シラード (1898 - 1964)

　レオ・シラードはハンガリー出身の亡命ユダヤ人として知られているが、彼が生まれた頃はまだハプスブルク家が支配するオーストリア・ハンガリー帝国だった。

　ハンガリー出身の著名人といえば、やがてマンハッタン計画にも従事するジョン・フォン・ノイマン (1903-1957) がつとに有名であり、戦後、水爆の製造に邁進し、米ソの軍拡競争を激化させたエドワード・テラー (1908-2003) もいる。経済学者として、また経済人類学の始祖としても著名なカール・ポランニーもハンガリー出身である。それら個性的な面々と比較しても決して見劣りすることのないシラードのやや大雑把な履歴を見るところからはじめよう。

　〔資料 No.01〕レオ・シラードは自らの人生に高遠な目標を抱いていた。彼は、科学者になるために、世界を救うために、この世に生を享けたと信じていたのである。シラードは、科学者として着実に実績を積み重ねていったのだが、それを成熟させようとしていた矢先に騒乱の時代を迎えたことによって、研究活動を一時的に中断せざるをえなかった。1938 年に合衆国に移住したシラードは、ドイツが原子爆弾を手にする前にその開発に着手すべきだと合衆国政府に強く働きかけた（アクゼル『ウラニウム革命』175 頁）。

　シラードは戦後、アインシュタインやバートランド・ラッセルらとともに平和運動に奔走することになるが、同じハンガリー出身として行動をともにしたエドワード・テラーは対照的に戦後、米軍の中枢に居座って核開発や防衛計画の中心人物になる。ハンガリー人に才気あふれる変わり者が多かったのはまちがいない。シラードのモットーは「不誠実であるよりは無神経であること」だ

というから、彼の奔放な生き方はモットーを地で行くものだったのだろう。彼は1919年、ユダヤ教からプロテスタントに改宗するが、反ユダヤ感情が高まってゆくにつれ、ハンガリーを追われるようにしてベルリンに赴く。

1922年、シラードは熱力学第二法則を系の変数の揺らぎへと拡張する論文によって博士号を取得する。熱力学の第一法則はいわゆるエネルギー保存の法則であり、第二法則はその裏面とも言うべきエントロピー増大の原理である。エネルギーが局所的に高い状態、つまりエネルギーのばらつきだが、そうした物理的・化学的な偏りを「ゆらぎ」と言う。熱をはじめとするエネルギーの非平衡状態が時間の経過にしたがって均され、平衡状態に達することを第二法則は告げていた。熱力学はボルツマンによって統計力学へと刷新されたが、シラードの学位論文もまた統計力学や量子力学の視点から「ゆらぎ」に関わる理論研究だった。

1925年になると、彼はマックス・フォン・ラウエの助手に採用され、私講師（日本で言う「非常勤講師」のドイツ版だが、雇用形態はやや異なる）になる。彼のユニークなところは、物理の私講師をしながら他の活動にも手を染めていたことにある。マイトナーの実験の手伝いもしていたが、こちらに関しては特に意外性はない。面白いのはH・G・ウェルズのＳＦ小説のドイツ語訳を出版している点だろう——彼が物理学者にして、ウェルズの翻訳者だったことが後の経歴の伏線になってゆく。さらにシラードは日本でも一定の勢力を持っていた左翼運動の一派「ブント」の組織化にも関わっていた——こちらは戦後の平和運動の伏線になるかもしれない。

1933年にナチスが政権を握ると、シラードはすべての荷物を2つのスーツケースに詰め込んで旅支度を済ませたという。3月末にヒトラーの独裁が実現すると、すぐにオーストリア行きの列車に飛び乗った。幸い、その日は国境で非アーリア人の取り締まりが開始される前日だった。

ウィーンに滞在していた4月にユダヤ人の公職追放のニュースを知る。イギリスに滞在中、シラードはケインズとも親交のあった経済学者、ベヴァリッジと知り合うと彼を焚きつけて亡命学者への職業紹介所の設立を促した。シラードの大胆な勧めが甲斐あったのか否かはともかく、ベヴァリッジたちは間もなくロンドンの「学術支援評議会 Academic Assistance Council : AAC」を設立

することになる。

　その頃、シラードは才能の限界を悟ったのか、あるいは関心の在り処が変わったのか、生物学に転向しようと考えていたが、その矢先にあることが起こる。

　〔資料 No.02〕1933 年 9 月 11 日付けの『ネイチャー』誌には、アーネスト・ラザフォードが「英国学術振興協会」でおこなった講演が掲載されていたのだが、そのなかでラザフォードは、「一部の研究者たちは、原子の変換がエネルギーを生み出すと考え、そのような研究ととり組んでいるが、そういう発想は何一つとして根拠のない単なる憶測にすぎない」と述べていた。

　ラザフォードのこの言葉を、一流の物理学者にあるまじき発言だと考えざるをえなかったシラードは、それとは逆の方向に思索をめぐらせようとした。ある日のこと、ロンドンの街を歩いていて交差点で信号待ちをしていたシラードの頭に一つの発想が閃いた。「ある元素が中性子によって核分裂を引き起こし、その原子が一つの中性子を吸収したとき二つの中性子を放出するとして、その元素がじゅうぶんな大きさの質量を形成していれば、核分裂の連鎖反応を持続させることができるのではあるまいか。」

　それは、フェルミ、マイトナー、ハーン、シュトラスマンによる具体的な研究に先行する純粋に論理的な思索の一つの成果であり、そうした意味合いからすれば、シラードは連鎖反応という発想を先取りしていた。だが、シラードはその主題をさらに深く追究しようともしなかったし、それに関する論文を執筆しようともしなかった。シラードはそれについて、こうした連鎖反応によってエネルギーを放出され、それを発電や爆弾の製造に利用できるのではあるまいかという概念が「ある種の強迫観念となって脳裏を去らなかった」と回想している。

　シラードはさらに歩を進め、ベリリウムがそうした元素の一つではないかと推測した。ベリリウムが核分裂を引き起こしたとき、その原子核が吸収するよりも多くの中性子を放出すれば、それは連鎖反応を引き起こすと推論したのである。いずれにせよ、時代に先駆けて思考を巡らせるとともに人間倫理のあり方に強い危機感を抱いていたシラードは、すでに核戦争の可能

性を危惧しており、1934 年という早い段階において連鎖反応の特許を申請
し（英国特許番号 440023、出願日 1934 年 3 月 12 日、及び特許番号 630726、
出願日 1934 年 6 月 28 日）、それを英国海軍本部に譲渡したと語っている。
　連鎖反応は、そのプロセスの可能性が理論的に証明され、実験によってその
事実が追認されるはるか以前にその特許が英国において申請されていたのであ
る（アクゼル 176-7 頁）。

　ラザフォードの講演は、原子力が工業的に利用可能になるという考えを絵空
事として一刀両断にするものだった。おそらくラザフォードは実験物理学者と
しての資質の点ではキュリー夫妻よりも一枚上手であり、もしかしたら史上で
ナンバーワンかもしれないが、自分の携わる仕事への洞察についてはピエー
ル・キュリーの方が一枚上手だった。シラードもまた、ラザフォードの研究か
ら彼と正反対の予測をした人物を知っていた。それこそ彼が訳した『解放され
た世界』の著者、H・G・ウェルズだった。その作品の中で描かれていたのは、
当時発見されたばかりの中性子を用いた連鎖反応の可能性だった。
　それにしても論文を執筆しないで特許を取るという道に進むのがシラードの
ユニークな点である。特許の内容説明があり、出願日が記録されているのだか
ら、核分裂連鎖反応が現実のものになったあとで、「そんなものはとっくにわ
かっていた」と後出しジャンケンのような発言をするのとは質が異なる。詳細
は異なるとしても、アイディアは見事に的を射貫いていたのである。
　1935 年、シラードはオックスフォード大学クラレンドン研究所に常勤職を
得るが、38 年、滞在先のニューヨークでイギリスへの帰国を取りやめ、その
ままオックスフォードを退職してしまった。

　〔資料 No.03〕1939 年、アインシュタインは、父親がライプチヒの教授に職を
請わなければならなかった無名の青年からは程遠い存在になっていた。相対性
理論に関して行なった研究によって、彼は世界でもっとも有名な科学者となっ
た。ベルリン大学の屈指の教授として務めたのち、ユダヤ人排斥を唱える暴徒
や政治家のせいでそこに留まることができなくなった 1933 年、アメリカへ渡
ると、ニュージャージー州に新設されたばかりのプリンストン高等研究所に着

任した。

　アインシュタインは、マイトナーがどのような発見をしたのか、そして、ほかのさまざまな研究チームがそれをどのように展開しはじめたかを知ると、ホワイトハウスに宛てて私信をしたため、同僚たちに頼んで、大統領の腹心の部下に届けてもらった。

　　ワシントンD・C
　　ホワイトハウス
　　アメリカ合衆国大統領
　　F・D・ルーズベルト様

拝啓

　最近の物理学の研究成果が……原稿の形でわたしの手元に届き、その内容を見たところ、近い将来、ウラニウムという元素が、新しい重要なエネルギー源になるかもしれないということがわかりました。現在の状況のいくつかの側面を考慮するに、政府当局におかれましては、油断なきように務められ、場合によっては、早急な対応を取られる必要があるかと存じます……

　この新発見の現象は……爆弾の製造につながり得るものであり、また、可能性はさらに低くはありますが、これを応用した新しい種類のひじょうに強力な爆弾が製造されることも考えられます。このような爆弾一個が、小型船によって港に運び込まれれば、その港を完全に破壊し、またその周辺の領域にも甚大な被害を及ぼすこともあり得ます……。

　　　　　　　　　　　　　　　　　　　　　　　　　　　　　敬具
　　　　　　　　　　　　　　　　　　アルバート・アインシュタイン

　残念なことに、この手紙に対する返事は次のようなものだった。

ホワイトハウス
ワシントン
1939 年 10 月 19 日

親愛なる教授殿

　先日はお手紙と、たいへん興味深い、重要な資料をお送りくださり、ありがとうございました。

　お知らせくださった情報をひじょうに重要なものだと判断し、会議を招集しました……心からの感謝を、どうかお受け取りください。

敬意を込めて

フランクリン・ルーズベルト

　アインシュタインのように、アメリカで暮らしはじめてまだ数年しか経っていない者でも、「たいへん興味深い」という言葉が、その申し出は却下されたという意味であることはよくわかった（ボダニス『E=mc²』135-8頁）。

　連鎖反応の実現は不可能とあきらめかけていたとき、シラードはマイトナーとフリッシュによる「核分裂」解釈を知った。咄嗟に閃いたのは、核分裂連鎖反応から爆弾の製造が可能になるのではないかということだった。その着想にはもう一つの可能性が付属していた、——先にナチスが完成させるのではないか。その可能性はシラードの頭をよぎった次の瞬間には強い危機感に育っていた。

　エンリコ・フェルミもまたその可能性に気づいていた。シラードの説得に対してフェルミはこう答えたという、「実現の可能性は10％程度、しかも死ぬかもしれない」。もちろん死ぬかも知れないのは爆弾の被害者ではなく、爆弾の開発に駆り出されるかもしれない科学者たちである。

　同じ時期にシラードはアメリカ政府に働きかけて、ナチスの核開発の脅威を述べ、核物理学研究への資金援助を要請していた。しかし、彼のいかに必死の説得でも、脅威が想像の域を出ない以上、大国のトップを動かすには至らなかった。そこでシラードはアインシュタインの知名度に着目する。アインシュタインが自分の仕事と核兵器との関係を知るのは、シラードの説明と署名への説得を通じてのことだった。その説得には同じハンガリー人研究者、ユージン・ウィグナー、アレクサンダー・サックス、エドワード・テラーらも同行し

ていた。

　1939 年 8 月 2 日、ヨーロッパ開戦 1 カ月前のこと、アメリカ大統領、フランクリン・ルーズベルトに宛てて一通の手紙が出される。それが先の資料で全文を引用した書簡だった。ただし、それが大統領の許に届けられるのはようやく 10 月になってからのことだった。このことも先の資料で引用した返信によって裏付けられる。

　アメリカ政府を実際に動かすには、オットー・フリッシュとルドルフ・パイエルスの覚書を通じて、原子爆弾の現実的な製造可能性が示されるのを俟たなければならなかった。シラードが中心になって執筆し、アインシュタインが署名した書簡の内容は、空想的な脅威の域を出なかったと言ってもよい。

2　J・ロバート・オッペンハイマー（1904—1967）

　オッペンハイマーはアメリカ人物理学者であり、しかもユダヤ系だった。第二次大戦前はのちの「ブラックホール」につながるシュバルツシルト特異点の理論的な研究を進めていた。当初、オッペンハイマーは化学を専攻していたが、やがて物理に転じ、量子力学の最前線で広範な業績を積んでいった。彼の特異かつ魅力的な研究スタイルをブラックホールの専門家、キップ・ソーンの名著から見てみよう。

　〔資料 No.04〕オッペンハイマーの研究スタイルは、本書でこれまでに出会ったどの人とも異なっていた。バーデとツヴィッキーは才能と知識がたがいに補い合う対等な共同研究者として協同し、チャンドラセカールとアインシュタインはどちらもほとんど孤立して研究したのに対して、オッペンハイマーは学生の大群に取り囲まれながら研究に励んだのだった。アインシュタインにとって教えることは災難だったが、オッペンハイマーは教育に打ち込んだ。
　〔中略〕彼のポストドクの一人、ロバート・サーバーは彼と一緒に研究することがどういうものだったかをこう述べている。「オッピー（彼はバークレーの学生にこう呼ばれていた）は頭の回転が速く、せっかちで、辛辣だった。教え始めたころは、学生を恐怖に陥れるという評判だった。しかし、五年間の経験を積んで、（初期に学んだ学生の言うことを信じれば）彼は成熟した。彼の（量

オッペンハイマー(右)とアインシュタイン

子力学の）授業はインスピレーションに満ちているとともに、教育的にもみご
とな達成を示していた。彼は学生に、物理学の論理構造の美しさに対する感受
性と、物理学の発展に関する興奮を伝えた。ほとんど全員が、彼の授業を繰り
返し聞いたし、オッピーはときには学生に三度も四度も聴講しないよう説得す
るのに苦労したのだった……」

「オッピーと大学院生との研究のやり方も独自のものだった。彼のグループは
8ないし10人の大学院生と半ダースかそこらのポストドク研究員からなってい
た。彼はグループと毎日一回、オフィスで会った。指定された時刻の少し前に、
メンバーは三々五々入ってきて、テーブルについたり壁のあたりに陣取った。
やがてオッピーが入ってくる。彼は一人一人の学生とその学生が研究している
問題の現状について論じ合い、一方他の学生は傍らでそれを聞いたり、意見を
述べたりするのだった。このやり方で全員が広い範囲の話題に接することがで
きた。オッペンハイマーはあらゆることに関心を抱いていた。さまざまな主題
がつぎからつぎへともちだされ、すべてが共存していた。一午後のうちに、電
気力学、宇宙線、天体物理学と核物理学について論じるという具合だった（キッ
プ・S・ソーン『ブラックホールと時空の歪み』塚原周信訳、白揚社、1997年。169-
71頁）。

　物理学の全般に通じている研究者は、エンリコ・フェルミやリチャード・ファインマンなど何人かいる。オッペンハイマーの関心はさらに文学や哲学、宗教にまでおよぶ広範なものだった。当然、学生たちのどんな話題にも対応できた。彼の際立った才覚は、共同研究を指導し、グループ作業を指揮することに長けていて、学生指導（もちろん研究面だが）についても卓越していた。一言でまとめれば、マンハッタン計画に打ってつけの、いわば総監督に格好の人材だったのである。

　とはいえ、オッペンハイマーの研究がマンハッタン計画にぴったりだったと言って終わりにしてしまうとしたら、あまりにも舌足らずにすぎる。1930年代に後のブラックホールにつながる知的探究を行なうのは、いわば周りの空気を読まない大胆さを要したし、さらにはプルトニウムを材料にいわゆる「爆縮」型爆弾のアイディアを（無謀にも）追究することになった背景にはバークレーでのオッペンハイマーの研究室で行なわれたことを理解しておく必要がある。1932年当時、「ロバートには何であれ一つの問題にそれほど長く取り組めるほどの忍耐力が具わっていなかった。結果的に彼はしょっちゅうドアを開け放し、そこを通って他者と会い、大発見をすべく歩んでいった」（Bird & Sherwin, *American Prometheus*, p.88）。開け放たれたドアを抜け、誰かが面白そうなことに着手すると忽ち問題の本質をつかんで共著論文を書き始め、その会話を聞いていた他の若者が新たな問題の着想すると彼はその行き先にも先回りして別の共著論文に手を着けるのだった。ある意味、アインシュタインの講義の続きにもなりうる難解な内容と感じられるかもしれないが、クリストファー・ノーラン監督作『オッペンハイマー』の原作にもなった書物から引くので、やや長くなるがオッペンハイマーの研究の一端を覗いておこう。

　〔資料No.05〕この時期にオッペンハイマーは、宇宙線やガンマ線、電気力学、そして電子―陽電子のシャワーに関する重要な、ましてや先駆的ですらある論文を立て続けにしたためた。核物理学の分野では、メルバ・フィリップスとともに重陽子の反応から陽子の産出量を計算した。フィリップスは1907年生まれのインディアナの農家の娘で、オッペンハイマーの最初の博士課程の教え子だった。陽子の発生に関する彼らの計算は「オッペンハイマー−フィリップス

過程」として広く知られることになる。「彼はアイディアマンでした」とフィリップスは回想する、「彼は偉大な物理学の仕事は一つも成し遂げなかったけれども、すべての分野で愉快なアイディアを発見して学生たちとうまくやっていたんです」。

　物理学者たちが今日同意を隠さないのは、オッペンハイマーのもっとも衝撃的で独創的な仕事は1930年代の終わりに中性子星についてなされたものだった——天文学者たちにとっては1967年まで実際には観測がかなわなかった現象だった。天体物理に関する彼の興味は当初リチャード・トールマンとの交友から口火を切り、彼を通じてパサデナのウィルソン山の観測所で働く天文学者たちの知己を得た。1938年、オッペンハイマーはロバート・サーバーと「中性子のコアを持つ天体の安定性」と題する論文を書き、そこで「白い小人たち^{ドワーフ}」と呼んだ強烈に圧縮された星たちが呈するいくつかの属性を探究した。数ヶ月後、彼はジョージ・ヴォルコフという別の学生と共同作業をし、「巨大な中性子コアについて」と題した論文を作成した。計算尺を駆使しながら、たいへんな骨を折って計算結果を引き出し、それによってオッペンハイマーとヴォルコフは中性子星に質量の上限があることを突き止めた——今やその上限は「オッペンハイマー-ヴォルコフ・リミット」と呼ばれている。その上限を超えると途端に中性子星は不安定になる。

　9か月後の1939年9月1日、オッペンハイマーはまた異なる共同研究者——さらに別の学生であるハートランド・スナイダー——と「重力による連続的な収縮について」と題する論文を発表した。言うまでもなく、歴史的にその日付はヒトラーのポーランド侵攻と第二次世界大戦が開戦したときとして最も知られているものだ。しかし穏やかな仕方ではあったものの、この論文の発表もまた決定的な事件だったのだ。物理学者にして科学史家でもあるジェレミー・バーンシュタインはこの論文に関して「20世紀物理学の中でも偉大な論文の1本」と言う。発表時には殆ど注目されなかった。ただし数十年後に物理学者たちは1939年のオッペンハイマーとスナイダーが21世紀物理学の扉を開いたのだと理解するようになる。

　彼らの論文は、大きな質量の星がおのれ自身を燃やし尽くそうとし、実際に燃料を使い尽くしたときにいったい何が起こるのかを問うところから始まる。

彼らの計算が示していたのは、ある質量を超えるコア——今では太陽質量の2、3倍になると信じられている——を有する星は、白い小人の星の内部に向かって潰れていくのではなく、代わりにそれ自体の重力の威力によって際限なく収縮し続けるということだった。アインシュタインの一般相対性理論を信ずるなら、そのような星では一切を包囲する重力の引力から光波ですら逃れられない「特異性」によって崩壊してゆくだろう。はるか彼方でしか出会えないそのような星は、宇宙の残余からそれ自身を閉ざすことにより、文字通り姿を消してしまうのだ。「その重力場だけが存続する」とオッペンハイマーとスナイダーは書く。すなわち彼ら自身はその名を使うことはなかったけれども、その星はブラックホールになる。興味深いが奇妙な考えだ——こうして、その論文は肝心の計算についても長い間、単なる数学的好奇心に過ぎないとして無視されたのだ。

1970年代初めを過ぎてようやく、つまり天体観測技術が理論に追いついたとき、〔理論の予告する〕ブラックホールが天文学者たちにより大量に把捉された。当時、コンピュータとラジオ波望遠鏡の技術革新によってブラックホールの理論が天体物理学の最重要事項になっていた。「オッペンハイマーがスナイダーと成し遂げた仕事は、今にして思えば驚異的なほど完成度が高く、ブラックホールの崩壊に関する数学的記述も正確だった」と述べるのはカルテクに在籍する理論物理学者、キップ・ソーンだ。「彼らの論文が同時代の人々に理解されにくかったのは、数学的に炙り出されたものが、宇宙の中で物事がどう振る舞うべきなのかを示すどのような心的な図式とも著しく異なっていたからなのである（Bird & Sherwin, pp.88-90）。

末尾のキップ・ソーンの発言を敷衍すれば、1930年代の精神にはオッペンハイマーが立て続けに発表した論文の内容を解するだけの心の準備ができていなかった。とはいえ、オッペンハイマーだけが時代から突出していたというわけでもない。太陽レベルの質量をもつ恒星が辿る運命について、いわゆるチャンドラセカール限界質量が定式化されたのも同じ30年代だった。オッペンハイマーたちの仕事にしても忽然と出現したわけではなく、チャンドラセカールが成し遂げた先行研究を土台にしてその先に駆け登ろうとしたものであること

は容易に想像できる。

　1942 年にマンハッタン計画が始動するが、ノーベル賞受賞者がずらりと居並ぶ豪勢なチームを果たしてオッペンハイマーに率いられるのかという不安の声もあった。とはいえ分野が分野だけにと断らなければならないかもしれないが、スブラマニアン・チャンドラセカールがようやくノーベル賞を受賞したのですら 1983 年のことだったのだ。その点から考慮しても、もし上記の仕事によりオッペンハイマーが受賞するとしたら、どれほど早く見積もっても 83 年以降にならざるを得なかった。資料で言及されているキップ・ソーンが受賞したのは 2017 年のことだったし、彼の友人でもあったスティーヴン・ホーキングはついに受賞できなかった。

　とにもかくにも 1943 年、オッペンハイマーはロスアラモス国立研究所の初代所長に就任する。この就任劇が衝撃的だったのは、計画の最高責任者であるレスリー・グローヴスが大方の予想を裏切り、周囲の反対を押し切ったからだった。しかもオッピーの所長就任に反対していたのは軍や政府の関係者だけではなかった。

　〔資料 No.06〕「あの当時の科学界の指導者だった連中からは」と後にグローヴスは書く、「私への支持はまったくなく、反対だけだった」。一つにはオッペンハイマーが理論家だったことがあった、その点で原子爆弾を建造するには実験科学者と工学者の才覚が必須だった。オッピーを大いに賞賛する点ではアーネスト・ローレンスも他に引けをとらないが、そのローレンスですらグローヴスが彼を選んだ時は愕然とした。もう一人の偉大な友人にして賞賛者でもある I. I. ラビもオッピーは最もあり得ない選択だと考えていた。「彼はとんでもなく実務能力を欠いているからね。いつもブカブカの靴を引きずり、変な帽子をかぶって歩き回っているし、もっと大事なことは実験に使う器具類についてすら何も知らないんだ」。あるバークレーの科学者が述べた所見にはこういうものがあった、「彼じゃハンバーガー屋ですら勤まらないさ」（*Ibid.*, p.186）。

　つまり、オッペンハイマーの就任は前代未聞の大抜擢だったのだ。グローヴスの抜擢が予想外だったのはもちろん、グローヴスとオッペンハイマーのウマ

が合うなど誰にも予想できなかった。日本にとっては最悪の選択になったかもしれないが、作戦の成否という観点からすればグローヴスの炯眼は疑いようもない。しかし、いったいなぜ？

〔資料 No.07〕「奴は天才だ」とグローヴスは後にレポーターに語った。「本物の天才だ。一方、ローレンスはかなり頭の冴えた奴だが天才じゃない。ただのすぐれた努力家だ。いったいなぜだかはわからないが、オッペンハイマーは何もかも知っているんだ。奴はあんたが持ち出すどんなことについても説いて聞かせることができる。いや、厳密にはそうじゃない。私が思うに、奴が知らないのはほんの二、三あるくらいだな。あいつはスポーツについては何一つ知らない」(*Ibid.*, pp.185-6)。

バークレーでの授業はさしずめ予行演習だったのだろう、相手が優秀なら誰とでも共同作業が可能だったことは経験済みであり、かつ証明済みでもあった。なにしろ彼はすべてに通じているのである、物理はもちろん、スポーツ以外の森羅万象に関心をもち、卓越した指導力を誇り、どんな現象についてもいち早く本質を摑み、問題の核心を突くことができたし、これらの才覚をフルに動員して原子爆弾製造研究チームを主導することになる。次の文章はロスアラモス研究所とオッペンハイマーの雰囲気を巧みに伝えてくれる。

〔資料 No.08〕私は早くからロバート・オッペンハイマーにも会った。オッペンハイマーは著名な理論物理学者で、この施設の科学の統括者であり、新入りを「ロスアラモスへようこそ。ところで、あなたは一体どなたでしたっけ」という言葉で迎えるのが常だった。緑の広いポークパイ型の帽子をかぶった、ほっそりした姿は見間違うことがなかった。後になって、この施設の場所、大きな死火山の端にあり、最も近い町のサンタフェからでも曲がりくねった未舗装の道路で約 20 マイル〔※ 32km〕もある、海抜 7000 フィート〔※ 2130m〕の隔絶した地点を選んだのはオッペンハイマーであることを知った。さらにオッピーはプロジェクトが必要とする化学者や物理学者やエンジニアだけでなく、画家や哲学者やその他の、あまり本来の仕事に似つかわしくない人物まで集め

ていた。文化的な共同社会は、そのような人々がいないと不完全になるとオッピーは感じていたのだ。ここにやって来た科学者の中には、アメリカの大学の最良の人々が含まれていたので、私は、夕方に好きな方向へ出かけていき、最初のドアをたたけば、愉快な仲間がそこにいて、音楽を演奏したり、刺激的な会話を交わしたりしているところに会えるという、嬉しい思いを抱いていた。このようにさまざまなタイプの、知的で文化的な人々がいる小さな町を、いまだかって私は見たことがなかった（フリッシュ 187 頁）。

そこはある意味で「人工楽園」だった。研究者にとっての楽園（理想都市）――知的交流の場にして同時に共同研究の場だった。軍に属し、軍事研究の拠点だったが、その組織形態は軍隊の秩序とは対照的な空気を湛えていた。

オッペンハイマーが他の物理学者からも一線を画すのは、軍人や科学者だけでなく、芸術家や社会科学者なども連れてきた点だろう。フリッシュの言葉からも、オッペンハイマーがありうべき社会像に関して、かなり洗練された考えをもち、しかも秘密主義を貫こうとする軍の意向に逆らってまで多様な人材を連れてきたのだから、政治的な手腕についても並々ならぬものがあったと推察される。マニアックに偏った科学バカとはセンスの次元が違っていると言うべきか、そのような人材がマンハッタン計画の中枢にいたことは十分に留意されてよいだろう。

3　アメリカのフェルミ

核分裂の情報は、マイトナー＆フリッシュの論文によってではなく、人伝に伝えられた。

マイトナーとスウェーデンの雪道で思考実験をしたあと、フリッシュはその成果をデンマークに持ち帰り、ニールス・ボーアに伝えた。渡米を目前に控えたボーアは、迅速な論文執筆をフリッシュに命じるとすぐに旅に出て、アメリカの地を踏むと、プリンストン大学のセミナーに参加し、出席者たちにニュースを伝えた。そのニュースが当時、コロンビア大学にいたフェルミの耳に入ることになった。

一大ニュースが嵐のように世界をかけめぐると、すぐに各地の物理学者た

エンリコ・フェルミ

ちが一斉に核分裂の検証作業に入り、続いて連鎖反応の実験に挑んでゆくことになった。

当初は軍事に関わることを嫌っていたフェルミだったが、やがて参加を決意し、以降は原子爆弾製造の中心人物になってゆく。

もちろん計画全体を統括する責任者はオッペンハイマーである。しかし、マンハッタン計画にはもう一人のリーダーがいた。軍の責任者であり、それがレスリー・R・グローヴス少将だった。いわゆる「マンハッタン管区 Manhattan Engineering District」の統括責任者が彼だった。彼の直属の部下だったケネス・ニコルズの表現を借りれば（日本語に訳すと差し障りがある表現なので、そのまま引用すると）、グローヴスは「the biggest sonovabitch I've ever met in my life, but also one of the most capable individuals」（Susan Williams, *Spies in the Congo*, Public Affrairs, 2016. p.4.）という、いわばとんでもなく嫌な奴だけど図抜けて有能な男でもあった。

マンハッタン計画は極秘で進められた作戦だったから、常々機密保持は徹底されていたようだ。計画に加わり、中心的な役割を果たした科学者たちはみなコードネームで呼ばれていた。たとえば、エンリコ・フェルミはユージン・ファーマー、ニールス・ボーアはニコラス・ベイカー、ユージン・ウィグナーはユージン・ワグナーといった具合である。

1943年からフェルミには24時間専属のボディガードが就くようになった。名はジョン・ボーディノ、法科大学院を出たばかりの陸軍情報部員だった。最初は形式的な付き合いに終始していたが、フェルミは元々フランクな人柄であり、陽気な人物だったから、二人はすぐに打ち解け、親友になっていった。列車で移動するときは一緒にトランプに興じ、研究所ではボーディノも実験を手伝った。フェルミ一家がロスアラモスに引っ越したときは、ボーディノも妻と

生まれたばかりの娘を連れて一緒に引っ越したという。ただし、その引っ越しに飛行機を使ってはならなかった。フェルミに対するグローヴスの指示は次のようなものだった、「飛行機と名の付くものには乗らないように。時間が節約できるといっても危険に見合うほどではない。ほんの短い距離でも車の運転はしないように。安全が保障されないかぎり人気のない通りには出ないように」。このグローヴスの指示を読むだけでも、原爆開発におけるフェルミの位置づけと重要性がわかる。

〔資料 No.09〕フェルミは、爆弾の研究と開発は必要悪だと考えていて、嫌悪感を抱きながら任務を引き受けていた。しかし、ロスアラモスの雰囲気はそんなものではなかった。熱意が充満していて、フェルミには初め理解できなかった。オッペンハイマーは次のように記憶している。「初めのころの会合でフェルミは、席に着くと私のほうを向き、『あなたの部下は本当に爆弾を作りたがっているのですね』と言ってきた。」それがロスアラモスの精神で、人々は爆弾に取り憑かれていた。そしてプルトニウム爆弾が設計され、オッペンハイマーによって「トリニティー」と命名された実験に向けて製造が開始されたころには、フェルミもやはり爆弾の魔法にかかっていた。セグレは次のように語っている。

　私が知る限り、この実験に関する問題にフェルミがどのような貢献をしたのか、文書による説明は残っていないし、詳しいところまで再現するのも容易ではない。しかしこのとき、物理学全体を手中に収めているという、フェルミの最も驚くべき持ち味が真価を発揮した。トリニティー実験に関係する問題は、流体力学から原子核物理学、光学から熱力学、地球物理学から核化学にまで及んでいた。互いに関連していることも多く、どれか一つを解決するには他のすべてを理解する必要があった。目的こそ残酷で恐ろしいものだったが、史上まれに見る一大物理実験だった。フェルミは完全に没頭した。実験のときには、アラモゴード〔ニューメキシコ州南部の実験場〕での作業の技術的詳細をすべて理解する数少ない（おそらく唯一の）人間となっていた（クロッパー『物理学天才列伝（下）』264-5 頁）。

　プルトニウムを使った爆弾の開発計画は「トリニティ」と命名されるが、命名者はオッペンハイマーだった。トリニティは普通名詞としては三つ組や三幅対、三重などを意味するが、大文字で始まる場合にはキリスト教の三位一体を意味する。しかし彼は聖書やキリスト教の伝統から引いてきたのではなく、ジョン・ダンが死の直前に書いた非常に謎めいた詩句から連想して命名したらしい。私自身は、彼が挙げたジョン・ダンの二つの詩句から即座に三位一体が連想されるように思えないが、それ以上の証言は残っていない。

　さて、資料に戻るとしよう。エンリコ・フェルミは当初、兵器の開発に興味があったどころか、軍事にかかわること自体をひどく嫌っていた。やがて「必要悪」との認識が彼の中にも生じたものの、その考えですらシラードやボーアとの議論から生じたものでしかなかった。そもそも反戦主義者であったフェルミが、素朴な平和主義者から兵器開発に転じるに足る最大の動機とはなんだろう？　フリッツ・ハーバーのような愛国心からだろうか？　いや、フェルミはイタリア人であって、アメリカへの愛国心など皆無に近い。あるいはレオ・シラードのように、ナチスへの脅威から義憤に駆られたとでもいうのだろうか？たぶん、それもちがう。ナチスの脅威を感じたとしても、自身はドイツ出身ではないし、ユダヤ人でもなかったから、それが彼にとって主たる動機になったとは思えない。

　どうやら妻のラウラが語っていたことがもっとも的を射ているようだ。原爆開発という多大な困難を抱えた課題が、フェルミにとっては、とても珍しいオモチャを与えられたに等しかった。オールマイティな物理学オタク、もしくは名人クラスの物理ゲーマーにとって、この機を逃したら二度と出会うことができない大作ゲームこそ、彼をそこで待ち受けているものだったのだ。スタートボタンを押せば忽ちゲームが始まり、襲い来る難題を次々にクリアし、最後に途方もない成果を手にするというシナリオが、彼の目にはもうすでに見えていたのである。

　資料の中の二つの言葉がロスアラモスの空気を如実に伝えている。一つは「爆弾の魔法」であり、フェルミはその魔法にかかってしまった。そして、ロ

スアラモスの全体を包んでいた「熱意」である。知と創造の楽園に種をまかれ、大事に育てられた最高の植物、それが我々にとっては最悪の贈り物となる。

　さて、オッペンハイマーは核物理学と核化学の精鋭を全米から選りすぐり、のちに 2500 名を超える研究者集団を率いてゆくことになる。その集団の中には当時 24 歳のリチャード・ファインマンも含まれていた。

　ファインマンは中学生の頃から男の子たちの高嶺の花だったアーリーンの心を（いろいろな手を使って）射止めたが、結婚間際に彼女が結核に罹っていることが判明する。ファインマンの家族は結婚に反対するが、アーリーンに首ったけのリチャードは周囲の反対を押し切って結婚し、そのままマンハッタン計画に加わってしまう。

　その経緯の一端を物語る文章をファインマン自身のテキストから引いておこう、──「間もなくマンハッタン計画実施のため、ロスアラモスに行かなくてはならないときがきた。この計画の総大将たるロバート・オッペンハイマーは、ロスアラモスから一番近いところ（とはいっても 100 マイル〔161km〕も離れていたが）にあるアルバカーキの病院に、アーリーンを入院させるよう、わざわざ手配してくれた。毎週末、土曜になるとヒッチハイクでアルバカーキに面会に行く。その午後アーリーンに会い、その夜は近くのホテルに一泊、日曜日の朝もう一度彼女を見舞って、その日の午後またもやヒッチハイクでロスアラモスに戻る、というスケジュールだ」（リチャード・ファインマン『困ります、ファインマンさん』大貫昌子訳、岩波現代文庫、2001 年。49 頁）。

　優秀な研究者にして反骨精神の塊みたいなリチャード・ファインマンは、いわゆる組織人にとっては天敵であり、組織を統べる責任者にとってはもっとも扱いにくいタイプの人間だった。この点においても、ロバート・オッペンハイマーの人心掌握術は見事というほかにない。彼はファインマンに対してではなく、彼の妻に対して最善の措置を講じてくれたのだ。いかに反抗的なファインマンであっても、恩義を感じないではいられなかったろう。当然、恩を受けたら、負債者の立場に置かれるから、返礼の義務を感じざるを得なくなる。何をもって返礼するかといえば、作戦に尽力することによって、としか考えられまい。

とはいえ、権力や権威にはすぐ反発し、意味のない規則を反射的に毛嫌いするファインマンのことだから、オッピーに恩を感じていても組織内で大人しく振る舞うことなどなかったし、軍のしきたりや権力者の命令に従順になることなど夢にも想像できない。仕事場では次々に改革の手を打ち、禁止には風穴を空け、実際に研究所内にも抜け道を作ってしまった。そうしたファインマンの掟破りの振る舞いは、軍隊の秩序から見れば、越権や破壊行為にほかならず、到底がまんならないものだったが、オッペンハイマーの目にはどう映っていただろうか。むしろ、ファインマンが勝手な振る舞いを次々に繰り出すそばから、組織は次々に改善され、たとえ破壊されてもよりよい集団へと再構築されていったのだから、何もかも快く思っていたはずだ。しかも、ロスアラモスにはファインマンの上をゆくいたずら者がもう一人紛れ込んでいた。それは病床にあってさまざまないたずらをロスアラモスに向かって仕掛けていたファインマン夫人、アーリーンだった。アーリーンが何をしたかは、本講義からやや逸脱する話題になるので、興味ある人は先に一部を引いたテキストを手に取ってみるのがいいだろう。

　ファインマンのテキストからもう一つ資料として引いておきたいのだが、それは彼の目に映ったエンリコ・フェルミである。

〔資料 No.10〕僕もはじめはほんの下っ端だったが、後でグループのリーダーになり、しかも実に偉い人たちに何人か会うことができた。あれだけのすばらしい物理学者に会うことができたのは、僕の生涯を通じて最も豊かな経験だったと思う。

　その中にはあのエンリコ・フェルミもいた。ロスアラモスで困難があれば、その相談にのって助力するという役目をおびて、フェルミはシカゴからやってきた。その彼をまじえて会議が開かれた。僕はずっと計算の仕事をしていて、かなりの結果も出していたのだが、この計算は非常に複雑でわかりにくいものだった。普通なら答がだいたいどのようなものかを予言したり、出た答についてなぜそうなったのかを説明するのは僕の得意とするところなのだ。ところがこのときの計算だけは複雑すぎて、さすがの僕もどうしてそうなるのか説明できなかった。

　とりあえず僕はフェルミに今やっている問題を話し、その結果を説明しはじめると、フェルミは「ちょっと待った。君が結論を言う前にちょっと考えさせてくれたまえ。多分こういう風な答が出るだろうと思うね（その通りだった）。そのわけはこうこうだ。そしてこれにはわかりきった説明もつくよ。」

　これにはおどろいた。フェルミは僕のお株をすっかり奪ってしまったのだ。奪ったところか数倍もうわてである。これは僕にとって非常にいい薬になった。

　また大数学者ジョン・フォン・ノイマンもいた。僕たちは日曜になると散歩に出かけては峡谷深く分け入ったりしたものだったが、これにはよくベーテや、ボブ・パッカーもついてきて、ほんとうに楽しかった。このとき、我々が今生きている世の中に責任を持つ必要はない、という面白い考え方を僕の頭に吹きこんだのがフォン・ノイマンである。このフォン・ノイマンの忠告のおかげで、僕は「社会的無責任感」を強く感じるようになったのだ。それ以来というもの、僕はとても幸福な男になってしまった（R・P・ファインマン『ご冗談でしょう、ファインマンさん（上）』大貫昌子訳、岩波現代文庫、2000 年。225-6 頁）。

　我々はファインマンがその後、量子力学の行き詰まりを打開する理論により、ノーベル賞を取るのを忘れてはならない（同様の理由で日本人物理学者、朝永振一郎が同時受賞の栄誉に与っている）。そのファインマンが伝えているのは、概算の名手であったフェルミのお手並みの凄みである。

　有名な「フェルミ推計」がもしもあるとして、その技術をフェルミ以外の人、それもごく平凡な人間でも身につけられるとしたら、どんな計算についても、その意味をより大きな枠組みで理解していることが前提になる。それは暗算が速いとか、計算が得意ということではない。式とその中にある数字の意味に通じていることである。フェルミは家族や友人とピクニックに行ったとき、草むらに寝転ぶとおもむろにノートを開いて、何も参照せずに物理の教科書を書いたと言われている。おそらく彼にとって物理学は覚えるものではなく、理解し、咀嚼し、肉体の一部になった知識だったのだろう。彼は覚えなくても、すべての公式を自力で導くことができるから、読み終えたテキストはもう要らないと言ってすぐに返却したそうだ。そんな芸当が可能なのは、読んだ事柄の意味がわかっているのはもちろん、わかったばかりの事柄が他の諸事象とどう関係し、

126

どう絡み合っているかもわかっていたからなのである。

　実際、単なる計算力であれば、フェルミの能力を遙かに凌ぐ人材が計画に参加していた。その人材こそやはり変人のハンガリー人、フォン・ノイマンである。ファインマンから引いた資料は、そのフォン・ノイマンがファインマンに伝授した危険な思想を伝えている。それは「社会的無責任感」なる代物である。この考えは、提唱者と賛同者がいずれもマンハッタン計画にかかわった人間であるからには簡単に見過ごすことはできない。科学者の社会的責任についても一石を投じる思想の一つであろう。

　科学と倫理とは、いかなる関係にあり、また、あるべきなのか？

　17世紀の大思想家、バルーフ・スピノザ。19世紀の大哲学者、フリードリヒ・ニーチェ。この二人がもっとも忌み嫌ったことの一つに、もてる力を差し控えるよう強いる力があった。どんな能力であれ、その能力の使用を差し控えるよう強いるものは、スピノザの「倫理」にとっては「悪」である。力を差し控えることを美徳として賞賛する道徳をニーチェは唾棄した。ニーチェは「謙遜」を嫌うのだ。もしも科学者が今、使うことが可能な力を道徳のため、もしくは有徳の士として振る舞うために「いえいえ、私なんかとても」とでも言って差し控えるとしたら、はたしてそれは正しい振る舞いと言えるのだろうか。

　可能なものなら、すべて許されるのか。あらゆる可能性に現実化の機会を与えることが正しいことなのか？　実に難しい問題である。現代を生きていれば、スピノザやニーチェでさえ簡単には答えを出せなかったかもしれない。だからといって考えなくてもよいことではない、——反対に、だからこそ考えなければならないのである。

第8講
臨界——核分裂連鎖反応

1　ボーアの悟り

　アインシュタインにとって、最大のライバルにして理論上の宿敵はまちがい
なくニールス・ボーア（1885-1962）だったろう。若い世代の物理学者たちがあ
たかも「ボーア詣で」のようにデンマークを頻繁に訪れる頃になると、一般人
にはアインシュタインと聞けば先端物理のイコンにちがいなかったが、専門家
たちにとっては次第に過去の人と見做されるようになっていった。彼自身、一
般相対論を発表して以降は、孤独なイメージに合わせるかのように引きこもり
気味だったと言われている。だが実際には量子力学に対する激しい批判者とし
て立ちはだかり、無数の難問を突きつけ、反論を論文化し、それらを以て量子
力学の発展と厳密化に尽くしたのだった。
　では、アインシュタインの好敵手にして新たな先端物理の領袖となったニー
ルス・ボーアとは、いったいどんな人だったのだろう？

　〔資料 No.01〕私はホイーラーに、ボーアと一緒に仕事をするのはどんな風だっ
たかを尋ねたことがあります。ホイーラーによれば、ボーアには「2種の速度、
すなわち興味なしと没入するほど興味あり」があったそうです。ボーアが興味
なしのときには、彼の反応は通常その講演、またはその時話題のものがなかな
か面白いねなどと言ったそうです。他方、ボーアがほんとうに興味を持った時
には、自分と講演者が問題の真の理解に達するまで講演者を一種のゆるやかな
拷問にかけるのを常としていました。ところが、核分裂に関しては事態が全く
違っていました。プリンストン高等研究所にはその春に、チェコ生まれの才能
豊かで懐疑的な理論物理学者ジョージ・プラチェクがいました。ある日、プラ
チェクはボーアに核分裂の水滴モデルは全くのナンセンスであると言いました。
彼の議論は次のようなものでした。そのモデルでは反応をスタートさせるのに、

水滴を揺さぶるエネルギーを供給するために注入中性子が必要です。他方、注
入中性子の速度が遅いほど反応率が高くなります。実際、反応率は中性子の速
度ゼロ、すなわち運動エネルギーがゼロのときに最大になるのです。それなら、
水滴を揺さぶるエネルギーなどどこから必要だということが出てくるか、とい
う訳です。これにはボーア自身が大いに揺さぶられて、ホイーラーを引き連れ
てプリンストンの町中をあてどなく「高速で」歩き回ったそうです。そこで彼
は突然の悟りに達しましたが、それが核分裂を原子炉から爆弾までの実用にお
いて永久に世界を変えることになるのです。以下は彼が理解したことです。

　原子核に中性子や陽子を保持させている核力は、われわれが日常接するいろ
いろな力とは非常に違うのです。たとえば、電気的に反発力を及ぼし合う陽子
を原子核から飛び去ってしまわないように保持しているのですから、核力は電
気的な力よりずっと強いものでなければなりません。さらには、その核力が及
ぶ範囲は極めて短いものに違いありません。比較のために、重力を考えてみま
しょう。太陽は地球から９千３百万マイル〔１億５千万キロ〕離れていますが、
その間の重力が地球を太陽のまわりの楕円軌道に保持させているのです。それ
に比して、核力はその作用範囲について馬鹿馬鹿しいほど小さな数字を書かな
くてすむように、そのための単位フェルミが定義されています。１フェルミと
は、10^{-13} センチメートル——すなわち１／（１の次に13個のゼロが続く）＝
1/10,000,000,000,000 センチメートルです。核力の作用範囲は１フェルミ程度な
のです。これが意味するところは、原子核中では中性子も陽子もそれぞれ一番
近い粒子とのみ作用し合うということです。この特性はどの原子核が安定かを
予測する上で重要な結果です。原子核は中性子と陽子が一対を形成するときに
安定です。すべての元素の中で最も安定なのは、同数の中性子と陽子を持って
いる軽い原子核群です。従って、原子核は中性子数Ｎと陽子数ＺがＮ＝Ｚの線
上のなるべく近くに集まる傾向にあります（ジェレミー・バーンシュタイン『プ
ルトニウム』村岡克紀訳、産業図書、2008 年。7-12 頁）。

バーンシュタインはボーアにおける「２種類の速度」から語り始めている。
一つは我々の誰もがよく知る「通常モード」の速度である。もう一つはボーア
に固有の速度、途方もない集中力が途切れることなく継続してゆく、いわば特

異モードである。ボーアの特異性はその伝説的な集中力の強度ではなく、必ず相手を必要とし、しかも彼自身の疑問が解消するまで続くところにあった。途方もなく強力な集中力が客人を質問攻めにし、議論が休みなく続くその執拗さをバーンシュタインは「ゆるやかな拷問」と呼んでいた。

　有名な逸話を一つ。ボーアに招かれ、ある日、エルヴィン・シュレーディンガーがコペンハーゲンを訪れたときのことである。量子力学における確率を表現する比喩として「シュレーディンガーの猫」が有名だが、シュレーディンガーの方程式もまた、量子力学の世界を物理学者にわかりやすく微分方程式に集約したものだった。彼はハイゼンベルクやポール・ディラックとノーベル賞を同年に共同受賞したが、言い換えるなら彼ら 3 人こそ当時最先端の物理学だった量子力学の「顔」にほかならなかった。そのシュレーディンガーが訪ねてきたのだ、——好奇心の塊だったボーアの欲望が容易に満たされるはずはない。さんざん議論した挙げ句にシュレーディンガーは倒れてしまった。普通ならそこで議論は打ち切りになるが、ボーアにとっては彼の欲望が充たされるまで思考の攻防とも好奇心のセックスともつかない時間が続いてゆく。ボーアはベッドに伏せたシュレーディンガーに延々と議論を挑み続け、また質問を浴びせ続けた。かなりの物理好きを自認していた朝永振一郎がところかまわず議論を始めるヨーロッパの研究者たちを見て神経を疑い、呆れると同時に自身の物理好きに疑問を抱かされたというが、その TPO を弁えない議論の習慣こそボーアの「速度」が創出したものだった。

　ところで資料中でもっとも大事な箇所は、「力」に関して新たに加わった「核力」だろう。原子核には中性子とともに陽子がぎっしり詰まっている。中性子は電荷をもたないが、陽子はみな正の電荷をもっている。正の電荷をもつ粒子は反発し合うはずだから、核力のはたらきがなければ互いに反発する電磁気力のために散り散りになってしまうはずだろう。言い換えるなら、反発し合う電磁気を押さえ込んで一個の「核」にまとめ上げるパワーが「核力」なのである。核力を「強い力」と呼ぶのはその強力さゆえのことである。核力それ自体は途方もなく強い力であり、陽子も中性子もともにその力を有している。陽子だけなら、ともすれば電気的反発力により分解しかねない状態をなんとか押さえ込み、一つの核に封じ込めるにはほぼ同数の中性子が必要になる。それを

資料中では、

　Z = N

　の式で表わしていた。水素を除く軽い元素では、陽子数Zと中性子数Nが等しく、しかも安定している。大きな元素になるにしたがい、次第に中性子数Nが陽子数Zを上回るのは、作用範囲の小ささを数で補うためである。働く距離が極端に短いと、陽子の数が増えていくにしたがい、大きくなる電気的反発力を押さえ込むのが難しくなる。それでも一つの塊に押し込んでおくためには、さらなる核力の助けが必要になるのである。それでも完全には押さえられなくなるから、大きな元素はみな「放射性」という自壊する性質を有するのである。鉛よりも大きな元素はどれもみな、一定のリズムで絶えず振動しており、その振動数に応じた放射線を発しながら徐々に壊変していく。

　放射性元素はそれゆえ、みな不安定なのだが、それでも（不）安定性にそれぞれ度合いがあり、中性子と陽子の数が偶数の場合には比較的安定している。たとえば、ウラン238は陽子92個と中性子146個から成るのに対し、ウラン235は陽子が92個なのに対し、中性子は143個である。奇数個の中性子は、陽子と対を形成しない余分な中性子が含まれていることを含意する。そのため、結合エネルギーも相対的に弱くなり、放射性崩壊も速くなりがちになるから、天然に少量しか存在しないというわけだ。

　また、軽い元素の中では水素だけ例外的である、――中性子を一つも持たないからだ。水素が中性子を必要としないのは、核の中に核子が一つしかないため、複数の核子を一つにまとめあげる「力」も必要ないからである。しかし中性子の介入を拒否しているわけではなく、ときに中性子を引き連れた水素原子もある。重水素の原子核は陽子一個に加えて中性子を一個もつ。ならば質量もフリーの陽子と中性子との和に等しいのだろうか？　実は等しくない。重水素の核子の方がわずかに少ない。そのわずかな質量の差は、かつて陽子と中性子とが連結する際に結合エネルギーとして放出（消費）されたためである。γ線として放出された分だけ重水素の質量はごくわずかに少ない。もつ必要のない中性子をもち、かつ奇数個の中性子数だから、安定同位体であるとはいえ、重水素（デューテリウム）はきわめて少ない。

　奇数個の中性子が安定性を欠くという観点から、ウランの同位体がたどる奇

妙な運命を眺めてみよう。

　〔資料 No.02〕ウラン 238 が核分裂へ到る途中で生ずる複合核はウラン 239 であり、他方ウラン 235 の核分裂への複合核はウラン 236 です。しかしウラン 236 は中性子と陽子の対形成によってウラン 239 より強く結合しています。従って、中性子がウラン 238 によって捕獲されますと、ウラン 235 に捕獲される場合より少ないエネルギーしか放出されません。そして、ここにポイントがあるのです。水滴は分解するのに抵抗します。それが起こるためには、ぐいと押す必要があります。物語風の記述から少し離れて言いますと、それを起こすためには「閾値」と呼ばれるある最少のエネルギーを供給しなければならないということです。ウラン 235 によって捕獲されてウラン 236 にした中性子は「閾値」以上のエネルギーを出すのに対して、ウラン 238 に捕獲されてウラン 239 にした中性子は「閾値」以上のエネルギーを出さないのです。そこで、ウラン 235 は「核分裂性」であると言われ、その意味はどんなエネルギーの中性子も核分裂を起こし得るということです。ウラン 238 も核分裂できるのですが、それはある値以上のエネルギーを持った中性子によってのみ可能なのです。これがボーアの突然の悟りでした（同 73-4 頁）。

　資料中の「閾値」に注意すると、厄介なことが明確にわかる。まず中性子を原子核に打ち込む。打ち込まれた中性子が原子核の内部に侵入することを「中性子捕獲」というが、「閾値」以下の場合はそれで終わりとなってしまうのである。つまり閾値を超えるエネルギーを放出しないのだ。ところが閾値を超えるエネルギーを放出すると、核は一まとまりの元素として存続することができなくなり、分裂してしまう。それが「核分裂」である。
　ウラン 238 の場合、核に侵入してくる中性子の運動エネルギーが 100 万電子ボルト以上でないと核分裂は起こらない。つまりウラン 238 の「閾値」は 100 万 eV であり、それ以上だと核分裂性になるが、それ以下では共鳴吸収を通して核に吸収されたまま分裂を起こさない、──ほぼ絶対に（確率ゼロ）。この点はトリウムも同様であり、トリウムを使った実用の原発が作られなかった理由でもある。

ところがウラン235の場合、入射する中性子がどんなにゆっくり走ろうが、どんなに速く走ろうが、吸収されればゼロでないある確率で核分裂が起こる、——分裂確率の高さは、運動エネルギーに依存するが……。

図示したが、一番上は中性子が原子核に侵入しようとする様子を表わしている。中性子が侵入に成功すると、核が中性子のエネルギーを受け取り、振動を開始する。

次の段階を表わすひょうたん型の図は、くびれができ、球状の核がまるで落花生のような形になった状態を表わしている。核力（強い力）は働く距離がとても短いから、形が崩れ、ひょうたんのような形になると、二つのふくらみの間に力が及びにくくなる。すると電気の反発力（斥力）が核力を凌駕し、ふくらみがいよいよ二つに離れようとするのを抑えられなくなる。ある段階までは核力と電気力の

図1

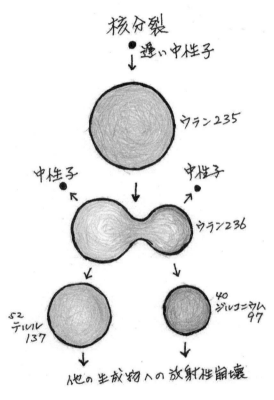

あいだで綱引きが続くが、ある距離以上にふくらみが離れると核力は急激に弱体化する。

第三段階になると、核力は電気反発力に打ち勝つことができなくなり、核は分裂してしまう。それまで一つだった原子核は二つの分裂片となって、相応のエネルギーを抱えたまま反対方向に吹っ飛んでゆく。分裂直前の第二段階で、中性子が放出されている様子を見てみよう。ひょうたん型の核子は中性子を二つ放出しているようだ。テルル137とジルコニウム97の原子番号を足すと92

になり、ウランの原子番号に等しいが、質量数の和は（97+137=）234 になるから、元のウラン 236 より二つだけ少ない。その足りなくなった二つが第二段階の終わりに核から飛び出した中性子に相当する。

　核力から解放されたわけだから、分裂によって解放されたエネルギーは電磁気力であることになる。核内にため込まれた電気エネルギーなのだから、正確には電気ポテンシャル・エネルギーと言わなければならない、——このときばかりは「ポテンシャル・エネルギー」を普通に「位置エネルギー」と訳してしまうと意味が通じにくくなる。

　核兵器によって解放されるエネルギーを核力だと勘違いしている人も少なくないが、そうではない。物質が湛える電気エネルギーのすべてではないにしても、動揺する原子核の内部で生じる核子同士の猛烈な摩擦が能う限りの電気エネルギーを引き出し、放出させるのである。詳細は後の講義に譲ろう。

2　連鎖反応の条件

　簡単に条件を列挙することからはじめよう。

ⅰ．諸条件

(1) 中性子源……ラドン、ラジウム

(2)（中性子）減速材……パラフィン、水（重水）、黒鉛（グラファイト）：イタリア時代のフェルミ・チームはパラフィンを減速材として機能させることに成功したことから、次いで水を使用して効果を確かめた。結果、水中でも中性子が減速・拡散することが確認されたのである。

(3) 中性子を吸収する物質＝制御棒の材料になるものであり、通常はカドミウムとホウ素が用いられる。

(4) 濃縮ウラン（核分裂性の同位体）：簡単に言えば爆弾の原料であり、つまりは爆薬である。

ⅱ．課題

(1) 障害：1 回の分裂から 2 〜 3 個の中性子が放出されることが実験によってわかったが、濃縮ウランを用いても反応するのは圧倒的にウラン 238 の方が多く、しかも質量 238 のウランでは核分裂に結実しない。その対策として採

られたのは、ウラン238には高速の中性子を取り込む傾向があるから、中性子の速度を落としてウラン235に送り込んで、核分裂を効率的に引き起こすように工夫した。

(2) 解決策：濃縮ウランの塊を小分けにし、それぞれの塊のあいだに減速材を置く。また、ウランの塊の周りにも減速材を配置し、減速材で取り囲まれた内部で連鎖反応を導くようにした。

(3) 目標：中性子倍増率kの値を1超にすること。つまり中性子一つから連鎖反応により放出される中性子の量（＝数）を1（つ）以上の値にしなければならない。そのため「パイル」と呼ばれる黒鉛ブロックを積み重ねた装置を建造することとなった。この「パイル」が原子炉のプロトタイプである。

〔資料No.03〕フェルミたちは、黒鉛ブロックを積み重ね、何本もの黒鉛四角柱をつくった。最初の黒鉛柱の大きさは、一辺三フィート、高さ八フィートである。これらの黒鉛「パイル」のひとつの根元の部分に中性子源となるラドンとベリリウムを配置し、高さを変えながら中性子強度を測定する（「パイル」という名はフェルミが命名した）。中性子強度は、ロジウム箔内に生じる放射能を測ることによって間接的に測定するが、パイルの上の方にいくほど、吸収や側面からの散乱によって低下していく。このデータから、黒鉛の性質を推定することができるのである。その後、パイルの各所に規則的にウラン（酸化ウランの塊）を配置した。

後にさらに多くのパイルを生み出し、それからの三年間フェルミ・チームが没頭することになる研究が始まったのである。彼らは、それまでのアメリカの技術力を超える高さまで黒鉛の純度を高めるという、大きな問題を解決した。同じようにウランの純度も問題だったが、こちらはアイオワ大学の化学者チームがウラン純度を高める方法を開発した。このとき値千金の働きをしたのがシラードである。「非実用的な夢想家」である彼が、より純度の高い材料がより多く得られるところを探すという実用的な仕事を買って出たのだ（クーパー『エンリコ・フェルミ』75頁）。

シラードはある意味、マンハッタン計画の発起人に近い人物だ。ルーズベル

トに書簡を送るため、アインシュタインの知名度を利用したり、フェルミの説得に当たったりと、彼の活躍はかなりのものだったが、その最大の動機はドイツの地に残ったハイゼンベルクの能力にあった。それゆえ、独立独歩で権力の意のままにならないシラードを動かしたのは、おそらくオッペンハイマーの手腕とはまったく関係ない。むしろ彼みずから動いて作戦に貢献しようとしたのだろう。そして、彼が積極的に動いたということは、それだけフェルミ・チームの実験が順調に進んでいることを意味していた。

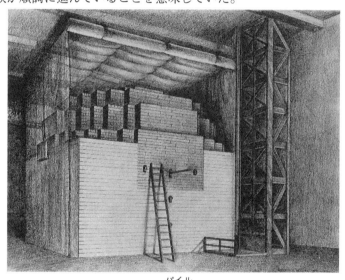

パイル

3　コードネーム「冶金研究所」

　1942年、それまでバラバラに行なわれていた連鎖反応の研究をシカゴ大学に一本化することとなり、フェルミもチームとパイルをシカゴに移動させた。

　〔資料No.04〕1942年3月、コードネーム「冶金研究所」と名づけられた秘密プロジェクトにより、それまで数箇所で別々におこなわれていた連鎖反応の研究がシカゴ大学に一本化された。やむを得ずフェルミも自分のチームとパイルをシカゴに移し、1超の増倍率を達成するための研究を続けた。
　1942年11月中旬、ついに目標の倍増率で完全に自律的な連鎖反応を発生さ

せるパイルを建設する作業が整った。大学のフットボール・スタジアムの正面
スタンドの下に、使われていないスカッシュ・コートがあった。この少し意外
な場所で、フェルミ・チームの手によって産声を上げたのが、シカゴ・パイル
1号（CP-1）である。

　CP-1の全体は、幅25フィート〔7.6m〕、高さ20フィート〔6.1m〕のややつ
ぶれた球形である。徴兵待ちの体格の良い高校生の手を借りて、慎重に加工し
た400トンの黒鉛、40トンの酸化ウラン、6トンの金属ウランを1段1段積み
上げていった。きつい作業である。12時間ずつ2交代で、昼夜を問わず作業は
続いた。

　黒鉛には細長い穴を開け、中性子を吸収するカドミウムで覆った板を挿入
できるようにした。この板が世界初の原子炉制御棒である〔ここで「原子炉」
と言っているが、「パイル」に代わって「原子炉」と呼ばれるようになるのは、
これより何年か先のことである〕。試験では、この装置で増倍率 k が1を超え
ることがわかっていた。この装置は、側面から中性子が漏れても支障がない十
分な大きさをもち、「臨界」に達するのに十分な量と純度のウランと黒鉛を備
えていた。フェルミの計算では、そのはずだった（同77-8頁）。

　kがほんのわずかでも1を超えると（k=1.0003）、中性子数は世代ごとに増
加し、核分裂の回数も増加してゆく。分裂エネルギーも時間とともに増加する
から、パイルの温度も上昇し、最終的にはパイルの構造物を溶かしてしまうだ
ろう。

　「1.0003なんてほとんど1じゃん」と思われたかもしれない。しかし、連鎖反
応は最短で1世代につき約1億分の1秒という猛烈な速度で進んでゆく。言い
換えるなら、1秒のあいだに最大で1億世代である。パソコンやスマホの電卓
を関数電卓モードにした上で「1.0003」と入力し、次いで「X^2」を連打し、連
打の回数を数えてみよう。連打数がそのまま世代数になる。11回の連打で表
示される数値は1.85になり、12回目で3.4になった。13回目になると2桁の
11.6となり、14回目では3桁の136まで達してしまう。これでは100万分の1
秒にも満たないきわめて短い間に暴走しかねない勘定になる。このあと、われ
われは途方もなく慎重に事を運ぶフェルミの姿を見ることになるが、電卓を簡

単に操作しただけでも、きわめて精密な制御が必要な実験であったことがわかる。

　暴走を押さえる役目は制御棒とそれを通すために空けられた穴である。パイルは暴走に向けて連鎖反応を高める働きをしなければならない。したがって、パイル自体は減速材と反射材の両方の特徴を備えている必要があった。いわゆる「臨界」（k=1.000 000 000 ……）を維持できれば、決して暴走は起きない。また、中性子を減速させ、分裂の世代間隔が長くなることや、超臨界になっても（k=1 超）、パイルの温度が上昇すると、ウランや構造物が膨張して、核分裂反応が低下するように建造されていた。構造物の設計それ自体にも暴走を抑止する効果があったのである。

　フェルミたちが目指したのは、自立連鎖反応だった。それはｋの値が１ないし１以上を達成するパイルを完成することだった。さまざまな角度から検討しながら建造作業を進めた結果、第２層まで積み上げた段階で、最適なパイルは第56層まで積み上げなければならないと判明した。つまり56層で十分ではあったものの、念のため一層多い57層まで積み上げることに決定した。

　その上でフェルミが行なったことに注意を促しておきたい。

　〔資料 No.05〕1942年12月2日水曜日の朝、フェルミはチームのメンバーを招集した。パイルの動作については完全に理解している自信があったが、不測の事態に備えていくつかの安全対策を施した。まず、電子計数管で計測する中性子強度が上がりすぎた場合に、制御棒の１本が自動的にセットされて、パイルを停止するようにした。予備として、安全棒をもう１本用意した。こちらはロープで吊るしておき、ロープを斧で切断するとパイル内に落ちる仕組みになっている。最後の備えとして、3人の若い物理学者を「決死隊」として待機させた。彼らは中性子を吸収する硫酸カドミウムの入った容器をいくつも抱え、いざというときにはそれをパイルに注ぎ込むのである（同80頁）。

　この資料で語られているのは、いわゆる安全対策である。この場合の対策は「安全神話」をでっちあげることではないし、安全という言葉が意味するものも初めから安全な装置を作るということを意味していない。つまり、フェルミ

の行なった安全対策は日本の原子力政策とは最初から何もかも（意味も質も）異なっていたのである。

　非常に危険な材料を用いて、きわめて危険な状態（kの値が1以上に達すること＝超臨界）に陥るのを目指すということ、もしくはその能力を有するものを前提にして設計、建設、操作されており、外部から人がその「状態」や「力」をコントロール（制御）する、という思想に基づいていた。

　つまり、原子炉そのものは、運転すれば自動的にk=1へと接近し、やがて臨界に達し、臨界を超えて超臨界に達するよう見込まれている。だからkの値を外から増減（コントロール＝制御）できるようにしなければならない。増加しすぎた中性子を減少させる材料はカドミウムだった。それは核分裂を引き起こすことなく、中性子を吸収する確率が高く、「中性子を食べる」と言われていた。カドミウムを材料にして作られた装置こそ、福島の原発事故の際、日本人がニュースでさんざん耳にした「制御棒（control rod）」だったのである。

　しかし制御棒だけでは安全対策としていかにも心許ない。たとえkが1をわずかに超えただけでも放射性廃棄物（核分裂片）がパイル内に蓄積し、放射線がパイルの外に漏れ出してしまう危険があった。

　だから、制御棒のほかに安全棒を用意し、さらに決死隊をスタンバイさせておく。日本は安全神話に頼るばかりだったから、決死隊など雇ったことすらなかったし、未だに雇っていない（きれいごとばかりの安全対策が今もってまったく変わっていないのは、東電や行政のHPで誰でも確認できる）。それゆえアメリカの原発には今も決死隊要員が雇われていることは銘記されてよい。そして……

　〔資料No.06〕フェルミは、パイルを自立状態にもち込む作業を体系的に進めたかった。まず、すべての制御棒を完全に差し込んだ状態で測定した中性子強度が、前夜アンダーソンが測定した値と同じであることを確認した。次に、残る1本のカドミウム制御棒の調整を担当する若い物理学者ジョージ・ウェイルに命じて、半分だけ引き抜かせた。予想した通り、中性子強度が上がり、やがて一定のレベルに落ち着いた。計数管の音を聞く限りはすべて順調と言えそうだが、中性子レベルを測定し、その増加速度を計算するまで安心はできない。

フェルミは計算尺を使って、自立状態になるまであとどれくらいか計算した。この計算尺は、定規のような真ん中の部分を両側の固定部の間ですべらせるだけで、掛け算、割り算から対数計算までできてしまう優れものだった。フェルミの手にあれば、それはどんな計算も必要に応じておこなうことができた。

　はじき出された数値が満足のいくものだったので、フェルミはウェイルに命じて制御棒をさらに6インチ引き抜かせた。そして慎重に中性子の増加率を確認し、増加が落ち着いたときの強度を確認した。再び計算尺で計算し、さらに6インチ制御棒を引き抜かせた。すべては順調である。こうして、制御棒を引き抜いては測定をおこなうとして作業を繰り返した。

　作業を繰り返すたび、中性子強度の上昇とともに計数管の鳴るテンポが速まり、やがてその速まったテンポで安定する。そのうちに増加率が上がりすぎ、いくつかの計器の表示レンジを調節しなければならなくなった。フェルミは、新たなレンジでの値がそれまでのレンジでの値からずれていないことを確かめた。そして、ウェイルに命じ、制御棒をさらに6インチ引き抜かせた。そしてまた強度が上がった──と思ったとき、クラッシュが起きた！　自動安全棒が一気に滑り落ちる──予定通りに。

　すべては順調と確信したフェルミは、いつもと変わらず落ち着いて、昼休みにしようとみんなに告げた（「腹が減ったな！　昼飯にしよう！」と言ったといわれる）。ほかの研究者だったら、なるべく早く臨界にもち込んで自立的連鎖反応を実現したいとの気持ちから、実験を続行していたかもしれない。しかし、フェルミはそうしなかった。ひとつには、考えるにしても行動するにしても、彼が常に慎重だったからである。もうひとつの理由は、彼がイタリア人だったからである。イタリア人にとって、決まった時間に昼食をとることはひとつの儀式のようなものであり、アメリカに移住しようが、緊迫した戦時研究の最中であろうが、それは変わらないのだ。そういうわけで、制御棒をもと通りに差し込み、固定して、みんなで食事に出かけた（同81-3頁）。

　文中の「計数管」はガイガーカウンターのことである。また、あらゆる書き物に付きものだが、厳密に事実を伝えようとすると膨大な分量になるから、ある程度の脚色はやむを得ない。たとえば、資料ではすべて順調に進んだように

書かれているが、山田克哉は『原子爆弾』（講談社ブルーバックス）において「まだパイルが臨界に達していないのに安全棒が自動的に働いてしまい、パイル内に落ちてしまった」（333頁）と述べており、ミスないし失敗が起きたかのように綴っていた。しかし、資料に引いたテキストではそのミスないし失敗に見える出来事でさえ「予定通り」だったと記されている。

　そして、みなの逸る心を落ち着かせるかのように「昼食にしよう」との有名な一言が発せられた。フェルミの言動（「昼食にしよう」）については、しばしばイタリア人としての特徴が挙げられることが多い。その是非はともかく、イタリア人にとって昼食が特別なものであることだけはどうやら確かなようである。

　余談になるが、とりわけ余談を重視する立場から、オーソドックスなイタリア式の食事に言及しておくことにしよう。

　朝食はシンプルにカプチーノやカフェラッテのみ。よく食べる人でもブリオッシュやコルネット（コロネ）を一つ食べる程度で済ますという。

　当然、お腹が空くので11時頃になるとメレンダ（おやつ）休憩を取る。

　そして13時から昼食の時間になる。一日のなかでも昼食の時間をもっとも大切な時間として捉えるのがイタリア式である。

　イタリア式昼食では、まず1皿目にパスタかリゾット、ミネストローネがくる。

　2皿目は肉か魚の料理。

　そして3皿目にサラダ、ゆで野菜、フルーツ、コーヒー。

　これら計3皿が最低限のコースと言われている。

　イタリアでは「昼食を粗末にするとからだを壊す」と考えられていて、そのため大学の学生食堂には国から補助が出ていて、全学生が日本円にして1食150円程度でコース料理を食べることができたという。最低限の3皿をよく見てみよう。1皿目で主に炭水化物（つまり脳や神経系を動かす燃料としての糖質である）を摂り、2皿目には身体組織の材料になるタンパク質がメインになり、そして3皿目ではビタミンを中心に摂るよう配慮されている。最低限を見ると逆にしっかり配慮されていることがわかる。

　今はずいぶんと様変わりしたようだが、伝統的なイタリアの昼食では通常、

家族で一緒に食事を愉しむようにしており、その場合には 13 時から 16 時まで
が昼食の時間になり、ゆっくり時間を取って水入らずの時間を過ごすのだとい
う（水ではなく、ワインをいただくようだが……）。

　さて、先にも言ったとおり、フェルミの言動はいかにもイタリア風であるが、
この日についてはそれだけで済ますのはまちがいのような気がしないでもない。
むしろ彼は自分の行動・言動がイタリア風と解されるのを承知の上で、あえて
そうしたのではなかったか。

　つまり、パイルと同様に、人々の逸る気持ちを一度クールダウンさせる意図
があったにちがいない。まず第一にあったのは、フェルミの慎重さであり、次
いで午後はまだ長いということである。実際、臨界の実現は 17 時を過ぎ、間
もなく 18 時になろうかという時間帯だった。

　とはいえ、イタリア人が昼食に時間を掛けるのもまた事実である。昨今では
イタリアでもアメリカ化の波には逆らえず、年々昼食の時間は短くなり、平均
で 30 分程度とずいぶん短くなってしまった（アメリカ化という世知辛く、せ
せこましい流れにはイタリア人といえども逆らえなかったか……）。20 世紀末
の調査では平均の昼食時間はまだ 1 時間 53 分（2 時間弱）だった。イギリス
人は今や 20 分以下らしいから、30 分の時間を確保できれば、まだましなのか
……。とはいえ、イタリアでは今でもリストランテやトラットリアで昼食を取
る人が 4 割以上もいて、コースを注文する人も全体の 4 割弱（38％）にのぼる
らしい。減ってもこの数値というのはなかなかのものである。昼食に十分な時
間を費やす分だけ、イタリアでは夕食を軽めに済ます傾向にあり、だいたいが
ピザかパスタを食べて、それで終わりになるそうだ。

4　臨界

　さて、実験の再開である。

〔資料 No.07〕フェルミは意外なことをした。再び、今度は慎重に、安全棒を
挿入し直したのだ。いったん強度を下げて、さらに広い範囲にわたって強度の
上昇を確認したかったのである。次に、フェルミはウェイルに命じ、制御棒を
それまでよりも大きく、12 インチ引き抜かせた。そしてついに安全棒が引き抜

かれた。もうレベルが落ち着くことはない。強度は上がり続けた。フェルミの
視線はチャートレコーダーと計算尺の間をせわしなく行き来した。上昇は止ま
らない。

「自立反応だ」。このときのフェルミの一言は、その場にいた仲間たちの記憶
に今も残っている。フェルミが浮かべた満面の笑みとともに。

そのままさらに 11 分間、強度を上昇させた後で、すべての制御棒を挿入し、
固定した。出力は最大でも 0.5 ワットにしか達しなかった。しかし、このささ
やかな 1 歩から、膨大なエネルギーと破壊力を生み出す新たな道具を、人類は
手にするようになったのである。〔中略〕

祝福のときである。パイル理論でフェルミと肩を並べるハンガリー生まれの
物理学者ユージン・ウィグナー（1902-1995）は、こういうときに気が利く男で
ある。彼は、あらかじめキャンティを 1 本もち込んでいたのだ。冷水器から紙
コップを取ってきて、それを手にみんなで成功に乾杯した。歴史に残る出来事
と感じて、彼らの多くがキャンティのボトルの藁苞に署名した（同 82-3 頁）。

臨界実験の様子

資料中の「6 インチ」は約 15.2cm（1 インチ＝ 2.5cm）と理解していただき
たい。また、「自立反応」は「自律反応」と訳されるべきかもしれない。それ
はそれとして話を進めるとしよう。

　昼食の時間を終えると、フェルミは再び仕事に取りかかり、慎重に、しかし自信満々で午後の実験を再開した。

　安全棒の設定を、k が 1 以下の場合は落下しないようにセットし、最後の 1 本を残して制御棒をすべて抜いた。

　そして、残る 1 本の制御棒を 6 インチずつ引いてゆく。

　抜かれるたびに中性子数が増え、カウンターの出す警告音のリズムが早まってゆく。

　周りで見守っている人々がそわそわし、もう安全棒が落ちてもよいのではないかと感じていた頃、フェルミは落ち着き払って「パイルは臨界に達した」と言った。

　1942 年 12 月 2 日 17 時 53 分、核分裂連鎖反応が達成された瞬間である。

　それはハーンとシュトラスマンの実験およびマイトナーとフリッシュによる着想から約 4 年後の出来事だった。

　〔資料 No.08〕浮かれた雰囲気ではなかった。その場に居合わせ、記録を残した人びとは、厳粛とも言えるほど静かだったことを強調しているように見える。ウィグナー自身も、自叙伝『対称性と反射』で次のように書き記している。「かねてより、われわれは自らの行為が巨人の戒めを解こうとする行為だということは理解していた。それでも、現実にそれを成し遂げ、予想もつかない遠大な影響がこれから現われるのだと考えたとき、ぞっとした気分を感じずにはいられなかった」。

　冶金研究所所長アーサー・コンプトンは、政府の国防研究委員会委員長ジェームズ・コナントに勇んで電話をかけ、暗号文で「たった今、イタリアの航海士が新世界に上陸した」と伝えた。

　それは新世界だった。連鎖反応を最初に思いついたレオ・シラードは、みんなが去った後もその場に残り、フェルミと握手を交わした。そして「今日という日は、暗黒の日として人類の歴史に刻まれることになるだろうな」と言った。そのように彼が心配するのには、理由があった。恐ろしい核兵器が現実のものとなる日がまた一歩近づいたのである。この頃、原子爆弾に使うプルトニウムを生産する強力なパイルの設計が進められていた。そこでもフェルミは、大き

な役割を担うことになる（同84頁）。

　資料07でわかるとおり、11分の連鎖反応でたった0.5wのエネルギーが生み出されただけだった。

　イタリアワインの代名詞であるキャンティで乾杯したにもかかわらず、実験の現場はお祝いムード一色ではなく、厳粛な空気で充たされていた。

　なぜか？　作った本人である以上、すでにわかっていたからである、「予想もつかない遠大な影響がこれから現われる」ということが――。

第9講
トリニティ実験

1　フリッシュ＝パイエルス覚書（1940）

　レオ・シラードら亡命ユダヤ人たちは逃亡先のアメリカ政府に働きかけるべくアインシュタインの名声を利用して手紙をしたためた。しかし、それが功を奏することはなかった。実際にアメリカを動かしたのは、イギリス政府からの報せによってだった。イギリス政府は危機を煽られたのではなく、原子爆弾の現実的な製造可能性を簡潔な情報として知らされたのである。政府を動かしたのは、リーゼ・マイトナーとともに核分裂を形式化したオットー・フリッシュと彼の同胞であるルドルフ・パイエルス（1907-1995）が記した原子爆弾の製造法だった。フリッシュの自伝から、彼が具体的な製造の可能性に思い至った経緯を読んでみることにしよう。

　〔資料 No.01〕私は本当に、私が書いたことを信じていた。原子爆弾は不可能なのだ。しかし、原稿を書き上げてから、ふと、私のクルジウスの分離管がうまく動いたとして、その管を多数使えば、遅い中性子に依存しないで本当に爆発的な連鎖反応を可能とする、十分な量のウラン235を生産できるのではないかという気になった。いったい、そのためにどれくらいの量のウラン235が必要なのだろう。私はフランスの理論家のフランシス・ペランによって導出され、パイエルスにより精密化された式を使って見積もってみた。もちろん、核分裂で発生した中性子がウラン235と、どれくらい強く反応するのか知らなかったが、おおよその推定によりウラン235の必要量を算出してみた。驚いたことに、それは思っていたよりずっと少なかった。トンの重さの問題ではなく、1ポンドか2ポンド（0.45〜0.9kg）程度だった。

　もちろん、私はすぐに、この結果についてパイエルスと話し合った。クルジウスの式の助けを借りて、私の分離システムの可能な効率を計算したところ、

10万本ほど同様の分離管があれば、週単位の適当な時間内に、1ポンドのほぼ純粋なウラン235を作り出せるという結論に到達した。原子爆弾はやはり可能だったのだ。このとき私たちはお互いを凝視して、初めて、本当にそう思った。

　なぜ、このとき、ここで、他人には何も言わずに、このプロジェクトを放棄してしまわなかったのかとしばしば訊ねられた。もしそれが成功すれば、比類のない凶暴な兵器、今まで世界が見たこともない大量破壊兵器を産み出す結果となるプロジェクトをなぜ始めてしまったのか。その答えはたいへん簡単である。私たちは戦時下にあり、また、私の思いついたアイディアがかなり当たり前のことだったからだ。十中八九は、ドイツの科学者の誰かが同じアイディアを持ち、動き出していると思われた。例えば、ドイツの科学者のグスタフ・ヘルツ（ビール一杯の純アルコールを飲むふりをした男）は、有意な量の（ウランではなくネオンの）同位体分離をすでに行なっていた。同位体分離の可能性は物理学者の共同体の中ではよく知られた事実だったのだ。そこで、パイエルスと私は、これまでの一部始終をオリファントに話しに行った。するとオリファントは、それを全て報告書に書き下ろして、その報告書を戦争に関連する科学的な問題についての政府顧問であるヘンリー・ティザードに送るようにと言った。すでに、原子爆弾については、ジョージ・トムソン（1897年に電子を発見したJ.J.トムソンの息子）を中心に議論されていたのだが、2、3週間の内に送られた私たちの報告書は、イギリス政府が原爆を本気で取り上げることを決定的にした（フリッシュ『何と少ししか覚えていないことだろう』157-8頁）。

この資料から読み取れるポイントが少なくとも3つはある。

　第一に、一定量の濃縮ウランさえ手に入れば、それによる核分裂連鎖反応が可能になるということである。

　第二に、連鎖反応に必要な濃縮ウランの質量、すなわち「臨界質量」はかなりの程度まで算定可能であり、しかも計算の結果、算出された量は意外に少なかった。

　第三に、フリッシュが叔母のマイトナーとは異なり、兵器開発に前向きだったことである。なぜ彼らは兵器開発のアイディアを放棄せず、逆に推進しようとしたのか？　その動機として挙げられているのは、

①当時が交戦中だったこと、すなわちそれゆえ敵国の科学者の能力について必要以上に想像力を逞しくしていた。その裏付けとなる能力（ハイゼンベルク、ハーン、ヘルツ等）がドイツ本国に残っているとなればなおさらである。

②フリッシュが自身の能力に関して必要以上に謙虚だったことも忘れてはならない。彼は自分の着想の独自性・特異性に関して冷静に判断しようとしていた。つまり、自分のような平凡な研究者でも思いついたくらいなのだから、ドイツに残った非凡な研究者たちの発想力をもってすれば、当然思いつくだろうし、さらに先を行っている可能性すら否定できない。

　資料中で、フリッシュは臨界に必要なウランの量を1キログラム弱と見積もっていた。臨界質量とは、それだけ集めれば自動的に核分裂連鎖反応が始まる量を意味する。自発核分裂連鎖反応は勝手に核爆発が起こる分量だから、たとえば臨界質量の半分をそれぞれ左右の手に持って、勢いよく胸の前で合体させれば瞬時に臨界質量に到達するから即座に核爆発が引き起こされ、今いる場所に月面のクレーター並みの穴ぼこが空くことになるだろう。

　もちろん実際の臨界質量はフリッシュの予測よりもかなり多く、ウラン235の場合は46.5kgであり、プルトニウム239の場合は10.1kgになる。これだけの分量が揃えば当然、核爆発が起きるのだが、おそらく人が原爆や核実験という言葉で想像するような大惨事にはならない。相応の惨事は起こるけれども、町がまるごと一つ消滅するような事態は起こらない。というのも反応が始まるとすぐに膨張し、爆薬が四方八方に飛び散ってしまうからだ。もしも急膨張を防ぐためにカバー（「タンパー」という）で覆ったなら、臨界質量もグッと減って、ウラン235なら15kg程度となり、プルトニウム239なら5kgほどで済む。

　フリッシュ＝パイエルス覚書が臨界質量を実際よりも少なく見積もったことも功を奏した。より少ない量で実現するとなれば、それだけ脅威も大きく、また現実味を帯びてくるからである。その量が具体的な数値で示されていることも大きい。シラードやアインシュタインがしたためた書簡はいたずらに脅威を煽っただけで、具体的な製造可能性については何ら示していなかった。対して、

フリッシュ＝パイエルス覚書が提示した案は具体的かつ単純であり、それゆえ敵国の科学者が気付く可能性についても十分に想像できた。つまり、シラードはアインシュタインの知名度を利用すれば効果を得られると信じたが、めぼしい効果は得られず、対照的にフリッシュのように自分の能力や地位に関してひどく謙虚な態度がむしろ政治的に有効な文書を書かせたことになる。

　こうして彼らの作成した文書は正規のルートでイギリス政府に受理され、国家間の機密情報としてアメリカ政府に伝えられることとなった。

2　「リトルボーイ」の構造

　作戦名「リトルボーイ」と呼ばれる核兵器は、種類としては「ガン式原子爆弾」である。ガン式はまた、ガンバレル式と呼ばれることもあり、ときにはガンアッセンブリー式とも呼ばれるが、それらの名が指しているのは同じである。

　〔資料 No.02〕ターゲットになる塊を厚いタンパーで覆い、ターゲットめがけて突進していくもう一つの塊の方にはその塊が突進できるよう化学爆薬〔例えば TNT〕を仕掛けておく。この装置全体を細長い金属容器に入れる。容器の一方の端にタンパーに囲まれた塊を固定しておき（ターゲット）、もう一方の端にはもう一つの塊（砲弾）と爆薬を置いておく。起爆装置によって爆薬が爆発すると塊（砲弾）はターゲットめがけて勢いよく突進していき、二つの塊は融合して臨界質量以上となり、同時にイニシエーターが働いて中性子が飛び出し、連鎖反応が起きて爆発を起こす。この装置はちょうど銃（ガン）を撃つようになっていることからガン・タイプ（式）と呼ばれた（山田克哉『原子爆弾』講談社ブルーバックス、1996 年。
382-3 頁）。

　原子爆弾の製造方法を順を追って解説しよう。必ずしも時間的な順を追っているわけではなく、わかりやすい段取りみたいなものである。

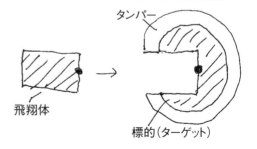

ガン式の基本設計

タンパー

飛翔体

標的（ターゲット）

①総量にして臨界質量を越えるウラン 235 を、未臨界質量の部分 2 つに分けておく。

②濃縮ウランには程度があるが、爆弾には高濃縮ウランが用いられ、全体の 80% 以上をウラン 235 が占めている必要がある。残りはウラン 238 である。

③2 つに分けたウランの片方を飛翔体にする。円筒状リングを組み上げて、幅が約 10 センチメートル、長さが約 16 センチメートルにしたもので、ウラン全質量のうち 40% に当たる。残る標的の方は、中空の円筒形に成形し、長さも直径も飛翔体がぴったり納まるように製造する。

④飛翔体は標的の中空部にぴったり収まるように設計されており、高射砲の銃身に装填される。銃身中の飛翔体は高射砲の発火装置によって標的の内部に向かって放出される。

⑤爆薬の中心部にイニシエーターとなる物質をそれぞれセットする。最終的にポロニウムとベリリウムの組み合わせが採用されることとなった。ウランの 2 つのパートが合体すると、ポロニウムから放射されるアルファ線がベリリウムの原子核に激突して、ベリリウムが原子核反応を起こし、中性子を放出するという手筈になっていた。

⑥標的が爆発の初期で飛び散らないよう厚いタンパーで覆っておく。

⑦飛翔隊（砲弾）の速度が遅いと、2 つの塊がしっかり結合する前に核分裂反応が始まってしまう。その場合は早期爆発に終わり、十分な威力を発揮できない。言い換えるなら、砲弾の速度を秒速 900 メートル（時速 3240 キロメートル）まで加速しないと未熟爆発や早期爆発を回避できない。臨界質量のウラン 235 の完全融合から連鎖反応を開始したとしても、最終世代数がなるべく大きな値になるような状態を実現し、爆発するようにしなければならない。

目指すべき最終世代はどれくらいになるのだろうか？

ウラン 1kg 中に含まれる原子核数は

2.58×10^{24} 個

中性子倍増率 k に関して

$k = 2$

を実現する。つまりある世代の原子核が核分裂して放出された中性子が続く世代の原子核を少なくとも2つ分裂させて、さらにその世代の原子から放出された中性子が少なくとも2つの……と続く。1kg のウラン235 をすべて核分裂に導くのに n 世代を要するとしたら、

$2^n = 2.58 \times 10^{24}$

と数式で表現できる。問題は n に入る数字を求めることである。

ちなみに2の累乗を10の累乗に近似させる換算式があるので、それを利用しよう。

$2^{10} \fallingdotseq 10^3 \ (2^{10} = 1024、10^3 = 1000)$

であり、2の10乗は10の3乗に近く、パソコンや携帯電話の記憶容量はこの近似値で置き換えられることが多い。この方法を用いると、

$10^{24} \fallingdotseq 2^{80}$

となり、

$n = 80$

になる。これに最初の一撃を加味すると、

$n = 81$

したがって、爆薬がタンパーを内側から破壊して破裂するまでに核分裂連鎖反応を81世代までやり遂げることが当面の目標値として設定されたことになる。

これがガン式原爆、すなわち広島に落とされることになる原子爆弾の基本設計である。

3　プルトニウムの難点

ガン式は非常に単純な構造のため、その方式を応用できればよかったが、プルトニウム製の原子爆弾はガン式では製造できなかった。ボダニスによれば、「問題はプルトニウムが爆発しないということではない。まったく逆に、この新しい元素はいともたやすく爆発してしまうのだ」（ボダニス『E=mc²』171頁）。

〔資料 No.03〕組織を改編したにもかかわらず、1944年末になってもキスチア

コフスキーのグループはグレープフルーツ大にゆるく包んだ球形プルトニウムを正確にクラッシュさせてゴルフボール大になるよう（レンズと呼ばれる）成形された爆弾をどうしても未だ組み立てられないでいた。レンズなくして爆縮型爆弾が実用的になるとは思えない。パーソンズ主任はひどく悲観してオッペンハイマーのところに出向き、レンズのことは諦めて、代わりにレンズを使わないタイプの爆縮を作り出す試みを提案した。1945年1月、この問題はグローヴスとオッペンハイマーが同席しているところで、パーソンズとキスチアコフスキーのあいだで熱く議論された。キスチアコフスキーはレンズを抜きにして爆縮は達成できないと執拗に言い張り、自分のチームならすぐに製造できるようになると請け合った。プルトニウム爆弾の成功に至る重要な決断をめぐって、オッペンハイマーは彼の発言を擁護した。続く数ヶ月内で、キスチアコフスキーと彼のチームは爆縮の設計をなんとか完成させた。オッペンハイマーは正しくも1945年5月までにプルトニウムのガジェットはうまく行くものと信じていた。

　爆弾の製造は、理論物理の仕事というよりも工学の仕事だった。とはいえ、オッペンハイマーはバークレーで学生たちを刺激して新たな洞察に導いたときと同じように、科学者たちの力を結集して数々の技術的かつ工学的な障害を克服させるのに長けていた。「ロスアラモスは彼がいなければ成功しなかったかもしれない」と後にハンス・ベーテは言った、「けれど、たしかに〔彼がいなければ〕もっと大きな精神的な緊張を強いられたでしょうし、かなり熱狂が乏しく、また〔達成の〕速度も落ちるだけだったでしょう。実際、ロスアラモスでの経験は実験棟のすべてのメンバーにとって忘れられない経験でした。高度の達成を見た戦時中の実験室はほかにもありました……しかし、ともに感じたあれほどまでの魂の帰属感、ラボで過ごした日々を思い出す際に禁じ得ない強い衝動、今こそ自分たちの人生における真に偉大な瞬間だと感じたものですが、そんなこと、他のグループのどれを取っても決して見られないでしょう。しかし、これこそがロスアラモスの真実であり、その主たる要因はオッペンハイマーにありました。彼はリーダーでした」(Bird & Sherwin, pp.281-2)。

たぶんオッペンハイマーは学問の「よろこび」の真髄に通じていた。だから、

バークレーで若者たちを率いて画期的な論文を次々に生み出した時と同じく、ロスアラモスにおいてもオッペンハイマーの手腕は際立ち、軍事的な研究開発であるにもかかわらず、集団は熱を帯び、ある種の祭典にも似た空気をともなうようになっていった。とりわけ偉大な達成は爆縮を成し遂げたことにあった。ボダニスは言う、「プルトニウムの玉を一様に圧縮することなど、本当に可能なのだろうか。そんな疑問のために、この方法の実現には懐疑的な意見が多かった。ファインマンでさえ、爆縮に取り組んでいる物理学者の話をはじめて聞いたとき、「それは無茶だ」と断言した。だが、オッペンハイマーはその障害を乗り越えた」（ボダニス 172 頁）。

プルトニウム 239 はウラン 238 に中性子を撃ち込むことから作られる。原子炉を運転しているときも、ウランの核分裂や核反応から放出される中性子を別のウランが吸収することによりプルトニウムが生じ、増加してゆく。

プルトニウム 239 の半減期は 2 万 4000 年であり、ウラン 235 の 7 億年と比較してもすこぶる短い。半減期が短いことは一般に反応性が高いことを意味するから、プルトニウムを使えばウラン 235 よりも少量で威力の大きい爆弾を作ることができそうだ。しかし、反応性がより高い放射性元素となれば、少量で強力な兵器を作れるかもしれないが、きわめて繊細な物質を取り扱わなければならない以上、保管や取り扱い方にも慎重さが要求され、設計にもいきおい精妙さが求められる。

プルトニウムにガン式を応用できないことは、かなり早い段階からわかっていた。あまりにも反応が早すぎて、未熟爆発を回避できないからだ。それゆえ設計思想を根本から考え直さなければならなくなった。

他にも問題はたくさんあった。例えば、原子炉を運転し続けると、プルトニウム 239 だけでなく、質量数 240 という副産物の同位体まで出来てしまうのである。プルトニウム 240 が何よりやばいのは、かなり高い確率で自発核分裂を引き起こしてしまう点にあった。その確率は質量数 239 のほぼ 5 倍にのぼる。つまり、人がスイッチを入れなくても勝手に核分裂を始めてしまうのだから、こんなものがたくさん混じっていたら、いつ勝手に爆発してもおかしくない原爆を作ってしまうことになる。

厄介なのは、すでにプルトニウム 239 になった物質をそのまま原子炉に留め

置いていたら、次々に中性子を吸収してプルトニウム240になってしまうことだった。しかも半減期は6563年とかなり短くなるから、反応性もすこぶる高い。おまけにプルトニウム239から分離することはほぼ不可能だった。

　そこで大事になってくるのは、質量数240のプルトニウムの割合をどこまで抑え込めるかだった。許容しうる最大量は7%しかなかった。プルトニウム全体に占める質量数240の比をわずか7%未満にとどめることができなければ、そのプルトニウム全体が未熟爆発を避けられない危険な材料として使い物にならなくなってしまう。

　大きな難題はほかにもあった。核分裂生成物の中にも厄介なものが含まれていたのだ。全生成物の6%がとりわけ中性子吸収率の高い物質、ヨウ素135だった。放射性ヨウ素は福島県の原発事故でも大量に排出されてしまったが、質量数135の半減期は非常に短く、6.6時間でキセノン135へとベータ崩壊する。ヨウ素135がたくさんの中性子を吸収してしまうと核分裂による中性子倍増率kの値が下がり、核兵器を高品質に保てなくなる。何より厄介だったのは、ヨウ素135の方がウラン235よりも中性子吸収率が高いことだった。当然、それがあるだけで連鎖反応サイクルは中断してしまうから、原子炉を運転し続けるためにも対策は必要だった。通常、採られている対策は燃料棒の追加であり、実際に行なわれたのは1500本だった燃料棒の数を2004本にまで増やすことだった。

　ここからが本題になる。

4　爆縮（implosion）型原子爆弾

ⅰ．すでに述べたが、プルトニウムにガン式は使えない。

(1) プルトニウムはそもそも臨界質量にできない。反応性がすこぶる高いというのも理由の一つだったが、もしもプルトニウム240の自発核分裂が始まってしまったなら、それを起点に始まる連鎖反応を誰にも制御できなくなるというのが最大の理由だった。

(2) ガン式を製造した場合、砲弾（飛翔体）が標的に到達する前に連鎖反応が始まってしまう。射出速度をどんなに上げても反応を防ぐことはできず、必ず未熟爆発を起こしてしまうことがわかった。

154

そこで出てきたのが、

ii．ファットマンのレシピ

(1) まず臨界質量未満のプルトニウム塊を完全球形にしたものを一つ用意する。

(2) プルトニウム塊の周りを爆薬で包む。

(3) 爆破によって生じる三次元の衝撃波が内側に向かってプルトニウム塊を強く圧縮する。三次元の均等な波によりプルトニウムの体積は急激に縮小する。極度に圧縮された状態で核分裂が始まると、中性子倍増率 k の値も 1 を超え、超臨界に達する。つまり体積が減ると、原子核の密度と分裂核の断面積が増加した結果として連鎖反応が実現し、爆発に至るのである。

iii．衝撃波のコントロール

爆薬の衝撃波とはいえ、分析の対象が「波」である以上、専門分野は流体力学になる。

そこで駆り出されたのがハンガリーから亡命した驚異的な頭脳、ジョン・フォン・ノイマン（1903-1957）だった。彼がある問題を考える過程で通り過ぎた命題群や解の多くがのちに別の研究者の主要テーマとなり、ノーベル賞やフィールズ賞（数学のノーベル賞）を授賞したという話題は枚挙に暇がない。ノイマンの仕事は 100 個のノーベル賞でも足りないと言われる猛烈な質と量を誇るものだった。しかも単純に計算能力だけで言ったら、フェルミよりもノイマンの方が上だったと言われている——ノイマン型コンピュータを製造した際に放ったと伝えられる「私の次に計算の速い奴が出来た」という発言がつとに有名になった所以でもあるが、単に超人扱いすると却って彼の能力を見誤る可能性がある点にも注意しておこう。彼は問題を解く能力には人並み外れて長けていたが、肝腎の問題を創造する能力があまりなく、その意味ではなるほど怪物的な才能ではあったが、飛び抜けた優等生の域を出なかったのかもしれない。

さて、ノイマンが計算を任されたのは、衝撃波の到達速度の計算である。爆縮型の爆弾では、爆発の衝撃波がプルトニウム塊の全表面に同時に到達するこ

とが必須だった。そのためには球対称の球面衝撃波を寸分の狂いもなく、完全に同時に表面に到達させなければならなかった。比喩的に言えば、「トマトを壊さずに潰す」技術の開発である。そのためには何が必要だったか？

iv.　爆縮レンズの設計

　光がガラスや水の中に入ると速度が落ち、屈折する。虫眼鏡に用いられる凸レンズを透すと光は位相が揃ったまま一点に集中する。この現象の原理を爆弾の衝撃波にも応用したのだ。つまり衝撃波の伝わる速度の異なる TNT 火薬を用意し、一方を他方のレンズに仕立てたのである。レンズとして利用される爆薬の中で衝撃波は減速し、屈折して球面波を形成する。爆発の衝撃波は同時にプルトニウム・コアに向かい、一部の隙もなく包み込むようにして爆薬を圧縮する。

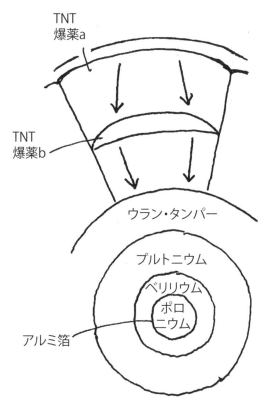

v.　イニシエーター

　コアの中心に空洞を作り、そこに中性子源を埋め込んでおく。

　a 崩壊するポロニウムの球を 1/4mm の薄いアルミ箔で包み、その周りをベリリウムの粉末で覆う。製造段階においてはアルミ箔が核反応を妨げているわけだが、爆発による高温高圧に曝されて箔が溶けるとポロニウムが発するアルファ粒子がベリリウムに飛び込み、中性子の放出を促すという仕組みである。

vi. 完成

　ノイマンと彼のチームをもってしても、爆縮レンズを用いた爆発速度の計算と調整に 10 カ月にわたる月日を要した。最終的に出来上がった設計では、爆発速度の異なる 2 種類の TNT 火薬を使って 32 枚もの爆縮レンズを作成すると、それで爆弾を覆い、さらにその上を TNT 火薬で包み込んで完成となった。

vii. 実験（1945 年 7 月 16 日）

　爆縮型の爆弾はきわめて精緻な構造で作られていたためか、ほんとうに製造に成功したのか否か誰にもわからなかった。となれば実験してみるしかないだろう。ファインマンが実験の様子をレポートしているので、まずはそれを読んでみるとしよう。

　〔資料 No.04〕全員に黒眼鏡が配られていた。黒眼鏡とは驚いた！　20 マイル〔32km〕も離れていては黒眼鏡ごしでは何も見えるわけがない。僕は実際に目を害するのは紫外線だけだろうと考え（いくらまぶしいからといって明るい光が目を害することはない）、トラックの窓ガラスの後ろから見ることにした。ガラスは紫外線を通さないから安全だし、問題のそいつが爆発するのがこの目で見えようというもんだ。

　ついにそのときが来た。ものすごい閃光がひらめき、その眩しさに僕は思わず身を伏せてしまった。トラックの床に紫色のまだらが見えた。「これは爆発そのものの像じゃない。残像だ！」そう言って頭をあげると、白い光が黄色に変ってゆき、ついにはオレンジ色になった。雲がもくもく湧いてはまた消えてゆく。衝撃波の圧縮と膨張によるものだ。

　そしてその真ん中から眩しい光をだす大きなオレンジ色の球がだんだん上昇を始め、少し拡がりながら周囲が黒くなってきた。そしてそのうち、消えてゆく火の中でひらめいている、巨大な黒い煙の固まりに変っていった。

　だがこのすべては、ほんの一分ほどのできごとだったのだ。すさまじい閃光から暗黒へとつながる一連のできごとだった。そして僕はこの目でそれを見たのだ！　この第一回トリニティ実験を肉眼で見たのはおそらく僕一人だろう。

他の連中は皆黒眼鏡をかけてはいたし、6マイルの地点にいた者は床に伏せろと言われたから、結局何も見ていなかった。おそらく人間の目でじかにこの爆発実験を見た者は僕のほか誰一人いなかったと思う。

　そして一分半もたった頃か、突然ドカーンという大音響が聞こえた。それから雲みたいなゴロゴロという地ひびきがしてきた。そしてこの音を聞いたとき、僕ははじめて納得がいったのだった。それまではみんな声をのんで見ていたが、この音で一同ほうっと息をついた。ことにこの遠くからの音の確実さが、爆弾の成功を意味しただけに、僕の感じた解放感は大きかった。
「あれはいったい何です？」と僕の横に立っている男が言った。
「あれが原子爆弾だよ」と僕は言った（ファインマン『ご冗談でしょう、ファインマンさん（上)』230–1頁）。

ファインマンの資料からわかることがいくつかある。
　身を伏せたトラックの床に映る色の変化に注目しよう。最初に「紫色のまだら」の残像が見えた。顔を上げると「白い光」が「黄色」になり、オレンジ色から黒鉛光に変わっていった。光は波長の短い高エネルギー波から紫、青、白、黄、オレンジ、赤、という順番になる。波長の長さは元素の振動数であり、短い波長ほど高エネルギーであるということは、温度が高い、つまり熱の漸進的な低下が色の変化から見て取れるということである。
　当然、紫よりも強力な光は、紫外線であり、さらに強い光はガンマ線である。ファイマンはトラックの窓越しに幾ばくかの γ 線を浴びたのかもしれなかった。
　同じ場面を今度はフェルミの視点から再確認してみよう。

〔資料 No.05〕ついに、世界初の原子爆弾の実験をおこなう時が来た。プルトニウム爆縮型爆弾がトリニティ地区で慎重に組み立てられ、高さ 100 フィート〔30.5m〕の塔のてっぺんに取り付けられた。爆弾は、いくつかの主要部分で構成されていた。先ず、中心にイニシエーターがある。これは中性子源としてよく使われるポロニウムとベリリウムの塊である。イニシエーターが最初にいくつかの中性子を放出し、そこから凄まじい連鎖反応が始まる。その周りをプルトニウム 239 の丸い塊で囲む。これはまだ臨界にならないように密度の低い

状態である。それを取り囲むように、天然ウランのタンパーが配置される。これは核分裂は起こさないが、ふたつの重要な役割を果たせるだけ十分な重さをもつ。役割のひとつは、連鎖反応が開始した後に、中性子を反射して連鎖反応に加わらせることである。もうひとつは、爆弾の威力が最大に達するまでの数十億分の一秒の間、爆弾がばらばらにならないようにつなぎとめておくことである。タンパーの周囲を、5000ポンド〔2290kg〕の2種類の高性能爆弾で取り囲む。この爆薬は、タンパーを爆縮させてプルトニウムを圧縮し、超臨界状態をもたらす球形衝撃波を生み出すように、慎重に設計し、製造したものである。イニシエーターもいっしょに押しつぶされ、連鎖反応を開始する最初の中性子を放出する。

　自動カウントダウンは、爆発予定時刻Tの45秒前から始まった。ただひとり、物理学者ドナルド・ホーニグだけが、カウントダウンを止められるスイッチをもっていた。後年彼はインタビューに答えて、「あの最後の何秒かほどの緊張は、あれ以降二度と味わうことはなかった」と語っている。

　カウントダウンが進む。誰もが緊張していた。この6年間やって来たことのすべてが、この結果にかかっているのだ。グローヴス将軍は、自叙伝『今だから話そう』のなかで、「最後の瞬間に近づくにつれ、水を打ったように静かになっていった。カウントがゼロになり、もし何も起きなかったらどうしたらいいのか、そればかり考えていた」と記している。

　しかし、それはちゃんと起きた。1945年7月16日月曜日、午前5時29分、爆弾は炸裂した。およそ10ポンド〔4.5kg〕というささやかな量のプルトニウムの爆発は、TNTおよそ2万トンに匹敵した。「ガジェット」を吊るしていた塔は完全に蒸発し、消えてしまった。塔の根元付近では、砂が溶けてガラスになった。砂地の地面はえぐられ、300フィート〔91.5m〕のクレーターが出現した。人類史上かつてなかったことが起きた瞬間だった。

　かつては「極秘」とされていた報告書に、この恐るべき出来事についてフェルミが語った言葉がある。「まっすぐ爆発の方向を向いていたわけではなかったが、遠くの方が突然昼間よりも明るくなったように感じた。それから、〔溶接工が使うような〕色ガラスを通して爆発の起こった方向を見ると、すぐに炎の塊のようなものが立ち上るのが見えた。何秒か後には、立ち上る炎から光が

消え、キノコのように上部が膨らんだ巨大な煙の柱になった。煙の柱は、凄まじい速さで雲をつき抜け、高度3万フィート〔9150m〕まで上昇した」。

　エミリオ・セグレは次のように書き記している。「圧倒的な光だった。そんなことが起きるはずがないと頭ではわかっていたが、爆発の炎が大気を燃やし、地球まで焼き尽くしてしまうのではないかと思った」。

　ついに成功にたどり着いたこの計画の責任者、オッペンハイマーは、ヒンドゥー教の聖典「バガヴァッド・ギーター」の一節を思い出していた。「私は今、世界の破壊者、死神となったのだ」（クーパー『エンリコ・フェルミ』111-5頁）。

TNT火薬について簡単な説明をしておこう。TNTとはトリニトロトルエンの略であり、トルエンのフェニル基の水素のうち3つをニトロ基で置換した物質である。

$C_7H_5N_3O_6$

もしくは

$C_6H_2CH_3(NO_2)_3$

と表現できる。それぞれの元素の後ろの数を比較すれば、表現は少し異なるが組成が同じとわかるだろう。

　トリニティ実験で爆縮型原爆の前にTNT爆弾で予行演習を行なったことに由来して、これ以降、爆薬の爆発などで放出されるエネルギーを等エネルギー量のトリニトロトルエンの質量に換算する方法をTNT換算と呼び、広く利用されるようになった。

　単なる習慣とはいえ、TNT換算が便利なのは、

TNT1g = 1000~1100 カロリー ≒ 1000 カロリー = 1k カロリー

と扱うことができるからである。実際にTNT火薬は1g当たり980〜1160カロリーの範囲に収まっているので、他の単位との互換性もある。TNT2万tのエネルギーをカロリーに換算すると、20兆カロリー（200億キロカロリー）になる。

　ちなみにオッペンハイマーの台詞は、ヒンズー教の最高神であるヴィシュヌ神が言ったとされる台詞で、もう少しカッコ良く訳すと、「かくて我は死神になりたり、この世の諸々の破壊者となりたり」となる。ただし、この言葉が実験に際して言われたという証拠はない。実際はどうだったのか？

　〔資料 No.06〕オッペンハイマー自身はグランドゼロから南に 10000 ヤード（9.1km）に位置する制御掩蔽壕のやや外側で顔を下に横たわっていた。カウントダウンが 2 分の目盛りに達したとき、彼は呟いた、「主よ、この仕事は心臓にキツすぎます」。最後のカウントダウンが始まった時、軍の将軍が間近で彼を見ると、「オッペンハイマー博士は……最後の数秒が刻まれるにつれ、どんどん緊張していきました。彼はほとんど呼吸していませんでした……最後の数秒間は直接前を見つめ、それからアナウンサーが「今だ！」と叫び、途轍もない光の炸裂が現われ、続いてすぐに深く轟くような爆発のうなり声が響き渡ると、彼の顔はリラックスし、大きな安堵の表情になりました」（Bird & Sherwin, p.308）。

　伝説はやはり伝説でしかなかった。はっきり言って、実験直後の発言としては出来すぎの話ではあったろう。ならば、その伝説はどうやって生まれたのか？

　〔資料 No.07〕オッペンハイマーは後に、グランドゼロから天に向かって立ち上るこの世のものとも思えないキノコ雲の光景に、ギータからの一節を思い出したと述べた。1965 年の NBC テレビのドキュメンタリーで、彼は当時を思い返しつつ言った、「我々は世界が以前と同じではないと悟ったのです。何人かは笑い、何人かは泣いていました。ほとんどの人たちは押し黙っていました。私はヒンドゥー教の経典、バガヴァッド・ギータの 1 節を憶えていました。ヴィシュヌは王子におのれの義務を果たすべきだと説得を試み、そして実際に王子に悟らせるため、たくさんの腕をもつ形態の手を取って言ったのです、「今や我は死となり、世界の破壊者となった」と。私が思うに、我々はみな、そう思っていたのではないでしょうか」（*Ibid.*, p.309）。

　実験に際して常人離れした台詞が咄嗟に口をついて出たわけではなかった。また、事後的に当時の様子を演出し、派手に修飾したというわけでもなかった。実際は戦争も終わり、実験からもかなりの時間を経た上で、直に実験に立ち会った人たちみなの感慨を代弁して、古代インドの経典の台詞を持ち出したというのが正直なところだろう。自分たちが作ってしまったものに対する驚愕と戸惑いの台詞というわけである。

　しかし、その台詞が劇的であり、かつ情景にハマりすぎているからか、いつしか彼が現場で囁いた台詞であるかのように定着してしまった……というのが真相である。

　さらに言えば、ケネス・ブリッジスがオッペンハイマーに掛けたとされる言葉も有名であり、「これで我々はすべて犬畜生にも劣る人間になった」にしても原文を見ると「Now we are all sons of bitches!」であり、なんともありふれた台詞だった……。

　ところで、ファインマンが目撃した「紫色」に関して、参考のため別のテキストからも引いておくことにしよう、――「爆発の凄まじい衝撃波は、ゼロ地点〔ground zero〕から十数キロも離れた場所で実験に立ち会っていた人たちのズボンを揺らし、空は強烈な放射線が引き起こした空気の分子のイオン化〔電離〕によって紫色に染まった」（アクセル『ウラニウム革命』246 頁）。

　ところでその頃フェルミは？

　〔資料 No.08〕爆発の火球が真昼の太陽よりももっと明るく空を照らしていたとき、フェルミは手にしていた小さな紙切れを地面の上に落とし始めた。彼はごく簡単な、しかし、高度に効果的で独創的な実験をしていたのだが、それは彼の仕事のやり方を象徴していた。風は比較的おだやかで、紙切れはまっすぐ床に落ちていった。だが、フェルミは、ゼロ地点から 16 キロ離れた自分たちが立っている場所に凄まじい衝撃波が伝わってくることを待っており、そのマグニチュードを推定しようとしていたのである。フェルミは小さな紙切れを落とし続け、ほどなくして強風が吹きつけ爆音が伝わってきたとき、フェルミは、紙切れがどれくらい離れた地面の上に落ちているかによってその衝撃波のマグ

ニチュードを驚くほど正確に推定した。こうした緻密で簡潔明快な実験は、私たちに「フェルミ推計」という言葉を思い出させるのだが、フェルミは、封筒の裏を使ってできるような簡単な計算によって物理学や数学の問題の核心を把握することによって、どのような複雑な問題にたいしても大まかではあれかなり正確な答えを見つけ出すことができた（アクゼル『ウラニウム戦争』246-7頁）。

フェルミは何かを再確認するかのように簡易実験を行なっていた。

グローヴスは実験の成否に気が気ではなく、オッペンハイマーたちは明らかに狼狽していた。

フェルミはなぜ冷静だったのか？　答えは簡単だ。あの爆弾は彼が作ったからだ。自分が作ったものの威力くらいわかっていたから、たじろぎもしなかったし、自分を呪ったりもしなかった。彼はただ自分が成し遂げたことの意味を正確に理解し、解き放たれた力の程度を正確に知ろうとしていた。そして、この時点で彼のゲームはおそらく終わっていた。

問題は次の点にある。原子爆弾の製造は、ドイツを仮想的な競争者と想定することによって開始され、遂行された。しかし、実験に先立つ同年５月７日にドイツは降伏していた。この実験は、当初の動機からすれば、全くもって無駄な実験であり、作らなくてもよいものを作ってしまったことになる。

フェルミを含め、この時点では、マンハッタン計画にかかわった科学者のうち、誰一人として、自分たちの作った爆弾が本当に日本に投下されることになるなどとは夢にも思っていなかった。

そう、少なくとも科学者たちにとって、この時点では単なる科学実験でしかなかった。実戦での使用の是非をめぐって、間もなく科学者たちの議論が始まり、オッペンハイマーも意見を求められ、率直な意見交換がなされたが、それが軍や政府の方針に反映されたかというと心許ない……。

第10講
投下——ヒロシマとナガサキ

1　1945年の状況

　1945年4月12日、フランクリン・ルーズベルト米大統領が突然、死去する。それにともない、ハリー・S・トルーマン副大統領がほとんど自動的に大統領職へと昇格した。ルーズベルトはマンハッタン計画を承認した以上、何が行なわれているかに関しても関知していたし、動向についても承知していた。しかし、トルーマンはこの極秘計画自体、まったく知らされておらず、なんら引き継ぎもないまま大統領職に就いてしまった。これが後々の出来事に長く、深い影を落とすことになる。

　同年5月7日には、ナチス率いるドイツが疲弊しきった状態で降伏した。のちに判明した事実によれば、ハイゼンベルクやハーンらによるドイツの原爆開発チームは「臨界」（連鎖反応）の達成はおろか、「パイル」の設計にすら着手できていなかった。物理学者としてのキャリアはハイゼンベルクの方がオッペンハイマーよりも上だったかもしれないが、大規模かつ複雑な作戦の陣頭指揮を採るための手腕にかけてははるかに劣っていたと言わざるを得ない。したがって、連合国側にとって敵の陣営が先に原子爆弾を開発するという脅威はあっさり消滅したことになる。加えて、核兵器によってアメリカ本土が攻撃される可能性と脅威も自動的に雲散霧消してしまった。

　しかし、そうなってくると余計な気掛かりというか、心配事がむくむくと頭をもたげてくる。すなわち、巨額の予算を投じた核開発計画の成果をいったいどこに求めればよいのだろう？　いわばアメリカ型の「成果主義」が求める「結果」も危うく宙に浮いてしまいかねない状況になった。

　同年7月16日、トリニティ実験が実施された。とりあえず実験の「結果」は大成功となり、巨大プロジェクトは素晴らしい成果に辿り着いたかにみえた。とはいえ科学実験の成功は具体的な戦果としての「結果」ではない。注意しな

ければならないのは状況としての戦時であり、求められる「結果」もその点に関わる。オッペンハイマーやフェルミは実験結果に十分満足したであろうが、同じ成果が軍人グローヴスにとっては「結果」と呼べるものとは言えなかったのは言うまでもない。

　実験の翌日、すなわち7月17日にポツダム会談が催された。出席者はイギリスのチャーチル首相、ソ連のスターリン首相、そしてアメリカのトルーマン大統領だった。ポツダム協定は戦後ドイツの分割統治に関するものであり、ドイツを東西に分割するだけでなく、のちに首都ベルリンに壁が築かれ、一都市をも東西ドイツに分割することになっていた。しかし、トリニティ実験がポツダム会談の前日に行なわれなければならなかったこと、および実験が成功裡に終わったことに注意しないわけにはいかない。そう、会談の課題ないし主題はもはやドイツではなく、軍事的なターゲットがすでにドイツから日本に移行していたことを暗に意味していた。ポツダム宣言は、アメリカ合衆国大統領、大英帝国首相、中国主席の連名の下、大日本帝国に対して発された13カ条から成る宣言である。同宣言の中でもとりわけ重要な項目が「無条件降伏」であった。ソ連は13カ条を会談の席ではなく、のちに追認する恰好で承認した。ポツダム宣言がいったい何を意味するかに関してはあとでやや詳しく検討することにしたい。

2　科学者たち

(1) アインシュタイン

　1945年、日本への核爆弾の投下に関して、アインシュタインを中心とした科学者たちが何を考え、何をしていたかを資料から見てみよう。

　〔資料 No.01〕核兵器と非軍事的な原子力発電のいずれをも可能にしたのはアインシュタインの有名な方程式だったのだが、アインシュタインその人は、ローズベルト大統領に親書を送り、ドイツの原子力開発に対抗する核研究に着手するよう強く促していたとはいえ、核開発と「マンハッタン計画」にはまったく関わっていなかった。

　ところで、「トリニティー」実験のときにはナチの脅威が消えてからすでに

二ヶ月が経過していた。アインシュタインは戦後、「ドイツが原子爆弾の製造に成功しないとわかっていれば、指一本動かすはずもなかったのだが」としばしば語っていたと伝えられている。

　それはともあれ、原子爆弾の威力を誇示するいかなる手段を取ることもなく、三日のうちに二発の原子爆弾を日本に投下したのは、いったいなぜだったのだろうか？　日本人が「トリニティー」実験の威力をなんらかの形で目の当たりにするようなことがあったとしたら、日本は降伏したに違いないと信じていた人は数多くいたからである。もっともその一方では、1945 年 4 月から 6 月にいたる激戦によってすでに双方に多大の死傷者を出していた沖縄戦の後でも、降伏しないというようなことがあったとすれば、日本はさらに多数の死傷者を出さなければ降伏することはあるまいと考えていた人たちがいたこともつけ加えておかなければなるまい。

　広島に原爆が投下される以前の 1945 年 6 月、ヒトラーの手を逃れて合衆国に移住していたユダヤ系ドイツ人物理学者ジェームズ・フランクとフランクをリーダーとするメト・ラボ（「シカゴ大学冶金研究所」）の科学者グループは、合衆国政府に宛てた覚書を書き、そのなかで日本に対して原爆を使用すべきではなく、砂漠か無人島で爆弾を爆発させることによってその巨大な威力を日本の指導者に誇示すべきだと力説した（アクゼル『ウラニウム戦争』252-3 頁）。

アインシュタイン自身は資料でも語られているとおり、マンハッタン計画にはまったく関与していなかった。もちろん計画について何も知らなかったわけではないし、ロスアラモスの研究所を訪問したことさえ何度かあるが、少なくとも製造にはまったく関わっていなかった。むしろ必要とされていなかったと言っても過言ではない。しかし、アメリカの政府と軍がマンハッタン計画に踏み切る際、相対性理論の提唱者として、また大統領に宛てた書簡に署名したことで、心の疚しさを感じていたのは疑い得ない。実際には書簡の効果は疑わしいものの、アインシュタインの胸に疼く疚しい心は第二次大戦後の平和運動家としてのもう一つの経歴につながってゆく。

(2) レオ・シラード

　レオ・シラードは第二次大戦後、アインシュタイン以上に平和運動に積極的に関わっていく（その効果は措くとしても）。ルーズベルトへの書簡に関しても、アインシュタインは署名しただけだったが、シラードは署名に際して彼を説得しただけでなく、書簡の本文を起草しさえしていた。その意味では彼はマンハッタン計画の発起人とでも言うべき特別なポジションにあったし、そう自覚してもいたのだろう。だから、ドイツが降伏し、トリニティ実験が成功裡に終わると、もともと平和主義者であり正義漢でもあったことも手伝って、実戦での核の使用を回避すべく各地へと奔走することになった。

　〔資料 No.02〕1945 年の春の時点においては、ヨーロッパの戦争がナチスの敗北によってほどなくして終結することはすでに明らかだった。シラードはその頃、「爆弾の開発を続ける目的はいったいなんなのだろうか？　私たちが最初の爆弾を手にした時まだ対日戦争が終わっていなかったとしたら、爆弾はどのように使われるのだろうか？」という疑念を抱き始めたと回想している。

　シラードは、科学者の目には見えないところで密かにおこなわれていると思われる政治的な意志決定に自らかかわろうと決意し、ローズベルト大統領に原子爆弾を使用しないよう請願する準備を始めた。アルベルト・アインシュタインに紹介状を書いてもらい、その紹介状を大統領夫人エレノア・ローズベルトに仲介してもらおうとしたのである。ローズベルト夫人は、1945 年 5 月 8 日に面会を約束し、その時シラードは大統領宛の紹介状を彼女に託すつもりだった。ところが、この面会に先立つ 1945 年 4 月 12 日、ローズベルト大統領が急死し、爆弾の使用反対を主張したシラードの請願書は宙に浮いてしまった。

　トルーマンが大統領に就任すると、シラードはさらなる困難に直面した。彼を大統領に引き合わせてくれる仲介者が誰一人としていなかったからである（同 254 頁）。

　その後、シラードはホワイトハウスに出向いてゆく。なんとかして新大統領に面会しようと試みるものの、トルーマンとのつてはまったくなく、結局、立ち話をする機会すら捉えることはできなかった。トルーマンの秘書官は、焦る

シラードに対し、次期国務長官のジェームズ・バーンズにまずは面会すべきと助言したという。

　シラードは列車でワシントンからサウスカロライナ州スパータンバーグに赴き、やっとバーンズに会うことができると、すぐに請願書の趣旨を彼に説明した。しかし、戦争の局面はすでに戦後のイニシアティヴ（政治的な主導権）をめぐって高度に政治的な判断がなされようとしていた。バーンズはシラードに対し、原爆の投下はソ連への圧力になると説明し、この考え方が戦後70年のアメリカの考えとして定着していった。

　はたしてバーンズの言葉はシラードの予想に反していたのだろうか？　いや、シラードの懸念はむしろ的中していた。彼は原爆の開発に成功しただけでなく、それを実戦で使用することにより核開発競争、つまり冷戦が始まり、軍拡競争が激化してゆくことをむしろ懸念していたのである。アクゼルの著書からさらに引いておこう、——「シラードは、爆弾の投下を避けるため、次いでオッペンハイマーに面会を求めたのだが、オッペンハイマーもまたシラードをまったく相手にしなかった。オッペンハイマーは爆弾の使用は避けることができないと考えていたからであり、それと同時に、合衆国は、ソ連政府ばかりか、英国、フランス、中国にもそれを事前に通告すべきだと考えていた」（同255頁）。原爆の使用が戦後におけるアメリカのヘゲモニーを堅いものにするという信念を抱いた点については、ボーアもオッペンハイマーと同様だった。その点で、シラードは彼らよりも一歩先を見通していたし、それだけ悲観的であり、かつ現実的でもあった。

　常に独断専行しがちなシラードが積極的に動きまわったあと、シカゴで働いていた科学者たちは連名で通称「フランク・レポート」なるものをまとめ、政府に提出することとなった。資料1の後半で言及されていたメトラボの研究者たちが出したという「覚書」がそれだが、実のところ、それはシラードが軍の「機密」をバーンズたちに漏らしたことに激怒したグローヴスを宥めるため、科学者たちが委員会を結成して、急ぎしたためたものだった。レポートは、しっかり手順を踏んだ上で、日本には原子爆弾の威力を誇示すべきであって、実戦においては使用すべきではないと勧告するものであった。

　もちろんシラードの先走った行動と同様、フランク・レポートの勧告が功を

168

奏したのか否かは歴史が教えてくれるとおりである。

3　無条件降伏

　その次の段階を知るためには、アクゼルの次の文章から語り始めるのが適切だと思われる、――「シラードは、これは個人的な見解だと断った上で、日本本土に侵攻したりその都市を原子爆弾で攻撃する根拠など、まったくなかったと断言した」（同 257 頁）。

　ならば、ひるがえって敗色濃厚であったばかりか、疲弊しきった日本はどうして降伏しなかったのだろうか？　イタリアはかなり以前に敗北していたし、ナチス・ドイツもすでに降伏していた。日本にはどこにも勝ち目は残っていなかった。にもかかわらず、ズルズルと降伏を引き延ばしていたのは、日本に突きつけられた降伏の条件が「無条件」だったからである。つまり折り合う条件が一つもない降伏であり、体面を繕う余地のない屈辱を呑まなければならない。

　当時、日本政府は、敗戦は免れがたいとはいえ、なんとか折り合うことの可能な条件を見出すべく、話し合いの機会を切望し、必死に活路を探っていた。実際、日本があらゆる外交手段を使って仲介役を探し、交渉の足掛かりを探っていたのを、アメリカは暗号解読などを通じて完全に掌握していたのである。

　つまり、アメリカは日本に降伏の意思があることを承知していながら、簡単には降伏できない状況に追い込み、降伏に至るまでの時間の引き延ばしに掛かっていた。その包囲網として使われたのが「無条件降伏」だったのである。つまり「日本がいかに絶望的な状況にあるかを手に取るように知っていたからこそ、トルーマンは一切の譲歩をあらかじめ排除した無条件降伏を日本に要求できたのだ」（同 283 頁）。

　アメリカにとって、降伏ないし講和の条件をめぐって、二国間で交渉できない理由は何一つなかった。むしろ一切の交渉をしないという立場を採ったのである。敢えて交渉しようとしなかった理由は、もしも交渉してしまったら、それによってすぐにも失われてしまいかねないことがあったからである。その失われる可能性のあるものこそ、原子爆弾を投下する機会だった。軍と政府にとっては、巨費を投じてせっかく作ったのだから、どこかに落として、投じた予算に見合う戦果としての「成果」を示す必要が（是非とも）あった。今も世

界中に巣くう経済的な「成果主義」の思想は根底において、求むべき結果を得るためには人命を犠牲にすることくらい平然とやってのけるのである。そう、今なお経済のためなら人命を犠牲にすることなど些かも厭わない姿勢が全世界に蔓延しているのであり、その生々しい真実を日々われわれは実感し、その目で確認できるではないか。

4　投下

　たとえ兵器であろうとも、製造に要した資金は、それを使って出した被害の大きさや死者の数によって回収されるわけではない。にもかかわらず、成果主義の思想は出さなくてもよかった被害を出すことにより、あたかも被害の大きさが威力の大きさと釣り合えば、コストに見合う成果が得られたかのように収支を見積もってしまうのである。こうしてグローヴスは大統領に進言し、トルーマンは言われるがままに指令を出し、かつてない兵器を搭載した爆撃機が日本を目指して基地を飛び立つ。当時、陸軍による本土への上陸には至ってはいなかったものの、日本の制空権はすでに米軍に掌握されていた。それゆえ、爆撃機は燃料が持ちさえすれば、事実上どこにでも落とすことは可能であった。しかも、困ったことに彼ら司令部の頭にあったのは、日本が蒙るであろう被害や、日本人の被爆者たちの多くが辿るであろう行く末のことではなく、もっぱらソ連に対する威嚇であり、戦勝国、つまり当時はまだ仲間であったはずの国々に対する示威効果にほかならなかった。

　開発に関わった科学者たちの意向や奔走はどれ一つとして実を結ぶことなく、爆撃機エノラゲイはいよいよ広島の市街地上空に到達した。8 月 6 日午前 8 時、まだ朝の爽やかな空気の残る時間だった。

　〔資料 No.03〕原子核には正の電気を帯びた陽子がひしめいているので、ふつうは外部からの粒子の侵入が阻止される。だが、中性子は電気を帯びていないので、陽子にも気づかれることはない。やってきた中性子は原子核のなかに割り込み、そのバランスを崩して、押し合ってぐらつかせる。

　地中に埋もれているウランの原子は、どれも 45 億年以上前に生まれたものだ。地球がつくられる前に存在したきわめて強力な力だけに、電気的に反発す

る陽子同士を一つに束ねる作業が可能だった。いったんウランがつくられると、「強い核力」が接着剤として働き、長い期間にわたって陽子をずっとひとまとまりのままに保ってきた。やがて地球の気温がさがり、大きな陸地があらわれた。アメリカ大陸がヨーロッパ大陸から分離し、北大西洋がゆっくりと広がっていった。地球の裏側では火山活動が盛んになり、いずれは日本になる陸地が形成された。これだけの時間がたつあいだも保たれてきた安定性が、いまや一個の余分な中性子によって乱されようとしている。

原子核が強い核力の束縛を断ち切るほどぐらつくと、すぐに陽子が静電気力によって分離する。一個の原子核の重さはたかがしれていて、その破片ともなるとさらに軽い。ウランのほかの部分に高速で衝突しても、それほどの熱は発生しない。だが、ウランの密度がじゅうぶんに高いので、連鎖反応がはじまる。ウランの原子核の高速で飛ぶ破片は、2個からすぐに4個になり、8個、16個と増えていく。原子のなかで質量が消滅していき、原子核の破片が動き回るエネルギーとして出現する。まさに $E = mc^2$ 大活躍の過程である。

エネルギーの倍々の放出は、すべてがわずか数百万分の1秒で起こる。爆弾は朝の湿った空気のなかにまだ浮かんでいて、外装の表面はかすかに結露している。わずか43秒前には高度3万1000フィート〔1万メートル〕の冷気の中にいたのが、いまや病院の上空1900フィート〔600メートル〕で気温が摂氏27度にまであがったためだ。あと1インチ〔2.5センチ〕と落ちないうちに、核反応のほとんどが終わる。爆弾の外部からは、はじめに鋼鉄の外装が奇妙にゆがむのが見え、内部で起きていることが暗示される。

連鎖反応はエネルギーの倍加が80「世代」をへて終わる。最後の数世代にいたるころには、割れたウランの原子核の破片がかなり増え、きわめて高速で飛びまわるので、周囲の金属が熱くなりはじめる。最後の何回かの倍加はすさまじい。たとえば、庭の池にハスの葉が浮かんでいて、1日ごとに倍の大きさになると仮定しよう。80日後には、葉が池を完全に覆うとする。池の半分がまだ覆われておらず、陽光にあたり、外気にふれているのは、いったい何日目だろうか。それは79日目のことだ。

80世代がすぎた時点で、$E = mc^2$ の反応はすべて終わる。もはや質量は「消滅」せず、もはや新しいエネルギーは生まれない。原子核の運動エネルギーは

単純に熱エネルギーに変わっていく。ちょうど、両手をこすると手のひらが温まるようなものだ。だが、ウランの破片は、止まっている金属に猛烈な速度でこすりつけられる。c^2 の掛け算の効果によって、その速度はすぐに光速に近づいていく。

　ぶつかられ、こすられることで、爆弾の内部の金属は熱を帯びはじめる。体温と同じくらいの 37 度から、水が沸騰する 100 度を超え、鉛が気体になる 1744 度にいたる。だが、倍々の連鎖反応が進むにつれ、さらにいっそうのウラン原子が分裂して、その温度はやがて太陽の表面と同じ 5000 度に、つづいて太陽の中心と同じ数百万度に達するばかりか、さらにどんどんあがっていく。ほんの短いあいだ、空に浮かんだ爆弾の中心は、宇宙が誕生した初期の瞬間と同じような状態になる。

　熱は爆弾の外部に出ていく。ウランを包む鋼鉄の反射材を突き抜け、数千ポンドもあった外装の残骸もやすやす通過する。だが、そこでいったん止まる。核爆発のような高温の状態は、放出してやる必要のあるエネルギーを含んでいる。そこで、きわめて大量の X 線を周囲に向かって放出しはじめる。一部は上向きに、一部は横向きに、そして残りは地上の広大な範囲へと向かっていく。

　爆発を途中で止めたまま、破片は自分自身を冷やそうとする。空中にとどまりながら、エネルギーの大部分を噴出する。1 万分の 1 秒がすぎ、X 線の放射が終わると、熱の玉はふたたび膨張しはじめる。

　この時点で、ようやく大爆発が見えるようになった。ふつう光子には、放射されている X 線のあいだをかいくぐってその外に出ていくことができない。だから、これまでは放射の外側で発生する輝きだけが見えていた。いまや、強烈な閃光がきらめき、まるで空が裂けたかのようだ。あらわれた物体は、銀河の彼方に存在する巨大な太陽の一つにも似ている。空に占める大きさは太陽の数百倍になる。この世のものとも思えないその物体は、あらんかぎりの火力で 0.5 秒にわたって燃えたあと、弱まりはじめ、2、3 秒後には消滅する。この「消滅」は、大部分が外部への熱エネルギーの放射によっておこなわれる。一瞬にして大火災が発生したようなもので、直下周辺の人間はみな皮膚のほとんどがはがれ、身体から垂れ下がった。広島にもたらされた 10 万を超える死は、このようにしてはじまった。

連鎖反応によって発生したエネルギーの少なくとも３分の１が、このときまでに使われた。残りのエネルギーもすぐ後ろから追ってくる。この異様な物体の熱によってふつうの空気が押され、太古に巨大な隕石か彗星が落ちたときをのぞけば、かつてない速さで動きはじめる。いかなる台風がもたらす暴風よりも、さらに数倍は速い。じつのところ、あまりにも速いので音がしない。爆風が強大な力で何か音を発生させても、それを追い抜いてしまうからだ。最初の爆風のあと、やや遅い第二波がくる。それが終わると、大気は押しのけられた隙間を埋めるために急いで後戻りする。その結果、気圧が一時的にほとんどゼロまで下がる。爆発地点からじゅうぶんに離れていて助かった生き物も、わずかのあいだ大気圏外の真空にさらされたようになり、自分自身が破裂してしまう（ボダニス『E=mc^2』187-191 頁）。

本講義では、被害者の語りには踏み込まない。その情緒的な語りはなぜか次第に訴える力を失い、今や日本政府を核廃絶に向かって動かす力すら失われつつある。

それゆえ、われわれはこれまで日本ではあまり語られることがなかった側面からアプローチしよう。つまり語られもしなければ知られてもいなかった爆発のメカニズムを考察し、その威力の全貌に注意を払っておきたいのだ。

第一のポイントは広島上空で展開された倍々ゲームである。数百万分の１秒以内で 80 回以上展開されたゲーム、——それは中性子倍増率「k=2」にしたがって展開する過程として設計されていた。

最初の一回は、イニシエーターもしくは最初のウラン 235 の核分裂から中性子が複数個放出され、少なくとも２つのウラン 235 の原子核に飛び込んでいく。不意を突かれた２個の核はいずれも狼狽して安定性を失い、すぐに真っ二つに割れてしまう。それまでに掛かった時間は約１億分の１秒。

次の段階は、２つの核から放出された中性子がそれぞれ２つ（$2^2=4$）の核に侵入し、核分裂に導く（１億分の２秒）。次いで４つのウランの核分裂から８個の核分裂へ（$2^3=8$、所用時間は１億分の３秒）。

$$2^2 = 4$$

$2^3 = 8$

$2^4 = 16$

$2^5 = 32$

$2^6 = 64$

$2^7 = 128$

$2^8 = 256$

$2^9 = 512$

$2^{10} = 1\ 024$

ここまでに要した時間は 1 億分の 10 秒、すなわち 1 000 万分の 1 秒である。

$2^{10} = 1\ 024 \fallingdotseq 10^3 = 1\ 000：1 キロ$

だから

$2^{20} = 1\ 048\ 576 \fallingdotseq 10^6 = 1\ 000\ 000 \cdots\cdots 1 メガ（100 万）$

$2^{30} = 1\ 073\ 741\ 824 \fallingdotseq 10^9 = 1\ 000\ 000\ 000 \cdots\cdots 1 ギガ（10 億）$

$2^{40} = 1\ 099\ 511\ 627\ 776 \fallingdotseq 10^{12} = 1\ 000\ 000\ 000\ 000 \cdots\cdots 1 テラ（1 兆）$

$2^{50} = 1\ 125\ 899\ 906\ 842\ 624 \fallingdotseq 10^{15} = 1\ 000\ 000\ 000\ 000\ 000 \cdots\cdots 1 ペタ(1000 兆)$

$2^{60} \fallingdotseq 10^{18} = 1\ 000\ 000\ 000\ 000\ 000\ 000 \cdots\cdots 1 エクサ（100 京）$

$2^{70} \fallingdotseq 10^{21} = 1\ 000\ 000\ 000\ 000\ 000\ 000\ 000 \cdots\cdots 1 ゼタ（10 垓）$

$2^{80} \fallingdotseq 10^{24} = 1\ 000\ 000\ 000\ 000\ 000\ 000\ 000\ 000 \cdots\cdots 1 ヨタ（1 秄）$

　これが 80 世代にわたって展開した倍々ゲームを、1 キログラムのウランを例に見た場合の全貌である。

　そして、上の数値が表わしているのは、中性子倍増率が 2 か、若干 2 を上回る設定で 80 世代を経ると、およそ 10 の 24 乗にのぼる数のウラン 235 が核分裂を遂げるということである。その膨大な数の核分裂に要した時間は、なんと 1000 万分の 8 秒に過ぎず、分数の分子を 1 にすれば、およそ 125 万分の 1 秒になる。

　ボダニスの説明の、とりわけハスの葉が池の水面を占拠してゆく様子を例に出したところが絶妙なので、それをパラフレーズしてみよう。80世代（2^{80}）を経て池の全面をハスが占拠するとして、ちょうど池の半分を占拠するのはいつのことか？ 1000万分の8秒の1億分の1秒前のことである。つまり79世代（2^{79}）のときになる。単に2を掛けるという単純な操作が途方もない規模になるのは、すでに大きな数に成長したときであり、そういうときに限られる。

　爆発が開始したのは、自由落下する爆弾が上空600メートルに差し掛かったときだった。すべては上空600メートルからさらに数センチ落下するまでのあいだに起きた。つまりウラン235の核反応が80世代の分裂をもって完了し、まだ炸裂に至っていない——。125万分の1秒は事実上の制限時間であり、リミットであり、もはや1億分の1秒の猶予もない。つまり直後に爆発が起きるのだ。核分裂に到ったのは、全20kg中5%のウランだが、爆薬のウラン、タンパーともに超高温に熱せられ、蒸発・気化して飛散した。ちなみにウランの沸点は摂氏4000度強である。

　爆薬の飛散は最初に起きることではない。最初に起こるのは電磁波の放出だった。X線やγ線などの高エネルギー波が熱放射という形で放出される。この熱放射は電磁波なのだから当然と言えば当然ながら光速で伝わり、素早く他の物体に吸収される。爆薬やタンパーはもちろん、電磁波が触れるあらゆる物質が膨張し爆発してゆく。大気も例外ではない。あらゆる大気分子が燃焼し、電離を余儀なくされる。

　この電磁波を浴びた物体はすべて閃光とともに消滅したはずだ。可視光のためではない。見えない光が物体を照らし、激しく振動させるから、その光を照射されたものは、人であれ石であれ、みな一瞬で蒸発し消散した。

　電磁波が物体に作用すると、巨大な波を引き受けた物体の周囲に超音速の波が発生する。それが衝撃波（shock wave）である。超音速で周囲に拡散してゆく衝撃波は、当然のことながら音速よりも速く伝わるから、無音のまま広島の建物、人間、大地に到達し、爆発の轟音は衝撃波の後ろを追いかけるようにして市街地に到達し、広がっていった。

　この段階では爆風はまだ起きていない。超高温の爆風は、衝撃波が去ったあとの世界を襲う。爆風はそれが到達したところの何もかもを焼き払い、吹き飛

ばしていった。爆風にとっては窒素と酸素、二酸化炭素など大気そのものが燃料と化すから、それらを消費するか、さもなければ一挙に押し退けてしまうから、辺り一帯が一瞬にして気圧ゼロになる。つまり瞬時に市街地が真空地帯になってしまったから、たまたま物陰にいて電磁波や爆風を逃れた人がいたとしても一挙に風船のように膨らみ、パンと破裂して一巻の終わりである。

　この段階では、私たちの知る被爆者は一人もいない。核の悲惨を伝える語り部も一人としていない。みな一瞬にしてこの世界から消滅してしまったからである。我々の知っている悲惨な被爆者たちは爆心地からもう少し遠くにいて、瞬殺されない程度に弱くなった威力にさらされた人たちである。

　焼失面積は 13 200 000m^2 におよんだ。死者は 11 万 8661 人（推定の仕方により 9 万から 16 万 6000 人の幅がある）。負傷者は 8 万 2807 人にのぼる。この数をどう見積もるかは人によりけりかもしれないが、当時の広島市の人口が 35 万人だったことを考えれば、被害規模の大きさはわかるだろう。

　あえて本講義が被害者たちの語りや被害者たちの写真を使わないのは、もう明らかだろう。彼ら生き残った人たち、および結果的に亡くなってしまったけれども人の体裁を辛うじて残している姿は、爆心地で消滅した犠牲者たちよりも遙かに軽い被害者たちだったからである。何が起きたのか認識する暇もなく世界から一瞬にして消えてしまった人々は爆心地にいた。彼らはもの言わぬところか、言葉を残すチャンスすらなく、何が起きたのか気づくことなく消え去ってしまった。一瞬で消滅した多くの生命こそが爆心地にいて、ただ普通に生きていたのである。彼ら、彼女たちは何の先触れもなく、何かを感じる時間すらなく、すうっと見えない光に包まれると忽然と世界からいなくなってしまった。

5　調査

　マンハッタン計画の成果は、軍部の手に移り、戦果として「結果」を出しただけではない。科学実験としての意味合いが失われたわけでは全然なかったのだ。従来より、アメリカはソ連と並んで人間を対象にした科学実験を繰り返し、歴史に暗い影を落としてきたが、マンハッタン計画にも物理学部門だけではなく、医学生理学部門があった。そう、原子爆弾の日本への投下は、核兵器が人

間の身体にどんな被害と影響を及ぼすのかを試す絶好の機会でもあったのだ。早速、敵国に飛び、被災地に降り立ったアメリカ人医師たちを待ち受けていた光景は、日本人という生き物のきわめて不思議な生態だった。

〔資料 No.04〕サーバーは日本に二ヶ月ほど滞在していたのだが、現地で体験した破壊状況について次のように述べている。「そうした体験には、かなりの苦痛を伴わないわけにはいきませんでした。けれども、人々が自衛のために奮い起こした結束力の大きさには驚嘆させられました。人はごく短期間のうちにほとんどどのような状況にも適応することができる。それには本当に驚かされました。たとえどのような壊滅的な破壊と損傷にさらされたとしても、二日もあればそうした状況に慣れてしまい、自分のすべきことに取りかかることができる」。〔中略〕サーバーは、日本にいる間に身の危険を感じたことはなかった（同 268 頁）。

海外の都市が天災に見舞われたり、大規模デモが起きたりすると発生するお決まりの窃盗や暴行事件などの犯罪が日本では比較的まれである。大地震のあとでもコンビニのドアの前に列を作り、黙って何かに耐え、折り目正しく振る舞う光景は、誰にも見覚えがあるだろう。「日本人はマナーがよい」と言われるが、本当にマナーがよいのか否かはわからない。しかしながら、混乱に乗じて商店を襲撃し、商品を強奪するような振る舞いを「浅ましい」と感じることだけは疑いのないところだろう。災害や身内の不幸に心身が疲弊するあまり、積極的に悪事に手を染めることに体力を使う気が起こらないというか、そういう考えに耽るだけで気持ちが萎えたのかもしれない。たぶん、このときも事情は変わらなかったろう。市民の半分以上を一瞬にして殺害した国の人間がやって来て被爆者の調査をしようというのだから、本来なら刃物を構えてもおかしくないし、そこらの石塊を拾って投げつけても一向にかまわない。そう思われても当然だが、市井の人々にはそうする素振りすら見られず、あたかも日頃から見慣れた風景のように何もかもやり過ごしているかのようだ。

アメリカはその後、日本人のやや特異な性質だということに気づかず、人は（一般に）それほど復讐心に燃えないと勘違いしたのかもしれない、──だか

らその後、世界中で何度も蛮行を繰り返しては、手ひどい復讐劇に巻き込まれ、痛い目を見ていくことになる。

とはいえ、オッペンハイマーの伝記によれば、彼の高弟サーバーが日本で見た光景にしてもやや様子が異なる。

ともあれ、アメリカ政府は日本が降伏するやいなやすぐに医療関係者をはじめとして調査団を広島に派遣した。その頃には日本の旧帝大医学部の人たちが被災地に入っていたが、彼ら日本の研究者たちが収集していた資料も戦勝国への協力という形でごっそりアメリカへ持っていかれた。だから、日本の大学関係者の誰が調査に参加し、何を調べ、どのように協力したのかについても、資料はすべてアメリカにある。

ただし、一点だけ注意しておかなければならない。原爆投下直後だというのに、どうして調査団が早々に現地入りできたのだろう。どうして被災地に暮らしていた人たちがたった数日のうちに復興作業に入ることができたのだろう？

言い換えるなら、チェルノブイリやフクシマの原発事故の中心地区に暮らしていた人たちは、今でも故郷に帰還できない。同じ核分裂反応から放射性物質が環境中に放出されたはずなのに、被害のあと、チェルノブイリとフクシマの人たちをめぐる状況と、早期に人々が入り込み、復興にも着手できたヒロシマとナガサキをめぐる状況とのちがいを作り出したのは、いったい何であり、何に起因するのか？

答えは簡単である。原料の量のちがいである。広島に落とされたリトルボーイに搭載された核燃料（ウラン 235）は 20kg と言われ、長崎に落とされたファットマンの燃料（プルトニウム 239）は 8kg と言われている。

対して、福島第一原子力発電所の一号機にあった燃料は 69 トン、二号機が 94 トン、三号機も 94 トンで、計 257 トンにのぼる。燃料と混合物の重さを合わせると 880 トンにものぼる。

原発事故に比して核兵器の後遺症が少ないのは、核兵器の場合、原則として臨界質量を超えることがないからである。ガン式の場合、臨界質量未満の二つの塊に分けるから、二つを合わせると臨界質量を越えるかもしれないが、それでも 2 倍未満にとどまる。プルトニウムを用いる場合は、わざわざ爆縮という面倒な方法を編み出したくらいだから、臨界質量よりも少ない量でしか扱うこ

とができなかった。それゆえ核兵器の場合、威力を増強するためには爆発効率を高める方向で事に当たるしかなく、材料の増量にはなんら意味がない。それゆえ爆発の被害以外の後遺症はほとんど考えなくてもよい（それゆえ核兵器の使用により辺り一帯が放射能に汚染されるという、ロシアの脅しには脅し以上の意味はない）。対して、原発事故の場合、原料が多くなる分、事故が起きると周辺地域の全体が汚染されてしまい、その後、大規模に人の住むことができない地域が発生しがちになってしまう。事故が長期化し、核分裂が収まりそうもなければ、汚染物質の排出も止められず、大地や住環境がいつまでも汚され続けているのを指をくわえてじっと眺めているほかにない。しかも半減期20年とか30年の物質が大量にばらまかれると、少なくとも半減期を数回は経なければ作物を収穫することもできないし、そこに生えてくる作物を食べることもできなくなるだろう。

　チェルノブイリの発電所跡に未だ人が長く入り込めないのは、そういうわけだし、周辺地域が今や野生動物の楽園と化しているのは、ガイガーカウンターが未だ当時と同じ高い数値を弾き出してしまうからなのである。

6　長崎への投下について

　広島に原子爆弾が投下されたのは8月6日だった。たぶん日本政府は何が起きたのかわからなかった。やっと把握したところで、いったい何ができただろう。専門家を派遣して調査し、報告を聞いて閣議を開いたところで一日や二日で何ができただろう。おそらく今の政治家と甲乙付けがたいダメな連中だっただろうから、相応に判断は鈍かったにちがいないから、三日程度では何もできなかったにちがいない。つまり長崎に投下するまでの三日間は、アメリカ政府や軍が日本政府に与えた猶予期間などではなかった。三日後の投下には「間髪入れず」という修飾が似合う。もっと言えば、一刻の猶予も与えまいとする時間こそ三日間だった。

　〔資料 No.05〕長崎は、必要だったのだろうか？　トルーマン政権は、日本に核攻撃を加えるという断固たる意志を固めていたばかりか、それを相前後した二発の原子爆弾の投下によって実現する計画を決定していたものと思われ

る。リトルボーイの広島への投下から長崎上空におけるファットマンの炸裂まで、日本にはわずか三日の猶予しか与えられなかったのだが、それはいったいなぜだったのだろうか？　日本は何年も続いていた戦争において三日のうちに決断をしなければならないと通告されていたわけではなかった。広島によって日本が降伏を決断するか否かは、それを確言できる人が誰一人としていなかったとはいえ、間髪を入れず第二の爆弾の投下が断行されたのだ。

〔中略〕長崎は、必要だったのだろうか？　日本人は、歴史上類を見ない途方もないほどの大惨事に見舞われたばかりだった。二度目の爆撃は必要だったのだろうか？　作家のなかには、「一回の衝撃でじゅうぶんだったと考える根拠はない。日本軍は、爆弾は一発しかないとか、いずれにせよさほど恐れるに足りないと強弁することができたし、事実そういった態度をとったではないか」と論じている人たちもいる。改めて指摘するまでもなく、これはまるで辻褄の合わない主張である。日本人は、爆弾が広島を焦土と化した事実を理解していたし、二、三週間もしないうちに、その被害の実態の巨大さを完全に把握したことだろう。だが、日本は、破壊の甚大さを確認する時間的猶予すら与えられなかった。ほとんど時を置かず、ふたたび爆弾を投下されたのだ、合衆国がわずか三日の猶予しか与えず第二の原子爆弾を日本に投下したという事実は、永遠にアメリカを悩ませ続けることだろう（アクゼル 269-70 頁）。

問いは単純だ。「長崎は、必要だったのだろうか？」広島への投下から３日後、爆撃機はエノラ・ゲイと同様、北マリアナ諸島のティニアン島（サイパンにほど近いところにある島嶼）を飛び立ち、九州の福岡県小倉市（現在は北九州市小倉北区と小倉南区）に向かった。当日、小倉の空には雲の切れ目がなく、仕方なく別の場所を目指すことになった。たまたま長崎の空に晴れ間があったから長崎になったが、新潟になっていたとしても何ら不思議はなかった。強い反対に遭っていち早く候補地から外された京都を除けば、いくつかピックアップされていた候補地のどこでもよかった。つまり長崎である必要などなかった。にもかかわらず、寸暇を惜しむように急ぎ足で２発目は投下された。それゆえ、少々しつこいようだが、もう一度繰り返しておこう、「２度目の爆撃は本当に必要だったのだろうか？」延いては１度目すら本当に必要だったのか？

当時の日本の動向と利害関心をアメリカは手に取るように知っていた。日本政府は降伏寸前の状態であがいていた。その有り様をアクゼルは「全面的侵攻によらなければ屈服しない国の姿ではない」と述べていた。息絶える間際にある重体の患者と言ってもよい。

もう一度、同じ問いかけと答えを繰り返しておこう。

問いは、「ならば、どうして？」である。

答えはこうだ、「巨大な人的・物的資源の投入に見合う成果がほしかった」。つまりは開発に困難を極めた爆縮型原爆の威力も試しておかなければ、真の成果を得たとは言えなかったのである。実際、日本が「無条件降伏」を受け入れ、その旨を宣言したとき、グローヴスは3機目の爆撃機に新たな爆弾を搭載し、着々と離陸の準備をしていたという。彼は2発を投下しながら、なお経費に見合う結果を誇示したかった。2発でもよかったが、3発ならなお強力なメッセージになると信じて疑わなかった。誰に対して？　スターリンのソ連である。

日本に降り立った調査隊の中にオッペンハイマーの弟子、ロバート・サーバーがいたことは先に見た資料からもわかる。彼が見たものは必死に日常の秩序にしがみつくけなげな日本人の肖像だけではなかった。

〔資料 No.06〕エノラゲイが死を招く荷物を落下させてから31日後、モリソンはヒロシマに降り立った。「潜在的に1マイル四方の路上にいたものは誰しも爆弾の熱によって瞬時に、かつ徹底的に焼き尽くされた」。続いてモリソンは次のように言う、「熱い煌めきが突然、奇怪に炸裂した。彼ら（日本人）が我々に語ったのは、縞模様の服を着ていた人たちは、着衣の下の肌まで縞模様に焼けていたという。自分は運がよかったと思っている人たちもたくさんいて、彼らは荒れ果てた家の中からほんの少し負傷した状態で這い出してきた。しかし彼らはどのみち亡くなる。爆発の瞬間に大量に放出されたラジウム線の放射能を浴びて数日後ないし数週間後には息絶えた。

サーバーはナガサキで気づいたことを記し、全ての電柱について、爆発の起きた方を向いていた側の面が黒焦げになっていたという。彼は爆心地から2マイル（3.2km）を越えて、黒焦げになった電柱の列を辿った。「ある地点で」と彼は再び説明する、「馬が草を食んでいるのが見えた。側面の毛がすべて燃え

てなくなっていましたが、反対側は完全に正常だった」。馬が、にもかかわら
ず「幸せそうに草を食んでいた」ように見えたとサーバーがやや軽薄に言及し
たとき、オッペンハイマーは「原爆が善意の兵器だとの印象を与えかねないと
して、私に小言を言った」という（Bird & Sherwin, p.321）。

　サーバーの報告にオッペンハイマーが感じた軽率さは、いったい何に起因す
るのだろうか。それを知るには「原子爆弾とは何か？」という問いを経由する
必要がありそうだ。マンハッタン計画の成果に関するオッペンハイマーの感情
は両価的であり、もっと言えば引き裂かれている。

　〔資料 No.07〕オッペンハイマーは、ある根本的な意味において、ラビが手に
するのを恐れていたもの、すなわちマンハッタン計画が「三世紀にわたる物理
学の発展の頂点」に大量破壊兵器を据えることこそ、厳密に言ってマンハッタ
ン計画が獲得したのだということを了解していた。そして、そう解することで、
計画は物理学を不毛にすると考えていた、それも形而上学的な意味においてで
はなく、そう思っていたのである。それゆえ間もなく彼はマンハッタン計画を
一つの科学的達成ゆえに軽蔑するようになった（*Ibid.*, p.322）。

　ガリレオやニュートンの時代から始まり、アインシュタインやキュリー夫妻、
ラザフォード、マイトナーを経て、フェルミとオッペンハイマーのチームによ
り、あらゆる物理学の知識の結晶として原子爆弾は産み落とされた。もしもそ
れがボーアの言うようにデモンストレーションとしてだけ用いられ、日本に投
下されずに戦後の世界を開示し、冷戦すら封印したとすれば、同じ爆弾が平和
の象徴として曇り一つない「誇り」になり、開発者たちはただ敬意だけを集め
ることになっていただろう。まさに物理学的な（physical）兵器にのみ担うこ
との可能な、形而上学的な（meta-physical）意味を帯びた彫像として。
　しかし「物理学の発展の頂点」に座する、本来は象徴にすぎないものであっ
たはずの「力」は実用的な兵器として使われてしまった。人命と一緒に形而上
学的な意味も吹っ飛び、以降はそれを製造するのに要する費用を計算し、予算
を計上するための駆け引きが始まってゆく。象徴の座から落下した脅しの道具

として──。

〔資料 No.08〕彼〔オッペンハイマー〕は私的な会合で話していたことを公的な場面で語り始めた、「私たちは或る代物、もっとも恐ろしい兵器を作り出しました」と全米哲学会の聴衆に語った。「それは世界の本性を突然、かつ深く変えてしまいました……我々がその内で育ってきた世界のすべての基準にしたがえば、それは悪しき代物です。また、そんな物を作ったお陰で……科学が人類にとって善なのか否かという問いを再び提起したのです……」。原子爆弾の「父」はそれを定義により恐怖と攻撃のための兵器だと説明した。しかも安価なのだ。〔恐怖、攻撃、安価という〕組み合わせが、やがて全文明に対して致命的だったと証明されるかもしれない。「今日わかっていることだけでも核兵器は」と彼は言った、「もっと安価になりうるし、……核武装は、だからと言って核を欲する人みなに景気の後退をもたらすわけではありません。核兵器の使用法はヒロシマで緒に着いたばかりです」。彼が言うには、ヒロシマの爆弾は「本質的に言って、すでに打ち負かされている敵に対して」使用された。「……それは攻撃用兵器であり、核兵器にとって驚愕なり恐怖といった要素は、分裂性の原子核に劣らず本質的な要素なんです」(*Ibid.*, pp.323-4)。

第11講
それは実験だったのか？

1　ドラゴン実験

　まずは無謀かつ危険な実験として名高い「ドラゴン実験」を取り上げよう。発案者のオットー・フリッシュの文章から事の起こりを見ておきたい。

　〔資料 No.01〕私の仕事は計画装置の部分的な開発のような、小さいプロジェクトが中心だったが、ひとつだけ、非常に興味深い仕事をしたことがある。私が書いたその実験の提案書は、いつも通りに、施設内でいろいろな資材が最も適切に用いられるように取り決めている、上級の物理学者のグループに送られた。私はその提案が受け入れられるとは期待していなかったので、本当にそれが認められたときは驚いた。リチャード・ファインマン（彼は年少にも拘らず、その評議会の一員だった）は微笑みながら、「眠っているドラゴンの尻尾をくすぐるようなものだね」と言ってそれを受理したので、私の実験は「ドラゴン実験」とあだ名がついた。私のアイデアはウラン 235 の化合物（その材料はそのときまでにロスアラモスに到着していて、爆発装置を作るのに十分な量があった）を使って、本当に爆弾をひとつ、組み立てようというものだった。ただし、その化合物の中心部は、大きな穴を開けて取り除いておく。これによって、十分な中性子が逃げ出せるので、連鎖反応は拡大できないと思われた。そうしておいてから、穴に合う部分を作り、その塊を穴を通して落とせば、ごく短い時間、全くわずかではあるが、核爆発の状態となるはずだった。

　もちろんその栓が穴に詰まったらどうなるのかと質問されたが滑らかなガイドを作って、落下の度に速度を注意深くチェックするなどの入念な対策をすれば、安全が完全に確保できることを、あらゆる人々に納得させることができた。その結果、私はしばらくの間、この仕事のグループリーダーとなり、1 ダースほどの熱心な協力者の助けを得て、実験は開始され、数週間程で終了した（フ

184

リッシュ『何と少ししか覚えていないことだろう』197-8頁)。

　後に世界的な名声を得るが、この頃は無名の若手に過ぎなかったファインマンだが、その天衣無縫なやんちゃぶりで、すでに研究所内ではすっかり有名になっていた。そのファインマンの発言どおり、フリッシュの発案になる実験は途方もなく危険な試みであった。

　はじめ、濃縮ウランを半球状の塊にする。次に半球の中心部にこれまた半球状の窪み（穴）を穿っておく。最後に、穿った窪み（穴）のサイズにぴったり収まる球状の物体を、これまた濃縮ウランで作る。穴を空けられた半球状の物体も、窪みのサイズにぴったり合う球状の物体も、いずれも単体では未臨界質量の安全な物質だが、2つを合わせると臨界質量かそれ以上になるよう製造する。

　さて、形状の異なる2つの部品ができたなら、球状のウランを半球状の容器に近づける段取りになる。まずは2つのウラン塊を操作するための構造物を作る。それは球状のウランの塊を半球状のウランの窪みに近づけ、最終的に落とす寸前まで誘導してゆくガイドになる。ガイドの通り道もフリッシュは「穴」と呼んでいるが、こちらの「穴」を半球状の濃縮ウランに穿たれた「穴」と混同してはならない。前者の「穴」はウランの塊を通すガイドであり、後者は半球ウランに穿たれた窪みである。ガイドは筒状の形をし、その内側に球を通すから「穴」と呼ばれたにすぎない。

　当初の設計では、自動安全装置を設置して、機械制御により安全性を確保しようとしていた。しかし、自動制御にすることには、フェルミが強く反対したらしい。フェルミの意見は、機械まかせにすると偶発的な大惨事を招きかねないというものだった。この意見が尤もだったのは、絶えず放射線を発している濃縮ウランの付近に電気で動く機械装置など設置したら、放射線の影響でいつ、どんな故障をするか予測できたものではない。

　また、単純に球を落下させるという実験も却下され、もう少し慎重な方法が選ばれた。すなわち球と半球のサイズに合わせた筒状のガイドを設置し、ガイド内にリングを段階的にいくつも設置し、そこに椀状の濃縮ウランを逆さまに乗せる。そして、誰か担当者を決めて、彼がリングを引き抜いて、少しずつ半

球を引き上げていくという方法に変更された。非常に危険な実験であることを自覚した上で、最善の慎重策が採られたというわけだ。もちろん安全な実験とは言えないが……。

〔資料 No.02〕このような原子爆弾の材料を用いる実験は、火災等の恐れは少なかったが、実際には、火災よりもっと危険なものだった。私がロスアラモスにいた間にも、反応が暴走して、男がひとり死亡し、その後、私の後継者のルイス・スローティン（たいへん好人物で人気者だった）が二番目の事故の犠牲者になった。危険は心理的なものだった。ウラン 235 の塊を集めることがどういうことなのか、私たちは完全に理解していた。臨界量（連鎖反応が自発的に成長し始める時点）に到達しない限り、集合体は完全に無害であった。しかし、小さなミスの結果として、非常に突然に臨界条件が達成されることがあった。

　私たちが作った集合体の大半は、どれくらいの材料が爆弾に必要であるかを正確に見積もるために使われていた。集合体は核分裂をする材料から作られた小さいレンガから組み立てられており、その周囲に、それよりいくらか大きいレンガの形をした中性子を反射する（核分裂しない）材料が置かれていた。私たちは、決してひとりだけで作業しないこと、及び、もし集合体上に落下したら、集合体が臨界になるような材料の一片を決して持たないこと、という厳格なルールを作っていた。死亡した最初の男のハリー・ドーリアンは、この両方のルールを破っていた。ドーリアンはたいへん仕事熱心だったので、みんなが帰ったあとで、もうひとつ集合体を作ろうとしていた。そのとき、ウラン重金属の大きな切れ端が指から滑り、殆ど完成していた集合体の上に落ちた。ドーリアンは咄嗟に、筋骨たくましい腕の一振りで、その塊を横へ払いのけたが、そのとき、集合体の周りに、電離された空気の一瞬の青いオーラを見た。他に何も感じなかったが、救急車で病院に運ばれた後で（ドーリアンは電話で事故を報告した）具合が悪くなり、やがて血液が減少の秒読みを始め、二週間後に、もはや彼の体では闘えなくなっていた、ささいな感染症で死亡した。ルイス・スローティンの場合は、反射材の下に置いた鉛筆が滑り落ちてから、わずか九日間の命だったと私は聞いた。

　ルイス・スローティンのように経験もあり慎重な物理学者が、どうしてこん

186

な馬鹿げた、致命的なミスをしたのだろうか。スローティンは本当に、鉛筆で、最後の臨界となる材料の一片を安全に支えられると思ったのだろうか。あるいは、スローティンの心の奥底にある何かが、核のルーレットを回すようにそそのかしたのだろうか。私たちには決して知ることのできないことである（同198-200頁）。

フリッシュは二人の犠牲者について語っているが、彼もまた暴走寸前の状態に到ったことがあった。彼自身のからだがそのとき中性子反射材として機能していることに気づかなかったのである。しかも、そのとき放射線量を示すスイッチが切れていたか、電源から外れていたのだろう、——何ら警告がなかったという。大事故になる間際だったときのことを回想し、フリッシュは「あと2秒で」ほかの二人の犠牲者と同じことになっていたと述べている。

フリッシュがかかわっていた頃の材料は濃縮ウラン、つまりウラン235が用いられていたが、彼が挙げた二人の犠牲者の頃には材料も変更され、プルトニウム239になっていた。フリッシュの時代の実験は、ウランの臨界質量を検証するためのものだったが、検証作業はフリッシュたちのチームですでに完了し、その後はプルトニウムの質量を調べる段階に移っていたからである。

1945年8月21日、当時若干24歳のハリー・ドーリアンは、フリッシュたちが定めた二つのルールを破り、独りで通称「デーモンコア」に挑んでしまった。

繰り返すが、実験はプルトニウムの臨界量を知るための実験であり、言い換えるなら、爆弾として適切なサイズと密度を決定するためのものだった。実験は反射材のタングステンの板でコアを取り囲んで行なわれた。反射材はプルトニウムから放射される中性子線を反射するために設置されている

デーモンコア

わけだから、コアとの距離を狭めていけば、徐々に反射した中性子がコアに飛び込む頻度も増してゆく。ドーリアンは徐々にタングステンの板をコアに近づけていった。

　緊張が頂点に達したとき、ドーリアンは誤って反射材のブロックをコアの上に落としてしまった。即座にデーモンコアは臨界に達してしまう。パニックになったドーリアンは慌ててブロックを拾い上げるが、再び落としてしまった。慌てていたせいだ。今度は慎重にブロックをコアから遠ざける……までにすでに 1 分が経過していた。ドーリアンがその間に浴びた放射線量は 5.1 シーベルトである。英語版のウィキペディアで「シーベルト sievert」を調べると放射線量による身体への影響を表で確認できるが、2 シーベルト以上の欄はすべて 100％の割合で「death」と記されている。その断定を証すかのようにして、ドーリアンは事故から 25 日後、9 月 15 日に死去した。

　もう一人の犠牲者、ルイス・スローティンは 1946 年 5 月 21 日に「デーモンコア」に挑んだと推測されている。

　まずベリリウムの球を真っ二つに割って半球を二つ用意する。それぞれの半球の中央にお椀（半球）状の窪みを穿つ。実験の第一段階は、下側のベリリウムの窪み（半球状の穴）にデーモンコアの下半分をすっぽり埋め込ませる。その上で、上側の半球がコアにふたをするという仕組みである。ウィキペディアから写真を持ってきたが、これはベリリウムの椀にコアの下半分が埋まった状態の写真であり、これに上半分を覆うもう一つの椀があると考えればよい。

　写真の男性は左手をコアに添え、右手にドライバーのようなものを持っている。フリッシュは鉛筆と証言していたが、どうやら実際はベリリウムの椀を上半分に被せつつも、上下の半球が完全に閉じてしまわないよう、二つの椀のあいだにマイナスドライバーを挟んでいたらしい。本来は安全を確保するため使用義務のあった安全ウェッジを使わなければならなかったが、どうやらスローティンはドライバー一本ですべてを制御しようとしていたらしい。どうしてそういう無茶をしようと考えたのかわからないが、案の定というべきか、もっとも慎重に事を運ばなければならないところで……ドライバーが外れてしまった。一瞬ののち、上下のお椀は完全に結合し、中性子の逃れる隙間がなくなり、一挙に臨界に達し、青い閃光が走った！

　スローティンは急いでベリリウム塊を払いのけたが、スローティンの被曝線量はなんと 21 シーベルトに達していた。無茶をやった若者は事故からわずか 9 日後に死去した。

2　放射線量

　福島第一原子力発電所が地震と津波により事故を起こして以来、「シーベルト」という単位をよく耳にするようになった。この単位は物理学的な単位というよりも、医学生理学的な単位であり、放射線量が人体に及ぼす影響を示したものなので、放射線に関する単位の中でも理解するのがもっとも難しい。そこで、これまでどんな単位が使われていたのかをざっと見ておこう。

(1)　放射線量——キュリーとベクレル
①キュリー（Ci）

　この単位は、さすがキュリーというだけあって、ラジウム 1g の放射線量が起源となっている。ただ、ラジウムは反応が激しすぎる物質であるため、実用性に欠けていた。次に挙げるベクレルに換算すると、なんと 37 ギガベクレル（37GBq）という猛烈な大きさになる。当初こそ数値に若干の誤りがあったが、のちに厳密に計測され、改めて 1 キュリーは

　3.7×10^{10}/s

の崩壊（壊変）と定義された。数字を用いた数式で示されると却ってピンとこない人が少なくないと思うので、文章で解説すれば、1 秒に 370 億個のラジウム原子が放射性崩壊を遂げる、という意味である。

②ベクレル（Bq）

　単位名としてのキュリーに比して、ベクレルが用いられる頻度は飛躍的に高い。なぜかといえば、定義が単純であり、わかりやすいからだ。

　ベクレルの定義は、1 秒に崩壊（壊変）する原子の個数である。

　1Bq/s……1 秒に 1 個の原子が放射性崩壊を遂げる

　そして

　1000Bq = 1kBq（1 キロベクレル）

1000kBq ＝ 1MBq（1 メガベクレル）

1000MBq ＝ 1GBq（1 ギガベクレル）

1000GBq ＝ 1TBq（1 テラベクレル ＝ 1 兆ベクレル）

となる。こうしてみると 1 キュリー（＝ 37 ギガベクレル）という数値がいかにとんでもない量になるかがわかる。しかも使いにくいから、廃れるのも当然という気がしないでもない。

ただし、念のため二つの放射線量を変換しようとすれば、先にキュリーをベクレルで説明したときの数式が応用できる。

$1Ci = 3.7 \times 10^{10}Bq = 37GBq$

$1Bq = 2.7 \times 10^{-11}Ci = 27pCi$（27 ピコキュリー）

……と書いてみて、あらためてキュリーが単位としていかに使いにくいかを実感してしまった。

(2) 吸収線量

放射線量の対概念は吸収線量である。人体にとって、放射線量は加害者の力であり、どれくらいの威力を持っているかを意味するが、吸収線量は被害者が受けたダメージであり、どれくらいの被害を蒙ったかを表わしている。まず単純な方から見よう。

①グレイ（Gy）

電磁放射線の照射により、物質 1 キログラム（1kg）につき 1 ジュール（1J）の仕事に相当するエネルギーを与えられたときの吸収線量である。1kg の物質を 1m 動かす力は 1 ニュートンだが、1 ニュートンの「力」が成し遂げることのできる「仕事量」を 1 ジュールと言う。

$1Gy = 1J/kg$

実に明解である。光学的な単位としての吸収線量だけならば、グレイだけですでに十分であるように思われるし、ベクレルとの換算も機械的に行なわれるだろう。しかし、それだけでは済まない事情がある。

②シーベルト（Sv）

　もっとも広く使われているシーベルトは、実のところグレイほど単純ではない。グレイは電磁波を基準にしているが、放射線は電磁波に限られないからである。しかも人体に対する放射線の影響は、単純に線量で決まるのではなく、受けた放射線の種類と受けた部位によって異なってくる。そのため、グレイに放射線の種類ないし対象組織ごとに定められた修正係数を乗じて線量当量を算出するのが慣例となっている。

　煩雑になるのを避けるため、浴びた対象組織ごとのちがいを捨象しよう。そうすれば、算出方法はおよそ次の公式にしたがう。

　Sv = 放射線の種類による修正係数 × Gy

　そして、肝心の修正係数であるが、以下に列挙しておこう。

　X 線、 γ 線、 β 線……1

　陽子線……5

　 α 線……20

　中性子線……5 ～ 20

　なお、ほかの単位を簡単に紹介しておけば

　1Sv = 100rem（レム）

　1mSv（1 ミリシーベルト） = 100mrem（100 ミリレム）

　1rad（1 ラド） = 0.01Gy

　100rad = 1Gy

　ちなみにラドという単位は、ネズミ一匹を殺すのに必要な X 線の吸収線量として定義されている。しかし、現実には 1 ラドではとてもネズミを殺すことなどできない。実際に何ラドでネズミが殺せるのかはわからないが、人間に用いる場合の安全基準の上限をラドで示すと「25rad」（=0.25Gy）ということである。ネズミ 25 匹を殺害できる放射線量が「人間に照射して安全な上限」……って、いったいなんなんだ？

「安全基準の上限」と言われて、それが安全なのかと問われると、ちょっと頭を抱えてしまうかもしれない。言い換えるなら、ネズミを 25 匹殺害できる放射線量は、人間に用いてもぎりぎり安全な（つまり命を落とすほどの危険性はない？）量であることになる。

3　もう一つのマンハッタン計画

　我々が「マンハッタン計画」という言葉から即座に連想するのは、痩身の
オッペンハイマーがパイプをくゆらせている写真か、もしくはエンリコ・フェ
ルミのはにかんだ表情、もしくはヨーロッパから亡命した科学者たちの集合写
真か何かだろう。どのイメージについても正しいのは、その科学者たちが物理
学や化学を専攻した科学者たちであるということだ。しかし、もう一つのマン
ハッタン計画が存在した。一方が物理化学部門だったとすれば、もう一方は医
学部門であり、どこかきな臭いことが秘密裡に行なわれていた。

　〔資料 No.03〕マンハッタン計画の医学部門（責任者はスタフォード・ウォー
レン大佐）と生物学研究部門の主要な仕事は「マンハッタン計画の労働者の被
曝例と動物実験を通して、放射線急性障害の初期症状を決定し、その検出方法
と治療法を追求することであった。それはまた、原爆の実戦への使用に備える
ためのものであった」。

　マンハッタン計画は原爆開発計画として知られているが、核分裂によって生
まれる核分裂生成物質をそのまま使う放射能兵器の開発計画があったことはよ
く知られていない。マンハッタン計画ロスアラモス科学研究所は原爆組立を担
当したが、所長ジュリアス・ロバート・オッペンハイマーがエンリコ・フェル
ミ（マンハッタン計画の推進者でノーベル賞も受賞）に宛てた 1943 年 5 月 25
日付書簡によると、アメリカの科学顧問たちは放射能によって汚染された食べ
物で 50 万人の敵を毒殺する可能性を真剣に検討していた。

　現に 1941 年、全米科学アカデミー（National Academy of Science, NAS）
科学諮問委員会はアメリカが核分裂の放射性物質を兵器として開発することを
提案しており、この兵器開発に原子爆弾よりも高い優先順位を与えることを求
めていた。1943 年、アメリカ陸軍参謀総長ジョージ・マーシャル、マンハッ
タン計画司令官グローヴズ少将、大統領顧問ジェームズ・コナント、バネバー・
ブッシュはドイツが放射性副産物を兵器として開発して使用するのではないか
と恐れていた。1944 年の連合軍のノルマンディー上陸作戦の時もドイツによる
放射性物質による攻撃を想定して、グローヴズ少将はマーシャル参謀総長にア

イゼンハワー連合軍総司令官に危険を勧告するように進言し、実際に連合軍には防衛措置が取られた。放射性物質の高い危険性はすでに知られていたのである。

さらに最近では、1993年秋から、ニューメキシコ州の新聞であるアルバカーキー・トリビューン紙が、マンハッタン計画の一環として当時生産されたばかりの猛毒の放射性物質のプルトニウムを人体に注射して、その効果を調べるという人体実験をアメリカ市民たちに対して行なっていたことを長年の追跡調査によって突き止めた記事を発表した。同紙のアイリーン・ウェルサム記者は7年間にわたってプルトニウム人体実験の被験者となった患者たちの身許と氏名、誰がどのように彼らにプルトニウムを注射したのかを明らかにし、事実を知らされていなかった患者の家族の怒りを伝えている。現在までに氏名が判明した被験者の数は18名である。被験者たちはいずれも重い病気に罹った人たちであり、中には4歳の男の子もいる（笹本征男『米軍占領下の原爆調査』草風館、1995年。41-2頁）。

資料中では「ジュリアス・ロバート・オッペンハイマー」と記されていて、実際、オッペンハイマーの出生証明書にもそう記されているらしいが、「ジュリアス」は父のファースト・ネームであって、そこから息子に「J」の頭文字を授けたのが本当のところらしい。実際には両親からも「ロバート」と呼ばれており、オッペンハイマー自身、「J」の頭文字を付けることはあっても「ジュリアス」と名乗ることはなかった（Bird & Sherwin, *American Prometheus*, p.11）。些末だが、オッペンハイマーのフルネームを記す際には、本人の習慣も父親の意志もともに「J・ロバート・オッペンハイマー」としておくのがどうやら正しいようだ。

さて、笹本から引いた資料のポイントは、マンハッタン計画に放射性元素および放射性廃棄物の毒性を利用した兵器の構想があったということである。いったい誰がこのような残忍な方法を着想したのだろう……？

〔資料No.04〕フェルミはある日、オッペンハイマーの横に並ぶと、大勢のドイツ人を殺害する〔爆弾とは〕別の方法を示唆した。彼が言うには、おそらく

放射性の核分裂生成物はドイツ人に供給される食糧に毒を盛るのにも使用可能
だろう。オッペンハイマーはその提案を深刻に受け止めたようだ。そのことを
他言しないようフェルミに強く言ったあと、オッペンハイマーはそのアイディ
アをグローヴス将軍に報告し、その後同じ問題をめぐってエドワード・テラー
とも議論した。うわさによれば、テラーは連鎖反応をしているパイルからスト
ロンチウム 90 を分離すれば使えると述べたそうだ。しかし 1943 年 3 月までに、
オッペンハイマーは——身の毛もよだつという理由で——提案の具体化を遅ら
せるよう進言する決意を固めた。「このつながりで」と彼はフェルミに宛てた
手紙に書いている、「思うに、50 万人を殺害するに足る食物に毒を盛ることが
できないのなら、我々は計画を試すべきではないだろう、なぜならまちがいな
くありうるのは、現実に影響を受ける数は、配給が均一ではない以上、初期の
見積もりよりずっと小さくなるはずだからだ」。こうしてこのアイディアは却
下されたのだが、理由は敵国の人口に対して、十分に多い数の人間を毒殺しう
るほど有効な手立てではないということだけだったのである。

　それにしても戦時とは〔フェルミやオッペンハイマーのような〕礼儀正しく
温厚な男たちをして、かつてなら考えも及ばなかったろうことを考えつかせて
しまうものだったのだ (*Ibid.*, pp.221-2)。

　もう一つのマンハッタン計画は、フェルミやオッペンハイマーの与り知らぬ
ところで進められたのではなかった。戦争に関わることすら毛嫌いしていた
フェルミが思い立ち、スマートな指導者のオッペンハイマーが進言して立ち上
がった計画だった。戦時という特異な状況がそうさせたとはいえ、ソ連やロシ
アがやがて放射性物質を用いた暗殺を頻繁に行なうようになるとは、発端と
なった二人の偉大な物理学者にしても予想だにしなかったろう。

　フェルミが言い出した当初、ターゲットはドイツの一般市民だった。もしも
毒物としての放射性物質を空中から散布する場合、おそらくは爆撃機を使って
粉末をばらまく方法が想定されていたのではないか。また汚染物質による 50
万人にのぼる毒殺作戦は、当初、原子爆弾の製造と投下よりも優先順位が高
かったと言われている。おそらくは優先順位の問題ではなく、原子爆弾の製造
があれほど短期間で達成できるとは軍の関係者はもちろん、研究所の誰も想定

していなかったのではないだろうか。研究開発の優先順位ではない当座の順位は、ときとして現実的な実現可能性の観点から付けられることがあるのだ。

さて、ここからはマンハッタン計画のもう一つの顔であり、つまりはアメリカの暗部を見ることになる。そのダークサイドはナチスの人体実験や、あるいは日本軍の731部隊の隊員たちがやっていたことに匹敵するか、あるいはそれらをも凌駕するような内容である。マンハッタン計画医学部門は組織的かつ計画的に自国の人々を実験の対象に選び、ちょっと考えられないことを行なっていた。

まず3つのデータを並べてみよう。

1945年4月10日　HP-12（M.55）　Pu239　0.29μCi（マンハッタン計画病院）

1945年4月26日　CHI-1（M.68）　Pu239　3.5μCi（シカゴ大学病院）

1945年5月14日　CAL-1（M.58）　Pu238　3.5μCi（カリフォルニア大学病院）

　　　　　　　　　　　　　　　　　Pu239　0.046μCi（同上）

これら3つの日付を有するデータは、それぞれ異なる病院で患者を実験の対象にして、プルトニウムが接種されたことを示すデータである。アルファベットと数字の組み合わせから成る記録は患者のコードネームであり、いわば実験用の識別番号みたいなものだ。4月10日の日付のある患者は55歳の男性であり、プルトニウム239を0.29マイクロキュリー接種された。次いで4月26日の日付の付いた患者は68歳の男性であり、同じ物質を3.5マイクロキュリー接種されている。

先の換算式をもう一度記しておこう。

$1Ci = 3.7 \times 10^{10}Bq = 37GBq$

$1\mu Ci = 3.7 \times 10^{4}Bq = 37kBq$

つまり、0.29マイクロキュリーの放射線量は、12.75キロベクレル（1万2750ベクレル）になり、3.5マイクロキュリーは約130キロベクレル（13万ベクレル）に達する放射線量だったことになる。ちなみにウラン235の半減期7億年に対し、プルトニウム239の半減期は2万4000年だが、カリフォルニア大学で接種された二つの事例の一方はプルトニウム238という、半減期がわ

ずか87年前後の同位体だった。反応が激しく、しかも安定してエネルギーを
放出するから、小型電池の用途があり、心臓病患者の胸にはめ込むペースメー
カー用の電池に採用されたことがある。最低でも80年は交換が不要であり、
たぶん200年くらいは軽く使える電池になるだろう。200年間も充電が不要の
スマホを考えれば、どれだけすごい物質であるかがわかるだろう。それをナマ
のまま何ら防護膜に包むことなく、直接身体に注射で埋め込んだのである。
　実験の目的は、毒物の効果（毒性）を見るためのものではない。目的はいわ
ゆる代謝実験である。すなわち、一日当たり、どれだけ体外に排出されるかを
調べるトレーサー実験である。血液や糞尿などの排泄物における排出比率を明
らかにすることが目的だった。名目としては、原爆の製造に携わる作業員の健
康（安全）上の理由が挙げられているが、加えて毒性についての軍事的な理由
があったのは言うまでもない。

　〔資料No.05〕これら〔14名〕の被験者たちがプルトニウムを人体に注射され
た日付は、日本において広島、長崎で日米の原爆調査が行なわれている時期と
重なる〔1945/10/16〜46/7/16〕。そしてマンハッタン管区が正式に原子力委員
会に移管されたのは1947年1月である。
　1986年10月、アメリカ議会の下院エネルギー・商業委員会エネルギー保全・
動力小委員会はスタッフ・レポート『核のモルモットになったアメリカ人——
アメリカ市民にたいする放射線実験の30年』を発表した。この中に先のプル
トニウム人体実験が報告されているが、被験者の氏名は明らかにされていな
かった。〔中略〕
　1943年から1947年までロチェスター大学で4人の入院患者に放射性ポロニ
ウムが経口投与された。1943年から1944年にかけて3グループ（8人のガン
患者、1人のガン患者と2人の関節炎患者、3人の正常者のグループ）がシカ
ゴ大学でX線全身照射実験を受けた。1945年5月、オークリッジのクリント
ン病院で10人の被験者がベータ線照射を受けた。1946年と1947年にロチェス
ター大学で6人の患者がウラン塩を注射された。1947年にシカゴ大学で15人
の被験者が左手の小指の爪の部分に200〜600レントゲンのX線照射を受けた。
1948年にX線による定期的骨盤検査を受けた妊娠初期の母親1008人の調査が

シカゴ産科病院で実施された。1950 年代前半、アメリカ陸軍の依頼で 118 人の被験者が合成放射性土壌実験を受けた。1950 年代後半にコロンビア大学などで 12 人の被験者が放射性カルシウムとストロンチウムを注射された。1951 年から 1952 年にかけて 14 人の被験者がトリチウム被曝実験を受けた（笹本 278 頁）。

資料の中で耳慣れない単位は「レントゲン」だろう。今はほとんど使われていないが、放射線照射量（照射した放射線の総量）を表わす単位である。それゆえ吸収線量や線量当量に即座に換算できないが、それでもだいたいの目安として次の三点を挙げておこう。レントゲンの記号は「R」である。

1 R = 8.7 mGy

200R = 2Sv

資料中では、小指の爪に「200 〜 600 レントゲン」と書かれている。2 〜 5Sv は 100％死ぬ線量なので、即座に換算するのは危険だが、「500 レントゲンの放射線を 5 時間程度の短時間に浴びると致命的」という記述を信じるなら、当量はだいたい 500R=2Sv くらいに見積もっておくのが順当だろう。

小指の爪とはいえ、致死量の X 線を照射した実験を繰り返していたとすると、かなり悪質な仕業だったことが窺われる。実験データを記した表から書き写すと

HP − 1 〜 11（男女 18 〜 69 歳）Pu239　0.26 μCi 〜 0.398 μCi

（ロチェスター大学ストロング・メモリアル病院）

CHI − 2,3（男女、年齢不明、56 歳）Pu239　5.79 μCi 〜 5.95 μCi（シカゴ大学病院）

CAL − 3（男、4 歳 11 カ月）　Pu239　0.169 μCi

マイクロキュリーをベクレル換算式は、

1 μCi = 3.7 × 10^4Bq = 37kBq

だったから、

0.26 μCi 〜 0.398 μCi = 9.6kBq 〜 14.7kBq

5.79 μCi 〜 5.95 μCi = 214.2kBq 〜 220kBq

$$0.169\,\mu\mathrm{Ci} = 6.25\mathrm{kBq}$$

となる。

　以上は、病院内で秘密裡にプルトニウム 239 を接種して予後を観察した事例の放射線量であり、その他にもポロニウムの経口投与、X 線全身照射、β 線照射、ウラン塩注射、合成放射性土壌実験、放射性カルシウムと放射性ストロンチウムの注射、トリチウム被曝実験など多彩な放射性元素を用いた人体実験が行なわれていた。

　中でも放射性カルシウムと放射性ストロンチウム、そしてトリチウムの実験は気になるところだ。カルシウムとストロンチウムは周期表を見ると、同じアルカリ土類金属に属し、ストロンチウムはカルシウムの真下に位置している。つまり、カルシウムは骨の素材となり、筋肉を動かす電気信号の元になるミネラルであり、人間にとって生きるのに不可欠な元素である。ストロンチウムはいわば体内でカルシウムと同じ挙動を示すことが予想されるから、2 つの元素をそれも放射性のものを投与し、観察する動機はきわめてわかりやすいが、それだけ悪質でもある。

　また、トリチウムは福島第一発電から絶えず溢れ出る「汚染水」のまさに「汚染」を意味する物質であり、トリの接頭辞が示すとおり、原子核に核子が 3 つある水素である。水素の原子核は陽子が 1 つと決まっているのだから、残る 2 つの核子は中性子である。いわゆる原子炉は軽水炉と重水炉に分けられるが、重水炉は重水が用いられていて、その重水こそ中性子のおまけが付いた水素と酸素が結合した水である。つまり重水炉の冷却水は「汚染水」を濃くしたものが使えるというわけだ。

　なお中性子が 1 つのデューテリウムは放射性同位体ではなく、安定同位体であり、それと酸素が結合した水を「重水」と呼び、トリチウム（三重水素）が結合したものも同じく重水と言う。原子炉にとって、デューテリウムとトリチウムのちがいは大差ないが、人間が呑むとかなり意味が異なる。なにしろトリチウムは放射性同位体だからである。トリチウムの被曝実験は言うなれば福島第一原発の事故跡に行って、汚染水の中を一泳ぎするようなものだろう。日本政府は海に捨てると言っているし、過去にも諸外国が多量の放射性廃棄物を海に棄てているので、珍しいことではないけれども、だからと言って無害と言い

切ることなどできるはずもない。

　誰にも非難されない廃棄の仕方があるとすれば、半減期を数回経過したものから順に棄てることだろう。トリチウムはβ崩壊してヘリウム3になり、その半減期は12年だから、半減期を10回経た120年後ならまず安全だろうが、そこまで待てないなら半減期を5回ほど経たあと、つまり事故から60年後ならおそらく棄てたとしても大した害はないと言えるかもしれない。

　さて、次の新聞記事は、笹本の著作に掲げられた図表の中には存在しないものだ。

〔資料 No.06〕「何も知らされず、不自由な体に　遺族の娘、涙の証言――米政府主導のプルトニウム人体実験　下院公聴会」【ワシントン19日 河野俊史】

　「父はヒーロー（英雄）なんかじゃありません。国家のギニー・ピッグ（実験台）でした」――。冷戦時代、米政府の主導で行われた放射能人体実験の犠牲になった元鉄道ポーターの娘が18日、米下院エネルギー・電力小委員会の公聴会で初めて証言した。「医学に貢献したヒーロー」と言われたことに反発、悲惨な日々を送った家族の苦悩をとつとつと訴えると、傍聴席は静まり返り、すすり泣きがもれた。

　証言したのは、エルメリン・ホイットフィールドさん。鉄道ポーターをしていた父のエルマー・アレンさん（当時44歳）は1947年7月18日、サンフランシスコにあったカリフォルニア大病院で左足にプルトニウムの注射を受けた。

　車両から落ちてけがをした足の治療が目的だったが、3日後にその足は切断され、放射線医学の研究施設に送られた。アレンさんはプルトニウムについて、いっさい知らされず、体の不自由なまま3年前に死亡。その後、エネルギー省の情報公開で「CAL-3」という識別番号をつけられた放射能人体実験の対象者になっていたことがわかった。

　娘のホイットフィールドさんは約20分にわたり父の生涯と家族の生活を詳細に再現。最近、科学者から「お父さんは医学に尽くしたヒーローだった」と言われたことに触れ、「ヒーローですって？」と強い調子で疑問をぶつけた。

　父が廃人同然になった後、女手一つで家族を支えた母や幼かった弟を思い出しながら「食べ物を買うお金がなくて支払いをつけにしてもらったり。ガレー

ジで何時間もボーッと座っているだけの父。それでも父はヒーローですって？」。
　ホイットフィールドさんは、こう結んで証言を終えた。
　「父はただのギニー・ピッグでした。そして私たちの父は（プルトニウム注射
を打たれた）47 年 7 月 18 日に死んだのです」（『毎日新聞』1994 年 1 月 20 日）。

　笹本の著作にも存在しない「CAL − 3」は、外傷を負った鉄道員であり、怪
我の治療に行って、プルトニウムを注射されてしまった。
　この事例については資料の文章に委ね、その他の事例を急ぎ足で列挙してお
こう。
・知的障害のある児童に放射性物質入りの食べ物を「ビタミン入りの栄養食」
と偽って食べさせた。
・ミルクにストロンチウムを混入（牛乳にはカルシウムが豊富に含まれている
点に注意）。
・1950 年代、14 人の志願兵に放射性物質を含む溶液を経口摂取、注射。数千
人の新兵に対し、水圧による耳鳴り防止のためと称して、鼻孔からラジウムを
注入。
・妊婦に投与、二人の女性（子ども 2 人中 1 人死亡）。
・実験の対象となった妊婦 750 名、（子どもへの……）影響を調べるため。
・1950 年代、アラスカのイヌイットやインディアン 102 名に放射能を含む丸薬
を投与（放射性ヨード〔ヨウ素〕入り）→甲状腺への影響を調べた。
・ハンフォード核兵器工場で、1951 年から 75 年に少なくとも 319 人にリン 32、
放射性の鉄やクロムを注射。トリチウムを含む水蒸気を吸入させる実験も行な
われた。
・1948 年から 52 年、環境中に放射能を意図的に放出する実験を延べ 13 回実施。
加えてγ線源を 1000 個設置、飛行機から放射性物質を散布。
・1965 年、原子炉を意図的に暴走させる実験を実施、大量の放射性物質を故意
に環境中に放出（同じ頃、原子力ロケットの開発実験も行なわれていたが、あ
まりにも有害であることが発覚し、実現に至らず）。
・病院から 1500 体の子どもの死体を、家族に無断で持ち出し、実験に使用した。
　これら呆れるほど多種多様な実験は、どれも種々の放射性物質の毒性の質や

程度を調べるためのものだった。よく読むとひどい事例ばかりなのだが、次々に列挙され、機械的に目を通していくうちに思考と感覚が次第に麻痺しそうになる……。

4　毒性

もっとも頻繁に実験に使われた物質、プルトニウムの毒性は、果たしてどういうものだったのか？　そもそもプルトニウムは普通に入手できるものなのか？

〔資料 No.07〕オークリッジ国立研究所が売っているプルトニウム 239 は粉末状をしています。それを吸入するのは非常に危険です。20 ミリグラムを吸入すれば、繊維症によって 1 カ月程度で死に至るとされています。1 ミリグラムを吸入しても、確実に肺癌にかかります。エネルギー省は、プルトニウム作業者に対する空気中の最大許容濃度を 1 立方メートル当たり 1 グラムの 1 兆分の 1 と決めていますが、これは無機鉛（普通の鉛化合物）に対する 1 立法メートルあたり 1 グラムの 1 千万分の 1 の許容範囲と比較してその微量さがわかります（バーンシュタイン 179-80 頁）。

資料の言葉を繰り返すと、プルトニウムの毒性は粉末 20mg で繊維症、1mg で肺癌、安全基準の上限が $1m^3$ 当たり 10^{-12}g（1 グラムの 1 兆分の 1）。

半数致死量を LD50 と言うが、さまざまな毒薬の LD50 を参考までに列挙しておこう。

・青酸カリ（シアン化カリウム）：10mg（10^{-2}g）
・コブラ毒：0.5mg　ウミヘビ毒：0.1mg（10^{-4}g）
・サリン：0.4mg
・VX：15 μ g
・テトロドトキシン（フグ毒）：10μ g（10^{-5}g）
・バトラコトキシン（ヤドクガエルの毒）：3μ g（3×10^{-6}g）
・リシン（トウゴマ）：0.1μ g（10^{-7}g）
・ボツリヌストキシン：0.0003 μ g（＝ 0.3 ナノグラム＝3×10^{-10}g）

　LD50（半数致死量）と安全基準とはそもそも定義の基準が異なってはいる
ものの、史上最悪の猛毒、それもそれ自体の毒性ではなく、触媒毒（それが存
在するだけで化学的に毒物が合成され続ける）であるボツリヌストキシンの
LD50 がプルトニウムの安全基準の上限のさらに 300 倍であることには十分に
注意を払っておく必要があるだろう。

5　戦争のどさくさに紛れようとする戦争犯罪

　人体実験はナチスやソ連、アメリカに限られない。すでに 731 部隊に言及し
たが、さらには遠藤周作の『海と毒薬』のテーマにもなった事件を笹本の文献
から引いておこう。

　〔資料 No.08〕1946 年 7 月 12 日、ＧＨＱ／ＳＣＡＰは日本政府に対して九州
帝国大学関係者と西部軍司令部関係者を戦犯容疑者として逮捕するように指令
した。戦犯容疑はアメリカ軍捕虜に対するいわゆる「生体解剖事件」である。
この事件は戦時中の 1944 年 5 月から 6 月にかけて起こされた。そして 1948 年
8 月 27 日、横浜戦犯法廷における裁判の結果、絞首刑（西部軍関係 - 2 名、九
州帝国大学関係 - 3 名）、終身刑（西部軍関係 - 2 名、九州帝国大学関係 - 2
名）などの判決が下された。
　　私がこの戦犯裁判をここにとりあげるのは、アメリカ軍捕虜に対する「生体
解剖事件」を九州帝国大学に命令したのが西部軍司令部であったこと、その命
令を受けて実際の解剖を行なったのが九州帝国大学医学部であったという構造
が原爆調査を検討する時に重なるからである。〔中略〕
　1945 年 8 月 15 日、日本の敗戦が決まった後、西部軍司令部は連合軍捕虜に
関する証拠湮滅を計った。とくに九州帝国大学医学部で解剖されたアメリカ軍
B29 搭乗員捕虜 8 名についての証拠湮滅は、捕虜が広島の原爆で爆死したこと
にするというのであった。1945 年 9 月上旬、西部軍司令部は隠蔽工作を広島の
第二総軍司令部、中国軍管区司令部に相談し、捕虜処刑の隠蔽工作が実施され
た。「吉川参謀（中国軍管区司令部参謀 - 引用者）の手で『九州より送致されたる
俘虜 9 名は、昭和 20 年 8 月 6 日、原爆により死亡』との偽装文書が作成され、
河村参謀長を通じて陸軍省へ送られた」（笹本 275 頁）。

　この事例は、アメリカ人が日本人に行なった残虐行為ではなく、その逆であり、日本人がアメリカ人に対して行なったとされる非人道的な残虐行為である。戦争のどさくさに紛れて、という表現がぴったりするのは、動機も目的もよくわからないからである。この事件が明るみに出たときの衝撃を知るには、たぶん遠藤周作の『海と毒薬』に触れてみるほかにない。特に残酷な描写はないが、この出来事の闇に肉薄しようとした点で社会派の文学作品としても忘れがたい古典である。たぶん今でも文庫で読めるのではないだろうか。三島や谷崎と並んで世界的に広く読まれている作家なので、この機会に手に取ってみるのもいいだろう。また、731部隊に関しては常石敬一の『七三一部隊』（講談社現代新書、1995年）を是非とも一度は読んでおいてほしい。

第12講
冷戦下の核実験——水爆とコバルト爆弾

1 原子爆弾投下の理由と帰結

　これまで原子爆弾の使用に関して、アメリカ政府や軍関係者、そして一般の
アメリカ人までも含め、実に多くの理由を論（あげつら）ってきた。まずはそれらの理由
をいくつか列挙することからはじめよう。

理由1. （終戦を早めることで）米兵（または日米双方）の犠牲者を未然に救
　　　済した（フリッツ・ハーバーが毒ガス戦に際して用いた屁理屈と同じ論理構
　　　造である点に注意）。
理由2. 戦後の状況を睨んで、ソ連を牽制する「必要」があった（たかが牽制
　　　のために10万を超える死者を出す「必要」はあったのか）。
理由3. 投入された予算に見合う結果を出さなければならなかった（しかし、
　　　ボーア＝オッペンハイマーが考えていたように、単に成果を示すだけなら、
　　　トリニティ実験やそれに類するイベントを開催して披露すれば十分だったの
　　　ではないか）。
理由4. 日本が予想以上に粘り強かった（米軍の中枢は、無線の傍受により、
　　　日本が苦境に立たされ、降伏寸前の状態だったことは筒抜けだったはず）。
理由5. もしも核兵器を市街地で使用すれば実質的に生体実験となるのは必至
　　　であり、ゆえに投下に実験を兼ねた目的があったことは隠し立てしようもな
　　　かった。

　以上の言い分には本音もあれば建て前もある。理由1は今なお頻繁に使われ
る常套句だが、建て前であり、それ以上ではない。他は本音っぽいが、なおも
建て前の空気が残る4を除けば、表立って言うのは躊躇（ためら）われるものばかりだ。
政治的には「ソ連への牽制」が主たる動機のはずだが、結果が過大かつ甚大に

過ぎる。しかもその企図は忽ち裏目に出てしまう。というのも核兵器の使用は戦後、アメリカ主導の平和を導くどころか、冷戦という終わりの見えない緊張状態を呼び込んでしまうからだ、──対立は構造化され、両陣営は軍拡競争に奔走する（彼らの意図が招いた想定外の結果は、軍拡競争の蚊帳の外に置かれた敗戦国、西ドイツと日本が軍事をそっちのけにしたたせいで経済大国になったことだろう）。

〔資料 No.01〕合衆国が原子爆弾を使用することによってソ連の侵略を防ぐことができると考えていたとすれば、それは途方もないほどの思い違いだった。現時点から判断すれば、冷戦を引き起こしたのは、ヒロシマとナガサキにほかならなかった、合衆国が原子爆弾をまったく使用しなかったと仮定すれば、大戦後の世界が一挙に冷戦に突入するような事態は防ぐことができた、あるいは、冷戦そのものが存在していなかったといった議論も成り立ちうるからである。ソヴィエト政府がアメリカの兵器開発に対抗する必要性を強く感じ、独自の原子爆弾製造計画に着手したという歴史的な事実は、それを雄弁に物語っているといえるだろう（アクゼル 287-8 頁）。

あくまで結果論でしかないが、原爆の使用が裏目に出るとなぜ予想できなかったのか、──今にしてみれば逆に理解しかねる結果になってしまった。グローヴスとトルーマンが夢見た理想の帰結（ないし夢）は、アメリカによる核の独占とそれによるヘゲモニー（覇権）にほかならなかった。すなわちアメリカだけが核を有し、他の国々はその脅威ゆえに超大国の前に跪き、屈服するという構図である。アメリカの思惑に恭しくかしづき、尻尾を振り、靴を舐めるような挙動に甘んじたのは原爆を落とされた敗戦国くらいしかなかった……。

もちろんアメリカの軍と政府が目にした現実は、他国がアメリカの「力」を前に途方に暮れ、平伏す姿ではなかった。一国による核の独占は束の間の優位性にすぎなかった。現実は「追いつき追い越せ」とばかりに血眼になりながら核開発に突進するソ連をはじめとする他国の姿だった。事実、イギリスにはマンハッタン計画に従事した科学者が少なからずいたし、ソ連はオッペンハイマーの近くにスパイを紛れ込ませていた。それゆえアメリカが戦後、すぐに直

面した問題は次のような問いに縮約される。すなわち、核拡散を封じ込めるにはどうすればよいのか？

　冷戦とは、対立する二つの陣営のあいだの膠着状態である。現実の軍拡競争はその膠着状態を維持し、互いに相手を仮想的な脅威として意識しながら、なんとか衝突を回避し、脅威だけが肥大してゆくさまである。敵の脅威を妄想的に過大評価したのは、睨み合う双方の軍にとっても好都合だった。その方が多額の予算を分捕ることができるからだ。軍事衝突がなければ、勝ち敗けはつかず、互いの面目も立つ。それゆえ、睨み合う競争者のどちらかがゲームを降りるまで、緊張は延々とエスカレーションを続けてゆく。その実態を具体的に見てみよう。

2　冷戦下の核実験

　アメリカ以外の国で、最初に核兵器を開発し、実験を行なったのはソ連である。1949 年 8 月 29 日、ソ連初の核実験が実施された。

　〔資料 No.02〕ソ連は、ほどなくして原子爆弾の開発に成功し、二つの超大国は原子爆弾の改良と実験を繰り返す継続的な軍拡に着手したのだが、それは莫大な経費を必要としたばかりか、世界規模で人々の健康に深刻な影響を及ぼさないわけにはいかなかった。アメリカの核実験は、太平洋のビキニ環礁を破壊しその放射性降下物（死の灰）がオレゴン州やワシントン州に降り注いだからである。その後、実験場はネヴァダ州の砂漠に移されたのだが、そうした措置によって大陸のほとんどすべての地域が放射性降下物にさらされる危険を回避できなくなった。ソ連は、北極海のノヴァやゼムリャ島で核実験をおこない、フランス、英国、中国がそれに追従した。英国は、オーストラリアで核実験をおこない、フランスが 1970 年代におこなった核実験は、ポリネシアの一部に残されていた原始そのままの環境を完全に破壊したのだが、中国が中央アジアの砂漠地帯のロブノールでおこなった核実験も、同じような被害をその地に引き起こさないわけにはいかなかった。こうした分別を欠いた実験によって地球環境に吐き出された放射能の総量は途方もないほど大きく、その人体への深刻な影響は、今後何世紀にもわたって私たちを悩ませ続けることだろう（アクセ

ル 290 頁）。

　核実験により、地球はすっかり汚染されてしまった。放射性炭素が急増した
せいで、炭素 13 を使った年代測定が 1945 年以降の死体に対しては、人であれ
動物であれ適用不可能になった。つまり、第二次大戦の前後で生物の身体を形
作る物質の組成が変わってしまったのだ。
　どんな実験が行なわれたのか代表的なものだけ列挙していこう。まずはアメ
リカである。
　1946 年の「クロスロード作戦」は戦後初の核実験であり、1952 年の「アイ
ビー作戦」は初の水爆実験となった。
　水爆、すなわち水素爆弾は、原子爆弾を起爆装置に用いて、水素を核融合さ
せ、そこから核分裂とは比較にならないほど大きな力を引き出す爆弾である。
作戦の中枢にいたのは、マンハッタン計画にも加わっていたハンガリー出身の
マッド・サイエンティスト、エドワード・テラーだった。彼はオッペンハイ
マーを軍の中枢から追い出すと作戦の中枢に入り込み、水素爆弾の製造に邁進
した。
　もちろん、競合国だって指をくわえて眺めているわけにはいかない。ソ連は
1953 年に強化原爆の実験に成功すると、55 年に早くも初の水爆実験を実施す
る。61 年の通称「ツァーリ・ボンバ」は史上最大の核実験であり、TNT 換算
で 50 メガトン＝ 5000 万トンにのぼる。
　ヒロシマ型が TNT 換算で 1 万 5000 トン、ナガサキ型およびトリニティ実
験がおよそ 2 万トンだったから、ツァーリ・ボンバの威力は前者の 3333 倍、
後者の 2500 倍になることがわかる。ただし爆薬の量を増やしたわけではない。
プルトニウムには臨界質量の制約があるから、ファットマンから大きく越える
ことはない。それゆえ TNT 換算 5000 万トンの威力は、別の方法で達成され
なければならなかった。すなわち、爆縮型原爆の爆発を起爆装置にして、水素
の核融合から効率的に「力」を引き出した結果である。
　もちろん他の先進国も指をくわえて眺めているわけにはいかないから、次々
に超大国 2 国に追随してゆく。
　1952 年、イギリスが「ハリケーン作戦」と銘打った核実験をオーストラリ

アで実施する。1960年にはフランスが「ジェルボアーズ・ブルー作戦」をアルジェリアで実施。1964年には中国も初の核実験を実施した。以上が核不拡散条約（NPT）加盟国による実験である。

　そして、以下はNPT非加盟国による核実験となる。

　1974年、インドがパキスタンとの国境近くで実験を行なう。1998年にはパキスタンが2度の実験を実施した。このとき、パキスタン製の核兵器はウランを原料に用いた原爆だったが、パキスタンが代わりに実験を実施したと思しき爆弾の原料はプルトニウムだった。北朝鮮製の兵器とうわさされたが、真相は未だ闇の中である。

　さらには、核保有に関して一貫して沈黙を守っているが、保有をうわさされている国としてイスラエル、南アフリカ、イラン、サウジアラビア、アラブ首長国連邦、ビルマ（ミャンマー）等々が挙げられる——。

　NPT非加盟国は、保有の事実を明かさない以上、実験の回数も厳密にはわからない。他方、加盟国でありかつ保有国でもある国々についてはかなりの事実が判明している。核実験の回数は20世紀末の時点で、アメリカが1127回、ソ連が715回、イギリスが45回、フランスが210回、中国が45回、そして非加盟国のインドが2回、パキスタンも2回、そして北朝鮮が6回である。少なく見積もっても計2379回は行なわれた。それだけでもひどい話だが、核実験が大地を汚し、我々の身体の組成を変え、地球を汚染したと非難されるにしたがい、各国は地上の実験から手を引き、順次、地下実験へと切り替えていった。それにともない、実験の事実そのものが見えにくくなっていったことも否めない。

3　強化原爆と水爆

　さて、前節で簡単に説明した爆弾のメカニズムのやや詳細な説明に移ろう。基本設計はすでに見たプルトニウムを原料に用いた爆縮型原爆である。威力は従来の核兵器に核融合の要素をどれだけ詰め込めるかによる。

　まずは強化原爆であるが、こちらは不完全な水素爆弾というより原爆の爆発効率を向上させるために核融合を補助的に利用したものである。水素爆弾の準備段階と言ってもよい。

(1) 強化原爆

　まず爆薬のプルトニウムの中心部にイニシエーター（ベリリウムとポロニウム）をセットする。

　あらかじめプルトニウムは中空に成形し、そこに重水素と三重水素を仕込んでおく。超の付く高温高圧状態から、重水素（デューテリウム）と三重水素（トリチウム）との結合、すなわちD－T融合反応をさせようと目論んだわけである。1モルのデューテリウムと1モルのトリチウムが完全に融合し、1モルのヘリウム4ができれば、同時に1モルの中性子が自動的かつ必然的に産み落とされる。すると中性子の放出量がプルトニウム239のみの場合の値である（k=）2.9から4.6へと増強される。中性子の放出量が飛躍的に増加することで爆縮型原爆の爆発効率もまた20%から30%以上へと上昇する。ちなみに爆発効率20%はファットマンとほぼ同じであり、強化型原爆は同じ量の爆薬で少なくとも1.5倍からそれ以上の爆発効率を実現することになる。

　さらに応用型として、重水素化リチウムと三重水素化リチウムの固体を用いた2段階方式の強化原爆も存在していた。

(2) 水素爆弾

　水素爆弾の仕組みがわからないからか、トヨタやホンダが開発した燃料電池車（水素を燃料に用いたエコカー）や、福島の原発事故で原子炉建屋を破壊した「水素爆発」、そして水素爆弾の3つを混同し、それらが同じ「危険（リスク）」を抱えていると妄想的に信じている人たちが少なくない。水素を大気中の酸素と反応させて水を生成する過程で電気を作り、充電する仕組みが燃料電池であり、最低限それを水素爆弾と区別するため、まずは資料を読むところからはじめよう。すでに実験を列挙したときに言及した内容を含むが、箇条書きよりも文章で読んだ方が具体的にイメージできるので無駄ではないだろう。ちなみに資料内で言われる「恒星」とは、とりあえず太陽のことだと思っていただければ間違いはない。

　〔資料 No.03〕1950年代に入ると、フェルミとともにマンハッタン計画に加わっていた核物理学者エドワード・テラーは、合衆国に移住していたポーラン

ド生まれの数学者スタニスラフ・ウラム（1909-1984 年）と共同して水素爆弾
を考案・設計した。その威力は、核融合反応つまり二つの原子核が解け合って
一つの原子核を形成するプロセスによって生み出されるものであり、これは恒
星の内部で起こっている現象を人為的に惹き起こそうとしたものである。この
プロセスを起動させようとすれば莫大なエネルギーを必要とするのだが、恒星
の核融合反応においてそれを賄っているのは、その内部の熱エネルギー、つま
り超高温である。ひとたびこのプロセスが起動すると、核分裂爆弾とは比較を
絶した途方もないほど巨大なエネルギーが放出される。ウランは、このプロセ
スにおいてもきわめて重要な役割を果たしている。水素爆弾は、その内部で水
素の原子核が融合してヘリウムの原子核を形成するよう設計されているのだが、
そうした核融合反応を惹き起こそうとすれば、まずウランかプルトニウムを用
いた核分裂爆弾を爆発させなければならないからである。テラー・ウラムの設
計は、核融合反応を引き起こすことができるだけの熱エネルギーを核分裂に
よって生み出すという技術的な問題を解消したのだ。

　1952 年、合衆国は太平洋のエニウェトク環礁で第一回目の水素爆弾の実験を
おこなった。その 3 年後にはソヴィエト連邦が水素爆弾の実験を実施し、軍拡
競争はさらに熾烈の度を加えた。この二種類の核爆弾を比較してみれば、核分
裂爆弾は TNT 炸薬換算数万トンの破壊力をもっているのだが（ちなみに、広
島に投下された爆弾は、1 万 5000 トン〜 2 万トンだった）、そのエネルギー
を核融合から引き出している水素爆弾は、一般的にメガトン（TNT 炸薬換算
「100 万トン」に相当する）単位で計算される。冷戦中に製造されたもっとも恐
るべき威力を持った爆弾は、1961 年にソ連が実験に用いたものであって、そ
の破壊力は、なんと TNT 炸薬換算 50 メガトンにも達していた。TNT 炸薬換
算 15 〜 20 キロトンの爆弾は広島をまさに焦土と化してしまったのだが、その
2500 倍の威力をもった爆弾の破壊力がいかなるものであるかを、具体的に思い
描くことができる人がはたしているだろうか（同 290-2 頁）。

　プルトニウムの中空部分の容積を大きくして、より多くの重水素ないし重水
素化合物を仕込む。爆縮により全体が中心に向かって超高温・超高圧状態に
なってゆくと、熱せられ、圧縮された狭い空間で重水素と三重水素の核融合、

または重水素化リチウムの三重水素化リチウムとの核融合反応が誘発される。さらにプルトニウムを包んでいたタンパーのウラン238の核分裂まで誘発される。未臨界のプルトニウムの核分裂に始まって、そこから水素もしくは水素化リチウムの核融合が引き起こされ、巨大なエネルギーが解放されるわけだ。その威力は爆発効率によって異なるが、だいたい爆縮原爆の約10倍から数千倍にもなる。

　材料に用いる爆薬の性質上、ウラン235であれプルトニウム239であれ、臨界質量を越える爆薬の搭載は原理的にできない。ということは、ウランの場合はヒロシマ型、プルトニウムの場合はナガサキ型を越える量の爆薬を搭載することは、不可能ではないにしても危険が増すばかりで意味はない。言い換えるなら、はじめから搭載できる爆薬の量には上限があり、その制約が不変なのだから、残る課題は爆発効率をいかに高めるかに懸かっている。

　そこで核兵器の進化は、原子爆弾に始まり、爆縮型の洗練タイプとして強化原爆に進み、さらに核融合反応をメインに水素爆弾が生まれ、最終的に中性子爆弾へと威力を増していくことになった。ただし、中性子爆弾は単に威力が大きいのではなく、設計思想が他の核兵器とは異なると言うべきだろう、——爆発の威力よりも殺傷力にウェイトを置いた兵器が中性子爆弾である。他の核兵器に比して環境に優しく、人に厳しい爆弾と言うこともできる。なぜなら、たとえ物陰に隠れても、建物を破壊せずにその向こうにいる人だけを効率的に殺傷できると言えば、むしろ凶悪さが増しているのがわかるだろう。

4　核実験と被曝の実態

　核実験について回るのは、爆弾の威力をめぐる焦燥感にも似た開発計画にとどまらない。必ず毒性をめぐる人体実験が張り付いてくる。水爆実験もヒロシマやナガサキと同様、それが人体にいかなる影響を与えるかを調べる実験の意味合いを帯びていた。1990年代に次々に明るみに出た事実を当時の新聞記事から読んでみよう。

　〔資料No.04〕軍人も被害に　米「放射能人体実験」ビキニ環礁などで実施／【ワシントン15日】

　冷戦時代、米政府主導で行われた「放射能人体実験」問題で、15 日までに公表された資料や議会報告書から、市民のほかに多数の軍関係者や復員兵が"実験台"になっていた構図が浮かび上がった。国防総省や復員軍人省は当時の内部資料の調査を進めている。

　その一つが、水爆のキノコ雲が人体に与える影響を調べる実験。下院エネルギー保全小委員会が 1986 年 10 月に作成していた報告書によると、人体実験は西太平洋のビキニ、エニウェトク両環礁で 56 年 5 月から 7 月にかけて行われた一連の水爆実験（レッドウィング作戦）の際に実施された。米空軍の 5 機の B57 が、水爆爆発後 20 分から 78 分の間に 27 回にわたってキノコ雲の中を横断飛行、乗員の被曝の状態が測定された。この実験で乗員 7 人が許容被曝線量（年間 5 レントゲン）を超えたとして復員軍人局（復員軍人省の前身）の病院で特別検査を受けたとされる（『毎日新聞』1994 年 1 月 16 日）。

　資料中ではレントゲンという古い単位が使われているが、「R」で表わすのが慣例で、一般に用いられるグレイに換算すると、だいたい

$$1R = 8.7 \text{ mGy}$$

となる。先に言及したとおり、レントゲンという単位は今ではほとんど使われていない。電磁放射線の場合は、そのままシーベルトに換算できるから、5 レントゲンを超えたという表現を線量当量で表わすとおよそ 44 ミリシーベルトとなる。中性子線が大量に飛び交っていたとしたら、その 5 倍から 20 倍と考えればよい（最大 0.87 シーベルト）。

　実験に立ち会っていた人々は、爆弾の開発者、兵士、そして一般市民である。それらすべてが検査の対象になっていたのだから、健康被害に無頓着だったわけではない。ただ人の健康を蔑ろにしていただけである。その意味で、立ち会った人たち全員が生体実験の対象とされていた。明らかに有害だと知りながら、人の命や健康を軽んじていたのだから、その種の好奇心が次第に暴走していくのは容易に見てとれる。ナチスや 731 部隊、果てはポグロムに参加した一般人にも見られるように、人は暴力の刺激に慣れ、飽和してくると新たな刺激

を求めて暴走したくなってしまうのだ。暴走したくなる気持ちを抑えられなくなると言った方が適切かもしれないが……。

　さて、核の被害を網羅的かつ微視的に明らかにしてくれる良書が刊行されたので、その本から出来るだけ多くの知見を資料として引いておこう。1954年3月1日、いわゆる「キャッスル・ブラボー実験」が実施された。戦後の核実験、とりわけ核融合を利用した核兵器の実験について「ロバート・オッペンハイマーを含む何人かはプロジェクトに反対し、水素爆弾の恐るべき破壊力を政治家たちには制御することなど不可能だと証明されるものと信じていた。アル・グレーヴスはプロジェクトの妥当性を微塵も疑わなかったし、自分のしていることの道義性についても同断だった。新兵器の実験という首折り競争においてマーシャル諸島は新境地を開いたのであり、その場所こそ海軍が目標に定めた衝撃を評価すべく1946年の夏、合衆国が最初に原爆実験を実施したところだ」(Serhii Plokhy, *Atom and Ashes : A Global History of Nuclear Disasters*, W.W. Norton & Company, 2022. p.10)。おそらく今回の実験もそれまでと同様、完全にコントロールされた実験になるはずだった。

　〔資料No.05〕約30マイル（48.3km）離れたところから爆発を見ていた物理学者、マーシャル・N・ローゼンプラスは「病んだ脳がどんなものか想像で思い描いたことが我が身に起きたみたいでした」とその時のことを述べている。衝撃波を受け、50マイル（80km）の地点にいた船が左右に揺さぶられた。USSカーティスという華奢な飛行艇に波が押しよせた時、ある海兵が同僚に「もう助からないと思った」と言った。クエゼリン島の上、ビキニ諸島の南東約249マイル（400km）にアメリカ海軍のベースのある場所だが、兵士は「空に明るいオレンジ色の照明が灯された」のを見た。それから轟音の波が届き、続いて衝撃波が訪れた。「雷鳴のように聴こえるとても大きなゴロゴロ言う音が響いた」と兵士の一人が記している。それからバラック全体がまるで地震が起きたように揺れ始めた。次にとんでもなく強い風が吹きつけてきた (*Ibid.*, p.19)。

　あくまで実験である、——それも生体実験の意味合いを含んだ。つまり兵士

は爆心地から遠く、安全地帯に避難していたわけではなかったし、また島民に対しても事前に避難を呼びかけ、適切に誘導するなどの措置を採っていたわけではなかった。言い換えるなら、兵士も島民も危険な現場にほったらかしに捨て置かれた状態だった。もしかしたら必要な措置を採ることすら想定していなかったのかもしれない。

〔資料 No.06〕ジョン・クラークの記憶では午後 3 時ごろにアル・グレーヴスとの連絡が回復した。3 機のヘリコプターが指揮艦を発ち、ビキニ環礁に向かった。救出班は点火班を救出しに行く途中だった。クラークと彼の隊が掩蔽壕から現われた時、ガイガーカウンターが示した放射能レベルは 1 時間当たり 20 レントゲンに達していた。工兵たちは寝具用シーツにくるまってジープに乗り込み、ヘリパッドに着陸するヘリを目指して約 2 分の 1 マイル（0.8km）を走った。「建物を後にしたときホバリングしていたヘリのパイロットはオレたちがヘリマットに到着するのを待って降下した」とクラークは追想する。ヘリコプターに乗り込むと彼らは寝具用シーツを拭い去った。艦に降りるとすぐにシャワーを浴びた。「明くる日、オレたちがいたところの家具類が実際どうなっていたかが判明した」とクラークは記憶を辿る。「オレたちのいたブロックの家の外側に溜まった放射性降下物の線量は数百レントゲンにもなると計測されていたんだ」。

　水素のエビは、その進路にある何もかもを食い尽くす巨大な熱核ロブスターになっていた。キャッスル・ブラボー作戦で生じたのは、計画段階の 6 メガトンを 2 倍も凌駕し、15 メガトンの爆発力に達していた。3 月 2 日、艦がビキニ環礁の礁湖に入ったとき、建物と計測所はみな潰滅していた。滑走路は無傷だったが、こっぴどく汚染されていたため、クラークソン将軍の報告によれば、3 月 10 日までは清掃もできず、作戦の遂行もかなわず、その後も「限られた任務」に対してのみ再開されたにすぎない（*Ibid.*, p.20）。

　エビの比喩を用いた真意はやや不明だが、まあよい。問題は現場にほど近い地帯に捨て置かれたに等しい兵士が多数いたことである。しかし、それすらまだよい──彼らは今、何が起きているのかを知りながらそこにいたからだ。

マーシャル諸島の人々はそうではなかった、——彼らはこれから起きることを
ほとんど知らなかったし、起きた後も何が起きたのかわからないまま、これま
で通りの生活を営んでいたし、そうするほかになかったからである。

〔資料 No.07〕「爆弾」の朝、私は起床し、コーヒーを飲んでいました」とロン
ゲラップの行政長官、ジョン・アンジェインは回想した。「夜明けみたいな何
かを見たと思っていたんだが、方角が西だったんだ。赤、緑、黄色という具合
にたくさんの色が輝いていて本当にきれいだったし、また驚いてもいた。少し
経ってから太陽が東から昇った」。それから煙が上がり、強風が吹き、最後に
轟音だ。「数時間後に粉末がロンゲラップに舞い降り始めた」とアンジェイン
は回想した。

核降下物は蒸発しながら、放射能をたっぷり浴びたサンゴから成っていて、
午前 10 時を過ぎた頃にそれが降り始めた。地元の学校では教師のビリエット・
エドモンドが 11 時半頃、休校にして生徒たちを下校させた。外に出たら、微
粒子のような粉末が島にも降り始め、そのときは「歓迎されている」かのよう
に思ったのを覚えている。村にパニックは起きなかった。日本を訪ねたことの
ある元皇軍兵士たちは塵を雪に喩えた。「おしゃべりしながらコーヒーを飲ん
でいたら、雪のようなものが継続的に降り注いで、しかも量が増えているよう
だった」とエドモンドは述べる。「雪」は間もなく緑の木の葉を真っ白に覆った。
その日も遅くなると、それまで楽しかったことが苦しみに変わった。「最初は
無垢で非暴力的だった塵が突如、島民にひどい影響を及ぼし、最も苦しい出来
事となったんだ」とエドモンドは思い出す。「尋常じゃない強い刺激の痒みが
島民を襲い、最も苦しい状況に追い込んだ。成人した大人たちは年齢を重ねて
いたから泣き叫んだりはしなかったが、子供たちは猛烈な勢いで泣きじゃくっ
ていたし、肌をかきむしっていたよ。空を蹴り、身を捩り、転げ回っていたが、
私たちにできることはそれ以外になかった」。

14 歳の中学生、レミオ・アボはその夜、身を捩って転げ回っていた一人だ。
彼女の覚えている範囲では、奇怪な粉末が空から降ってきたにもかかわらず、
村の暮らしは普段通りに続いたという。午後になって、従兄弟たちと一緒に芽
吹いたココナッツの苗を収穫しに行った。帰路で雨に降られた。木々の葉が突

然、謎めいた物質に覆われると、葉は黄色く変色してしまった。「あんたの髪に何があったの？」とレミオの両親は帰宅した娘たちに尋ねた。彼女に言えることなどあるはずもない。

　ロンゲラップでは外部からの情報がなく、したがって人々の身に何が起きているのか全く理解できないままブラボー実験の日が過ぎていった。マーシャル諸島の人々が目撃した尋常ではない光と音、風、そして雪のような薄片など何もかも謎のままだった。誰かの推測ではその日、上空を飛んでいるのが見えた飛行機から降ってきたのだろう。明くる 3 月 2 日は報せも説明もないまま始まったが、午後遅く、5 時くらいだったか、2 人の将校が放射線の計測器を手にして島に上陸した。村民の家の中で得られた数値は驚異的だった。1 時間に 1.4 レントゲンだ。計測値が得られるまで、ロンゲラップの人々は放射能で汚染された地域で二日目を過ごしていたことになる。当時米軍兵士 1 人につき許容されていた最高限度が一回の作戦につき、もしくは 3 カ月で 3.9 レントゲンだった。村人たちはその何倍もの線量の放射能を浴びていたのだ（*Ibid.*, pp.24-5）。

　たぶん島民の大半は、白い塵が降り注ぐのを見て、人工的な降雪とでも思ったのだろうか。異変にお祝いめいた華やぐ空気を感じながら、誰かから「歓迎されている」と思った人も少なからずいたらしい。季節外れのホワイトクリスマスは、やがて悪夢へと変わってゆく。皮膚の猛烈な痒みのため苦悶にもんどり打ち、夜通し転げ回り、子どもたちは皮膚を掻きむしって泣き叫んだ。この人工雪のような何かをはじめ、核実験の近傍にいた人々がどんな被害を受けたのかは、爆心地からの距離ごとに詳細に報告されている。

　〔資料 No.08〕ウティリック環礁からの避難民が放射能に起因する症状を何ら示していない一方、ロンゲラップからの避難民は夥しい症状を呈していた。4 分の 1 以上（64 名中 18 名）が吐き気と皮膚および目の痒みを訴えた。ただ、それは始まりに過ぎなかった。2 週間から 4 週間のあいだに曝露したとき衣服に覆われていなかった身体の部位に火傷の症状が現われたのである。クラークソン長官の報告書には「一時的な血球数の低下、一時の脱毛の事例、そして皮

膚障害」とある。彼の報告によると2～3％がいくらか髪が抜け、5％が出血の症状を呈し、10％が口内にヒリヒリする痛みを訴えた。「血液像の観点からすると、ロンゲラップの原住民はヒロシマとナガサキの爆心地から1.5マイル〔2.4km〕ほど離れていた日本人〔のそれ〕と程よく一致する」(*Ibid.*, p.27)。

島民たちが受けた被害は、たとえ純然たる故意ではなかったにしても、少なくとも未必の故意ではあった。それというのも、爆発の規模が計画段階で想定されたレベルを越え、想定外の被害が発生したとしても、島民たちの所在は完全に軍の管理下にあったからである。彼らの被害は軍の目を逃れたところでたまたま蒙ったものではない。しかし、何もかもが軍の管理下にあったというわけでもない。いつからか米軍の監督下を離れていたか、はじめから視野のうちになかった者たちがあった。

5　ある漁船を襲った出来事の顛末

「宴もたけなわ」という言い方があるが、冷戦もある種のバカ騒ぎにほかならず、互いに対する警戒感をバネに盛り上がる暗い宴のようなものだった。それゆえ新たな節の冒頭部分にやや不穏当な訳語を与えてみたが、それを皮切りに長めの引用を一挙に読んでみよう。

　〔資料 No.09〕冷戦もたけなわであり、してみれば揉み消し工作には事実の隠蔽、敵を欺くことを狙った声明のたぐいが含まれるだけでなく、あからさまな虚偽も含まれていた。合衆国の外側から3月16日、想定外の事実がすっぱ抜かれた。2日前の3月14日、第五福竜丸という長さ25m、140t のマグロ漁船が列島最大の島である本州の太平洋側にある焼津漁港への帰路にあった。23人の乗組員は1カ月以上も家を留守にして、マーシャル諸島沖で漁をしていた。気分があまりすぐれなかったとしても、故郷の岸辺が見えると彼らは喜んだ。見せびらかすほどの大漁ではなかったが、積もる話はたくさんあった。
　第五福竜丸は始めからツイていなかった。船の若き船長、筒井久吉は弱冠22歳だったが経験に欠け、野心で経験不足を補っている状態だった。船が磯で使う釣り糸の半分を失ったとき、筒井は貧しい漁獲高のまま帰るのを嫌がって、

残りの小型船団を切り離してマーシャル諸島に賭けたが、他の乗組員はあまり
乗り気ではなかった。そこは釣りに向かないところだったが、もはや筒井に失
うものはなかった。彼が獲った量ではまるで稼ぎにならない。水と物資が底を
突きはじめ、大洋に出てからすでに数週間を経た 3 月 1 日、船長はおのれの運
勢を最後の 1 回で試そうと決意を固め、水中に糸を垂らしたのである。彼らが
水中から糸を引こうと待機していると突如、西方で空が光った。

　当時 20 歳の漁師だった大石又七は『西から太陽が昇った日』と題した著書
において自身の経験したことを述べている。「それは 3 分か 4 分、おそらくは
もっと長く続いた」と大石は同僚の漁師たちとともにその日の朝目撃した光景
について証言を記している。「その光はやや蒼い黄色から、赤っぽい黄色、オ
レンジ色、赤、そして紫に変わり、ゆっくりと消えていき、そして静かな海が
再び暗くなっていった」。だが静寂は間もなく轟音によって破られ、次いで巨
大な波が襲い、漁師たちは爆発が海底で起きたものと思い込んでしまった。そ
の後、静寂が戻ったが、数時間後にどこからともなく白い塵が空中に出現し、
第五福竜丸のデッキを覆った。漁師たちは何が起きているのか見当もつかな
かった。後にメディアはそれを「死の灰」と呼んだ。

　第五福竜丸はグラウンド・ゼロから 70 マイル（112.65km）以上離れてい
て、アメリカ海軍がパトロールしていた危険区域から約 25 マイル（40km）の
ところにいた。実験前に危険区域をパトロールしていたアメリカの飛行機は船
を偵察していなかったのだが、やがて飛行機が放射制御のため大気のサンプル
を採ったときには完全に見失っていた。実験の刻、漁師たちはビキニ環礁の東、
ロンゲラップ島の北方約 28 マイル（45km）にいて、そのため環礁に及ぼした
影響と同等の降下物と放射線に見舞われた。主な違いといえば、3 月 2 日、ロ
ンゲラップに住むマーシャル諸島民には終日水を使わず、屋内にいるよう警告
されていたことくらいだ。翌日、彼らは島から避難した。第五福竜丸の漁師た
ちは日本に着くまで自分たちが蒙った放射線曝露について何一つ知らされてい
なかった。

　彼らの郷里である焼津漁港では、船内から 98 フィート（30m）離れたところ
から放射線が検出された後、船長は命令を受けて埠頭の一部に固定されていた
船をそこから離れた場所に移動させられた。引き続く検査により、ガンマ線の

レベルが1時間あたり45ミリレントゲンに達するとわかった。別の報告では1954年4月半ばになってもデッキの放射線レベルは1時間あたり100ミリレントゲンに達した。漁師たちはそれぞれ少なく見積もっても100レントゲンを浴び続けていたことになり、これは放射線年間曝露（被曝量）の上限の20年分以上に相当する（アメリカの職業上の上限は今日でも年に5レム〔人についてレントゲンと同等〕となっており、これは放射によって生み出されるエネルギーとして4.4レントゲンに相当する）。漁師たちの被曝レベルはたぶんもっと高く、爆発直後の船体の放射線レベルによる明白な事実からも1時間あたり45ミリレントゲンより相当程度は高かったにちがいない。

　以前にいわゆる「被曝者」を治療した経験のある日本人医師——ヒロシマとナガサキの核攻撃からの生存者でもある——はすでに見慣れた症状を認めた。漁師たちは吐き気や頭痛、発熱、目の痒み、火傷、腫れ物に見舞われていた。歯茎からは出血があり、白血球と赤血球の数は少なく、しかもどちらの数も低下し続けていた。甲状腺内の放射性ヨウ素の数値が高く、彼らが汚染された食物を摂取したことを示唆していた。さらに造血器官や腎臓、肝臓も影響を蒙っていた。船員たちは船と同様に隔離された。漁師たちは市から遠く離れた病院で観察下に置かれ、輸血を含めて積極的な治療を施された。ニュースが港町に広がるにつれ、漁師と触れ合ったみなが危険を感じていた。最初に医師のドアをノックしたのは、帰港した直後の漁師たちを客として家に迎え入れた娼婦たちだった。

　漁師が船上で食したのは放射性の漁獲の一部であり、焼津漁港は間もなく第五福竜丸の漁獲量の中にまばらに汚染されたものがあるのを認めた。市民は地元の市場でガイガーカウンターを使って魚を点検し始めた。船から下ろした2頭の大きなマグロは売り物にならないだけでなく食べることもできないことが明らかになった。しかし、さらに身の毛もよだつ発見があった。汚染された魚は第五福竜丸からだけでなく、太平洋から戻った他の船からも出てきたのだ。年の瀬までに75トンのマグロがゴミになった。「きれいな」マグロの価格が上がったのも無理はない——それでも誰も買おうとしなかった。日常の食物の多くを魚や他の海産物に頼っている国はパニック状態に陥った。ほとんどの人が信じ込んだのは放射線が、人からであれ魚からであれ感染するということだっ

た（*Ibid.*, pp.29-31）。

　第五福竜丸を見舞った出来事は、日本人にとって広島と長崎に続いて 3 度目の経験となった。戦争を語り継ぐ段になると、なぜか語り口も語りの内容も一様になり、大して聞いたこともないのに常套句の反復のように耳に響くようになりがちだが、資料のように視点が変わると一挙に事象をめぐる空気感が変わる。とりわけ注意したいのは、この漁船の動きが米軍のみならず漁師たち当人にも読めなかった点である。米軍の監視網が甘かったのも否み難いが、むしろ爆発の規模が実験に携わった者たちの予想を超えていたというのがどうやら真相だったようだ。

　〔資料 No.10〕ロスアラモスの科学者たちは計画の振り出しに戻らなければならなかった。彼らはすぐに計算し直し、当初の計算がどうして間違ってしまったのか導き出した。その結果、リチウムの振る舞いを理解し損ねていたことが明らかになったのだが、爆弾には全リチウムの 60% を占める同位体が使われていた。科学者たちの見込みではリチウムは不活性のまま〈トリチウム－デューテリウム〉核融合反応には全く関与しないはずだった。それが違っていたのだ。核融合反応により生み出された高エネルギーの中性子の砲撃を受け、リチウムはトリチウムとヘリウムとに崩壊していた。トリチウムの総量が著しく増加し、それが核融合反応に加わって爆弾から生じる主要な要素にまでなってしまったのだ。一度リチウム 7 の振る舞いがわかってしまえば、水素爆弾からの産出予測もより信頼できるようになった。すぐに問題は解けた（*Ibid.*, p.35）。

　研究者たちの計算の様子から、核融合の材料は重水素と三重水素ではなく、それらとリチウムとの化合物だったことがわかる。大量に放出された中性子がリチウムの原子核を破壊し、軽い元素に核分裂を誘発していた。リチウムは原子番号 3 だから、リチウム 7 は陽子 3 つのほか、中性子 4 つを含む。核分裂の結果、一方にヘリウム 4（陽子 2 つと中性子 2 つ）が現われるなら、中性子が単独でどこかに放出されない限り、もう一方に現われる水素はトリチウムになる（陽子 1 つに中性子 2 つ）。このトリチウムが核融合に関わり、巨大な力を

生む可能性が当初の計算からまるごと漏れ落ちていた。マーシャル諸島民の健康被害と第五福竜丸を襲った出来事がまさに計算外だったのは、重水素化リチウムと三重水素化リチウムを材料に用いながら、肝心のリチウムがどう振る舞うのかを「想定外」に捨て置いたままにしたからだったのである。その結果、爆発の被害が及ぶはずの範囲の外に捨て置かれた人々は計算外の被害に直面し、結果的に死者を出してしまった。

〔資料 No.11〕死因を直接キャッスル・ブラボーの降下物に帰せられる最初の死者は 1954 年 9 月 23 日に出た。犠牲者は久保山愛吉、40 歳であり、第五福竜丸では無線長だった。直接の死因は肝硬変だったが、根本的な原因については日本とアメリカの医師間で論争があった。前者の主張は、内部被曝の結果、肝硬変が生じたのかもしれないとのことで、対して後者は久保山が被曝したほかの漁師の大多数と同じく、日本の医師の指示によって不必要かつ有害な輸血をされたせいで肝炎に罹ったと主張したのである。なるほど肝炎は入院中の漁師の間で問題になっていたが、久保山を除く全員がその試練から生還した。治療を終えると彼らは退院し、通常の生活に戻った。彼らの健康と寿命についてはほとんどデータが収集されていなかったが、それは日本社会における放射能への恐怖とそれに関連づけられたスティグマが 1950 年代と 60 年代にわたってあまりにも強大だったからである（*Ibid.*, pp.39-40）。

キャッスル・ブラボー実験の犠牲者となった久保山の名前は広く知られることとなり、戦後の核実験を象徴する人物となった。彼の死をめぐっては日米の医師間で論争があったが、真偽はともかく、その喧しさのため掻き消されてしまった事実がある。直接の犠牲者と言えるのは久保山に限られるのかもしれないが、その死に実験が関わっていないと断定しうる事象はむしろ一例もなく、実際には多数ありうるからである。被害者はみな子どもたちだった。戦後の核実験をはじめ、チェルノブイリ（チェルノービル）の原発事故ならびに福島第一原発の事故に至るまで、子どもたちの被害が明らかになるとその度に眼前の事実が確率論的な可能性の中に掻き消され、うやむやにされる論法が蔓延るのを目撃することになる。抽象概念の羅列と一緒に種々の数値、記号が駆使され、

身体の事実はあっという間に言葉の彩に包まれて掻き消されてしまうのである。

　〔資料 No.12〕子供に関わるもう一つの発見が機密のままにされていた。キャッスル・ブラボーの降下物に曝露された 10 歳以下のほとんどの子供は甲状腺機能の低下から甲状腺腫瘍に至る甲状腺の問題を抱える羽目になった。被曝していないグループにおける甲状腺腫瘍の割合は 2.6％ なのに対し、当該グループにおける発症者は 77％ に上った。この問題はすでに生まれた子供たちの成長を遅らせることになったが、被曝した時に母の子宮内にいた胎児の場合、影響はさらに顕著だった。被曝後すぐに生まれた 3 人の子供のうち、2 人が重篤な異常を抱えていた。一方は小頭症で、他方は甲状腺腫瘍だった。
　　ロンゲラップ島の行政長官、ジョン・アンジェインの息子、リコイ・アンジェインは降下物に降られた時は 1 歳だったが、12 歳になった時、甲状腺腫瘍と診断された。彼の手術は成功したのだが、数年後に急性の白血病を発症し、アメリカで治療を受けていたとき 19 歳で亡くなった。ある研究によればマーシャル諸島民で甲状腺癌を発症した症例のうち 21％ に核実験との関係があると考えられている。ロンゲラップとウティリク環礁の人々については、そのパーセンテージがグンと高くなり、それぞれ 93％ と 71％ にのぼった。キャッスル・ブラボーの降下物の影響を受けた人々の大半において放射線は癌を引き起こさなかったが、癌を生長させる確率を著しく増大させ、生存率を顕著に減少させたのである（*Ibid.*, pp.40-41）。

　末尾の文章がとりわけ示唆的である。核実験や原発事故をめぐる被害をめぐって編み出された医学的レトリックは、つねに身体を数字に還元し、苦悶を確率の中に解消し、身体的な具象を統計学的な抽象の中に掻き消す試みとして人々の前に立ちはだかることとなった。我々は本講義の別の回において、この種のレトリックをじっくり解剖することにしよう。

6　最終兵器

　さて、これまで製造されてきた兵器のなかで、もっとも忌まわしい核兵器は中性子爆弾だろう。陽子とほぼ同じサイズでありながら、中性であるため、き

わめて透過性が高く、金属やコンクリートも易々と通り抜けてしまうから、建物のなかにいる人たちや、塀や壁の向こうにいる人々の命をも奪ってしまう。唯一助かるのはプールで水泳の練習に励み、たまたま潜水をしていた人たちだけだ。原子炉を水で覆うのは、炉を冷やすためだけでなく、中性子を減速させ、原子核に到達しやすい熱中性子を得るためだった。水は中性子の速度を急速に奪ってしまうから、水中に潜っている人体の内部には到達できなくなる。しかし、たとえ潜水の訓練をしていたとしても、中性子線が到達した瞬間に息継ぎをしたら、顔の半分が水上に出ているから一巻の終わりだ。たまたま水の深くにいた人だけが助かるという寸法である。こうして建物や環境を破壊することなく、人間だけを、動物だけを殺傷する核兵器が炸裂する――。一瞬にしてゴーストタウンの出来上がり。考えただけでゾッとする悪夢である。

　しかし、世の中にはもっと凶悪な兵器のアイディアがある。

　〔資料 No.13〕原子爆弾の先には道が二つある。人がたくさん死んで建物がたくさん吹き飛べばいいと思っている狂人には、それまでのような単段階反応式の核分裂爆弾でいい。つくるのは比較的容易だし、大きな閃光と轟音をともなう爆発という見た目の点でも、竜巻が自然と起こるとか、レンガの壁に犠牲者の跡が焼きついて残るとかいう余波の点でも、狂人は満足するだろう。だが、その狂人が忍耐強く、もっと陰惨なことを望むなら、たとえて言うなら井戸を残らず汚してまわり、土壌に塩をまくようなことをしたいのなら、コバルト60を使った汚い爆弾（ダーティ・ボム）を爆発させるだろう。

　従来の核爆弾が熱で殺傷するのに対し、爆弾（ボム）が殺傷に使うのはガンマ線――有害なＸ線――の放射だ。狂気の放射性現象によってガンマ線が発生し、人体に恐ろしいやけどを負わせるばかりか、骨髄まで届いて白血球の染色体がめちゃくちゃにされる。そうなったら白血球細胞はすぐさま死ぬか、ガン化するか、あるいは巨人症にかかったかのようにどんどん成長し、形がおかしくなって感染症に対抗できなくなる。どんな核爆弾もある程度の放射線を出すが、爆弾（ボム）はガンマ線を放射することが目的なのである。

　局地的な白血病発生も、これから紹介する爆弾と比べると規模が小さい。これまたマンハッタン計画に従事したヨーロッパ移民であるレオ・シラード――

——1933年頃に自己持続型の核連鎖反応のアイデアを思いつき、のちにそのことを後悔した物理学者——が1950年により分別のある冷静な人間として計算したところによると、地球全体にコバルト60を1マイル（1.6キロ）四方辺り10分の1オンス（約2.8グラム）まき散らすと、地球は人間が全滅するほどガンマ線で汚染される。恐竜を絶滅に追い込んだ塵の雲の核ヴァージョンだ。彼の爆弾は、多段階反応式の核爆弾をコバルト59で覆ったもので、プルトニウム中の核分裂反応が水素中の核融合を起こし、この核融合反応が始まればもちろん、コバルトの覆いもその他すべてもすっかり消えてなくなる。だが、その前に原子レベルで起こることがある。原子レベルでは、核分裂や核融合で発生した中性子をコバルト原子が吸収する。ソルティングと呼ばれるこの段階によって、安定なコバルト59が不安定なコバルト60になり、それが灰のように舞い落ちるのである。

　ガンマ線を発する元素はほかにもたくさんあるが、コバルトは特殊だ。ふつうの原爆なら地中のシェルターでやりすごせる。死の灰はすぐにガンマ線を吐き切って無害なものになるからで、1945年の爆発時、広島と長崎は多かれ少なかれ数日で住めるようになっている。ほかの元素も、酒好きがバーでよせばいいのにもう一杯やるかのように、中性子を余計に吸収する——そのうち具合が悪くなるかもしれないが、永遠には続かない。この場合、最初の爆発のあとで放射線濃度が危険なほど高くなることはない。

　コバルト爆弾は、この極端な二つの例の中間に当てはまる、おぞましいタイプのものと言える。中庸が最悪の事態となるまれなケースだ。コバルト60原子は地中に小さな地雷のごとく居座る。かなりの数の原子がすぐさま放たれるのですぐ逃げる必要があるばかりか、5年たってもまるまる半分のコバルトが武装したまま残っているのだ。こうしてガンマ線という霰弾が定常的に放たれることから、コバルト爆弾はやりすごせるものでもなく、仕方なく浴びせられるものでもない。土壌が元通りになるには人間の一生ほどの時間がかかる。実はそのせいで、コバルト爆弾が戦争で兵器として使われることはなさそうだ。なにしろ征服した軍がその地域を占領できない。だが、焦土作戦が大好きな狂人はまったく気にしないだろう。

　シラードを弁護すると、彼の望みはあのコバルト爆弾——初の「最終兵器」

——が決してつくられないこと、そして（世間が知る限りの）いかなる国もそれをつくろうとしないことだった。そもそも、このアイデアを考えたのは核戦争の狂気を世に示すためにほかならない。実際、世間は彼の意図を理解しており、たとえば映画『ドクター・ストレンジラヴ』〔邦題は『博士の異常な愛情』〕では敵対するソ連がコバルト爆弾を持っている。このアイデアが知られるまで、核兵器は恐ろしいものではあったが必ずしも終末の到来を告げる不吉なものではなかった。シラードは、あの控えめな提案を受けて人類がもっと分別をわきまえ、核兵器を諦めることを願った。しかし、まったくかなわなかった（サム・キーン『スプーンと元素周期表』松井信彦訳、早川書房、2011 年。138-41 頁）。

悪魔的な発想だが、コバルト爆弾の作り方は大して難しくない。むしろ原爆を作ることができるなら簡単に製造できる。すなわち爆縮型原爆のタンパーにコバルト 59 を使えば、それだけで完成するからである。目的は局地的な被害ではないし、瞬時のダメージでもなく、長期間におよぶ放射線被害である。当該地域の住民だけでなく、人類にも多大な迷惑を掛けるだけの兵器——。

コバルト 60 は、コバルト 59 が中性子を呑み込むことで放射性同位体となった物質である。半減期は 5.25 年（約 5 年 3 カ月）で、β 崩壊してニッケル 60 になる。半減期が比較的短いから、放射線源として強力であり、そのことから用途も広い。しかも簡単に作ることができる。β 線を制動放射、すなわち急速に減速させると γ 線を放射するため、γ 線源としても広く利用されている。いわゆるレントゲンや放射線による殺菌装置などもコバルトがよく用いられている。缶詰の殺菌に熱ではなく γ 線が使われる理由は、素材を熱で痛めたくない場合や、熱すると味に変化が生じかねない場合などである。熱による変性を γ 線照射はもたらさないし、愚かすぎる地方議員が声高に告発した「後遺症」もない——そもそも缶詰の殺菌の後遺症って何だ……。もちろん愚かな妄想は笑ってかまわないが、放射線源としてのコバルトの用途の広さ、便利さは危険性と裏腹の関係にあるということを忘れてはならない。細菌やウイルスを瞬殺できる（見えない）光がそこから絶えず放たれているわけだから、缶詰にされていない生体に対する影響については推して知るべし、である。

さて、シラードが提唱したのは単段階反応式ではなく、多段階反応式の爆弾

だった。つまり、彼が構想していたコバルト爆弾の元になる爆弾は強化原爆か水素爆弾のいずれかを想定していたことになる。どうして通常の爆縮型原爆でなく、強化原爆や水爆が想定されていたのかというと、端的に言って放出される中性子の量が桁違いに増えるからだろう。中性子が増えれば放射性コバルトも増えるから、それだけ凶悪さも増してゆく。

　強化原爆は、爆縮原爆を起爆装置に使って核融合を導き、中性子の放出量を増やして爆発効率を上げるタイプだった。水爆もやはり核融合から膨大な中性子を生み出し、それにより核融合から取り出せる力を飛躍的に増大させるタイプのものだった。プルトニウムの爆縮から核融合を誘導し、そこから産み落とされる莫大な量の中性子がタンパーに向かえば、コアを包むコバルト59は飛び散る間際に途轍もない量の中性子を吸い込むことになる。となれば熱に溶け、飛び散るときにはコバルトが悉く放射性同位体に変貌していることになる。

　ある意味、コバルト爆弾はマンハッタン計画の精髄とも言えるアイディアだった。その爆弾は計画の二面性（爆弾と毒薬）を併せ持ち、言い換えるなら二面性を一つに凝縮したものとも言えるだろう。それというのも、コバルト爆弾は、とりわけ危険性の高い放射性元素を意図的・計画的に産出する兵器であり、それが散布する物質の毒性によって敵の力を（半永久的に）挫こうとするからである。

　コバルト爆弾の危険性を知ることにより、我々はもう一つの危険性にも通じることができる。コバルト60がそれほど危険ならば、核分裂によって砕かれた結果、地上に散布されることになる他の物質やそれらの破片も同様に危険な物質にちがいない。ストロンチウムやセシウムの同位体は半減期が30年前後に及ぶかなり反応性の激しい物質であり、量が多ければそれだけ人体にも有害である。

　政府や軍もその点をゆっくり自覚していったようだ。だから、原子力潜水艦は実用化されたものの、原子力ロケットや原子力飛行機は開発計画が立てられ、計画推進の動きもあったが、それらが大気中に吐き出す汚染物質があまりにも大量になることがわかると、計画を推進させることにも疑義がもたれるようになった。なにしろ原子力を利用した飛行体が大量に空を移動すれば、やがてコバルト爆弾を利用したのと同じか、それを凌駕するレベルの悲惨な結果を招き

かねなかったからである。原子力飛行体は、実験の初期段階においてすでに廃棄物の有害性があまりにも目に余る規模になると判明したため、実験はすぐに中止を余儀なくされ、計画そのものもあっさり断念された。

　原子力ロケットや原子力飛行機は実用向きではなかったが、原子力船（「むつ」）や、原子力潜水艦は実用化された。ショーン・コネリー主演のハリウッド映画、『レッドオクトーバーを追え』はまさに原子力潜水艦の脅威をテーマに描いた作品だったし、かわぐちかいじのコミック、『沈黙の艦隊』も日本の自衛隊が密かに建造した原子力潜水艦をテーマにした作品だった。実用化の理由は原子力発電所と同じである。水や土は物体を支えることができる。つまり移動のために消費する「力」（出力）が船や潜水艦の場合、飛行機やロケットに比して著しく少なくて済むのである。

　最後に毒性について一言付言しておこう。

　最悪の毒であるボツリヌス毒（ボツリヌストキシン）は、それ自体の毒性ではなく、それがあるだけで延々と毒物が生成され続けるという触媒機能によって最悪の毒として機能していた。放射性物質もまた、それが有する化学毒性とは別に、複数の放射線による影響を長期的に及ぼす点に注意が必要となる。翻って、あまりに放射線に気を取られると今度は化学毒性を忘れ、そちらで痛い目を見ることもありうる。それゆえ二つある面のうち、専門家と称する人々がいかなる利害を背景に、いずれの面に力点を置いて語っているかに注意する必要がある。

第13講
原子力に平和利用は可能なのか？

1　原子炉

(1) 天然ウランと濃縮ウラン

　爆弾であれ発電であれ、核燃料の素材は天然ウランである。ウラン鉱から採掘されるウランの99％以上はウラン238によって占められている。核分裂性のウラン235は全体のわずか0.7％しかない。原子爆弾はもちろん原子力発電所ですら、この微々たる割合では使い物にならない。そこで行なわれるのが濃縮である。濃縮とはウラン全体に占める質量数235のウランの割合を高めることであり、もしくは高められたウランを指す。とはいえ、ウラン235はウラン238の同位体だから、水を電気分解して水素と酸素に分けるような簡単な操作では得られない。分離する方法はいくつかあるが、結局のところ質量数のちがいを頼りに分布の偏りを生じさせる。一回の濃縮作業における濃縮係数はおよそ0.43％程度でしかない。ひどく効率が悪い。だから地道に回数を重ねてゆく。爆弾に使用する80％級のウラン235を製造するには、約3000段階の濃縮を経なければならない。

　ウラン235の割合が高くなったウランを「濃縮ウラン」と言うが、濃縮ウランを作る過程で出てくるウラン238ばかりのウランの方は「劣化ウラン」と呼ばれる。劣化ウランは濃縮処理の残余であり、いわばゴミだが、役に立たないわけではなく、一つにはイラク戦争で使用された「劣化ウラン弾」などの用途がある。イラク戦争後、現地では新生児から生得的な異常がたくさん見られるようになったとも言われているが、アメリカは劣化ウラン弾使用との因果関係を認めていない（統計的な誤差の域を出ないがゆえ因果関係は認められないという、いつもの口実である）。もう一つの用途は、プルトニウムを製造するための原材料である。いわゆる核のゴミから新たな価値を引き出すことが目論まれるわけだが、それに特化した施設が高速増殖炉であり、日本では税金食いで

有名な「もんじゅ」がこれに当たる。高速増殖炉はフランスが早々に断念し、柔軟性が欠落した日本の政府ないし行政が例の如く一度決めたことを変えられずに予算ばかり貪りながら時間だけが過ぎていった。結局、実用化の目処が立たないまま間抜けな事故ばかり繰り返し、断念に至ったのは周知の事実である。

　ところで日本には国是として非核三原則がありながら、核物質が存在し、原子力発電所がいくつもあるのはなぜか？　その理由は濃縮ウランの品質に関係している。ウラン235の割合が20％以下のものは低濃縮ウランと呼ばれ、主に原子力発電所で用いられる。ウラン235の割合が20％を超えると高濃縮ウランと呼ばれるが、それを所有すると核兵器の開発を企てていると見做され、世界から強く睨まれる。20％を少し超えたくらいでは兵器級とは言えないが、発電所を運転するだけなら不要な物質を、面倒な濃縮作業を意図して繰り返していたことが明白になるから、兵器の開発を目論んでいると見做される。

(2) 発電所

　原子力発電所は、核分裂から直に電気エネルギーを取り出すのではない。それが出来ればハイテクと言えるのだが、実際には昔ながらのローテクであり、蒸気機関の変種でしかない。つまり核分裂によって水を温めて蒸気を発生させてタービンを回し、電気を作る。せっかく原子力を使っているのに結局はお湯を沸かして電気を作るわけだから、遠回しだし、効率も低い。もしも核兵器から解き放たれる猛烈な規模の電気エネルギーを吸収できれば、なるほど高効率になるが、一個の都市を一瞬で消滅させてしまうほどの電力を瞬時に吸収できる電池の開発は未だ夢のまた夢である。私が小学生だった頃、理科の先生が「君たちが大人になる頃には稲妻から電気を吸収して各家庭に供給できるようになるだろう」と言っていたのを覚えている。その先生の考える未来では、雷はおろか原子力からも容易に蓄電できる電池が開発されているはずだった。しかし実際には避雷針で電気を地下に逃がす以上のことは未だ実現せず、雷の電力利用はその端緒にすら着いていない。

　原理的には火力発電であれ原発であれ、作業内容は蒸気機関と変わらない。ちがいがあるとすれば、原発の場合は水の種類と水を温めるのに用いる装置にいくつかのパターンがあることくらいだ。まず水の種類だが、原子炉には軽水

炉と重水炉がある。普段は使われない「軽水」という言葉がわざわざ普通の「水」を指すために作られたのは、「海水」と対比して「淡水」と呼ばれる「水」を、重水素が酸素と結合した「重水」と対比して「軽水」と言うためである。

　全原発中、軽水炉（LWR：Light Water Reactor）が全体の79％を占め、それがさらに加圧水型炉（PWR：Pressurized Water Reactor）と沸騰水型炉（BWR：Boiling Water Reactor）に分けられる。沸騰水型軽水炉は全体の21.2％を占めるが、使われるのは普通の水だから摂氏100度で沸騰する。水は冷却材の機能を果たす一方、中性子減速材をも兼ねる。加圧水型軽水炉は全体の57.7％、つまり全原子炉の半分以上を占める。深海と同様、大きな圧力が加わると、ただの水でも沸点が上昇し、たとえば冷却水を摂氏300度あたりで機能するよう制御することもできる。重水炉（HWR：Heavy Water Reactor）はすべて加圧水型に分類され、加圧水型重水炉（PHWR：Pressurized Heavy Water Reactor）とも言われるが、こちらは全体の8.5％にとどまる。全部合わせても100％にならず、9割に満たないのは、水以外の物質、たとえば黒鉛（グラファイト）を冷却材と中性子減速剤に用いるものもあるからである。

　発電の原理はこうである。まずは臨界を維持すること、——すなわち反応炉が「超臨界」という名の暴走を来さないよう運転する。中性子倍増率「k=1」を厳密に守りながら燃料のウランやプルトニウムを分裂させてゆく。核分裂のエネルギーは即座に分裂片と中性子の運動エネルギーに担われ、それらのエネルギーの大半が熱エネルギーに変換されると、水が加熱され、所定の沸点で沸騰し、水蒸気が発生する。水蒸気がタービンを回すと、電気エネルギーが得られる。燃料の濃縮ウランは、ウラン235がわずか数パーセントでも十分に機能するが、ウラン235が尽きれば反応が終わるというわけではなく、ウランの核分裂にともなってプルトニウムが副産物として作られ、今度はプルトニウムによる核反応が続いてゆく。そのメカニズムを簡単に記しておこう。

　まずウラン235が核分裂する。「k=1」を頑なに守っている場合、ウラン235の割合がかなり高くないとウラン238が中性子のほとんどを吸収して連鎖反応は尻すぼみになってしまう。言い換えるなら、質量235のウランが少ない場合には、「k＞1」すなわち中性子倍増率が1を超過しても、即座に「超臨界」に達することはない。まず、ウランと中性子が結合すれば（U+n）、ウラ

ン239ができる。ウラン239の半減期は23分であり、中性子捕獲の23分後にベータ崩壊し、原子番号93のネプツニウム239が現われる。ネプツニウム239の半減期は2.4日であり、ということはウランの中性子捕獲から2日半ほど経つと半分が自動的にベータ崩壊し、プルトニウム239に変身する。

　したがって、ウラン235の割合が1桁、つまり10%未満の低濃縮ウランを使用する場合は、ウランの核分裂で発電するというよりもその核反応を起点にプルトニウムを効率よく生産し、そちらの核反応で発電することに重きが置かれると言ってよい。プルトニウムが核分裂して「k=1」以上の中性子が放出されると、プルトニウムによる連鎖反応が維持されると同時にウラン238の中性子捕獲からプルトニウムの製造にもつながってゆく。それら二つの反応が効率よく続けばよいのだが、核開発の初期から懸案だった反応が起きる。プルトニウム239が中性子を吸収して（^{239}Pu+n）、プルトニウム240が作られてしまうのだ。

〔資料No.01〕兵器級のプルトニウムはプルトニウム240を7%以上は含んではいけません。しかし、この同位元素以外にも、他のいくつかももっと少ない割合でしか含めないのです。いくつかの例を示せば、わかりやすいでしょう。少量のプルトニウム238、241、および242が含まれています。これらの同位元素について、以下にプルトニウム240とともに述べましょう。

　これらはすべて放射性です。プルトニウム238、239、240、および242は異なる半減期でアルファ粒子を放出します。その半減期は、プルトニウム238の88年からプルトニウム242の376,000年までの間にあります。プルトニウム238、240、および242はかなりの程度の自発の核分裂を生じますが、それは中性子を発生して爆発的連鎖反応以前に前駆爆発を起こさせる可能性があります。他方、多分これはびっくりすることで理解しておいたほうが良いことですが、これらすべての同位元素の核分裂断面積はウラン235より大きいのです。実際、プルトニウム238の核分裂断面積はプルトニウム239より大きいのです。このことから、これら同位元素の多くが自発的に核分裂しますが、コストと効率こそ違え、そのどれから、またはどのような組合せでも原理的には原子爆弾を造ることができるのです。

　プルトニウム 238 に関連しては、人工衛星のための有益なエネルギー源にな
るそれからの放射能は、同時に多量の熱を発生します。プルトニウム爆弾を
80％以上のプルトニウム 238 を含む材料で造ったとすると、その材料を溶かし
てしまうでしょう。とは言え、δ 相プルトニウムのむきだしの臨界質量は僅か
25 キログラムであることを繰り返しておきましょう。他方、プルトニウム 242
の臨界質量は 177 キログラムと評価されているのです。原子炉級プルトニウム
はこれら核分裂性同位元素の混合物なのです。

　典型的な軽水炉をしばらく運転後には、そこで生じたプルトニウム同位元
素の混合物は、プルトニウム 239 が 40％、プルトニウム 240 が 30％、および
プルトニウム 241 と 242 がそれぞれ 15％であると考えられます。プルトニウ
ム 238 もこれらより少量存在しますが、それは原子炉をプルトニウムを抽出す
る前にかなりの時間運転した場合だけのことです。このプルトニウム 238 の生
成過程について言えば、まずウラン 238 が中性子を吸収してウラン 239、それ
が中性子を 2 つ放出してウラン 237 になったあと、それがベータ崩壊によって
ネプツニウム 237 になり、それがさらに中性子を吸収してネプツニウム 238 と
なって、最後にそれがプルトニウム 238 になるのです。

　明らかな国家安全上の理由から、試験された原子炉級プルトニウム爆弾の正
確な同位元素構成は公表されていませんが、1977 年に公表されたところでは、
原子炉級プルトニウムを用いた原爆がネバダ州地下実験場で実験に成功しまし
た。威力について公表されたのは、長崎または広島原爆の約 20 キロトンより
小さかったということです。ここで「成功した」というのは、核爆発が達成さ
れたということを指すのでしょう。この実験で奇妙なところは、プルトニウム
の来歴です。原子力法 1954 では、アメリカの商用原子炉で造られたプルトニ
ウムを兵器に用いてはならないとしています。この実験に用いた原子炉級プル
トニウムは、米英相互防衛合意 1958 に基づいてイギリスから供給されましたが、
このことから、通常の原子炉で造られたプルトニウムを原爆に利用できること
が核拡散に及ぼし得る問題点は明らかです（ジェレミー・バーンシュタイン『プ
ルトニウム』180-1 頁）。

すでに述べたように、プルトニウム 239 からプルトニウム 240 を切り離す同

位体分離はできない。プルトニウム239を高い割合で含む燃料を確保するには、プルトニウム240が増加しすぎる前に原子炉から取り出す必要がある。バーンシュタインによるとふつうの原子炉を「しばらく運転」すると「プルトニウム239が40%、プルトニウム240が30%、およびプルトニウム241と242がそれぞれ15%」できるという。そしてごくわずかのプルトニウム238である。バーンシュタインの言うプルトニウム240の割合30%を7%未満に抑えられないと兵器級の資格を失い、爆弾を作ることはできない。

　爆弾を作ろうとすれば、早めに材料を取り出して、ウランとプルトニウムを分離しなければならない。爆弾の場合は自発核分裂による前駆爆発のリスクを無視できないが、発電用の場合は放射性崩壊と同じく自発核分裂の比と頻度を把握できれば、完全に制御できる。その分だけ劣化ウランという「核のゴミ」が出る確率も低くなるから、原子炉を運転しながら燃料の再利用も進んでゆく塩梅である。

　さて、ごく微量に産み落とされるプルトニウム238であるが、この物質が有望視されているのは半減期87.7年という、ほぼ人の一生分に相当する期間と、コンスタントな放射性崩壊の強度にある。心臓疾患の患者にプルトニウム238を電池に用いたペースメーカーを埋め込めば、天寿を全うするまで電池交換の必要がない。一度購入すれば機種交換の必要がなく、さらには一度も充電することなく80年以上も普通に使えるスマホやEVを想像すれば、どれだけ便利かわかるだろう。放射性崩壊をエネルギー源にする場合は、最終段階で鉛の安定同位体が得られる以外にゴミが出ることもない。廃棄物が出ない以上、崩壊の全過程を制御しながら上手に使えば、永久電池に近い材料が得られるかもしれない。

　とはいえ、プルトニウム238が産出されるプロセスは、バーンシュタインが説明しているとおりやや特殊である。まずウラン238の中性子捕獲からウラン239が生まれ、そこから中性子が二つ放出され（$^{239}U+2n$）、ウラン237ができる。そのウラン237がベータ崩壊して出来るネプツニウム237が中性子捕獲を経てネプツニウム238になり、さらにβ崩壊してプルトニウム238に帰着する。

2　発電所の性能

もっとも一般的な加圧水型軽水炉を例に取ろう。

(1)　冷却水

冷却「水」という以上、水を利用する。

原子炉の稼働時、温度は摂氏 350 度以上を維持する。沸点を 350 度以上にするには高い圧力を設定しなければならず、およそ設定圧力は 16Mpa（メガパスカル）である。1 メガパスカルは 100 万パスカルを意味し、1 ヘクトパスカル（hpa）は 100 パスカルだから、16Mpa は 16 万 hpa になり、気圧に換算するとおよそ 160 気圧になる。

冷却水と言うとおり、350 度の水温はそこまで水を温めるのではなく、原子炉を 350 度近くまで冷ますために設定されている。冷却水が同時に中性子減速剤の役割を果たす以上、炉内には大量の中性子が飛び交っている。核反応が活発に起きているわけだから、強烈な γ 線も絶えず放出される。常に放射線の直撃を受ける以上、反応炉の材料は過酷な腐食の脅威に耐えなければならない。ただの鉄ではすぐに腐食して使い物にならなくなるため、腐食を防ぐための加工技術も発展していった。もっとも有効だったのは、それまで危険な毒物とみなされ、用途のなかったフッ素を利用し、鉄の表面をフッ素樹脂でコーティングする方法だった。我々の生活にも取り入れられているフッ素加工を施された鍋やフライパンは実のところ、原子炉を放射線の攻撃から守るために開発された技術に由来しているのである。

冷却水はガンマ線と中性子線が湛えている全エネルギーの 2 ％ を吸収する。沸点に達すると水蒸気が発生するが、沸点以下でも種々の反応は進む。2 粒の水を電気分解すれば、水素分子（$2H_2$）と酸素分子（O_2）がそれぞれ発生する。水は爆発しないが、水素と酸素は爆発性の危険な物質である。水素と酸素を結合させて水を作ろうとしても普通は思うように反応してくれないものだが、何かの拍子に反応が促進されれば大爆発につながりかねない。爆発の危険を回避しながら反応を促進するためには効果的な触媒（有名なところでは白金）を利用して円滑に反応を進めていくしかない。

　こうして種々の危険性に包囲されながら原子炉は運転されるが、運転を通じて冷却水は次第に「普通の水」ではなくなってゆく。水分子を構成する水素が中性子を捕獲すれば、重水素（デューテリウム）となり、さらにもう一つ中性子を捕獲すれば三重水素（トリチウム）になる。重水をたっぷり含んだ水を私たちは「処理水」ないし「汚染水」と呼ぶことに慣れてしまった。それは原発事故の副産物というだけではなく、原子炉の運転にともなう副産物でもあり、原子力発電所とは切っても切れない関係にある。処理水・汚染水が原発と切っても切れない関係にあるということは、原発がきれいな水と切っても切れない関係にあることをも含意する。さらに言えば、原発が水を利用する以上、その施設は水が豊富な場所に建設され、周囲の環境を汚染する可能性が高いことをも含意している。

　〔資料 No.02〕1943 年 1 月に、グローブス将軍はワシントン州のコロンビア川沿いの大部分が農場だった 670 平方マイル〔約 1,700 平方キロメートル〕を接収しました。土地を接収された人々は理由を告げられずに、もう一収穫だけの農作を許可されました。グローブスは、自分が子どものときに魚釣りをした川に愛着を持っていました。特に、彼は鮭に危害が及ぶことなどないよう心に誓っていました。1943 年から 1945 年までの建設計画は、約 30,000 人の労務者がかかわり、3 億 5000 万ドルがかかりました。その結果、386 マイル〔618 キロメートル〕の高速道路と 158 マイル〔約 253 キロメートル〕の鉄道が造られ、コンクリート 780,000 ヤード〔約 588,000 立方メートル〕が注ぎ込まれました。それ以前には、このようなスケールの産業的なものが建設されたことはありませんし、特にそのような短時間になどなされた例はありません。デュポン社がこの事業を監理しました。1963 年までに、9 基のプルトニウム生産炉が建設されました。その最後の炉が 1987 年 1 月に閉鎖されるまでに、プルトニウム 67,4 トン（67,400 キログラム）を製造し、そのうち 54,5 トンは兵器級でした。このプルトニウムからは、爆弾のために中心核 35,000 個が造られたはずです。これに加えて、1953 年から 1955 年にかけて、サウスカロライナ州アイケン近郊のサバンナリバー実験場に 5 基の重水減速炉が建設されました。1988 年に閉鎖されるまでに、それら 5 基はプルトニウム 36,1 トンを製造しました。グローブス将軍の

コロンビア川とそこにいる鮭への懸念もあって、その両者への危害が及ばないようにかなりの努力がなされました。

　プルトニウム製造炉の8基、そのうちの最後のものは1955年に運転を開始しましたが、それらはウィグナーによる冷却システムを採用していました。コロンビア川からの水は配管を通じて炉の中心部を通過した後再び川に戻される、いわゆる「一過冷却」方式を採っていました。放射性同位元素が幾分か造られ、水は非常に高温になることは理解されていました。事実、水が炉を出たときの温度は200F°（93℃）にもなっていました。これらの問題を処理するために、保持プールが造られ、そこにしばらく貯めておいてから川に戻すようにされました。プールには2時間から6時間貯めておくように設計されていました。川に放出するときには、水の温度はまだ川のそれより高く、まだまだ減衰しきっていない放射性同位元素の残りがあるだろうことも認識されていました。それでも、川に戻す水は環境基準に合致するものであると期待されていました。そうではなかったのですが、それには少なくとも二つの理由がありました。

　冷戦時にはプルトニウム製造は非常に緊急と思われていましたので、放出水が保持プールに貯めておかれたのは20分にまで短縮されていました。これ以外に、実際に造られた放射性物質についてどんなものが含まれているのか、誰も予想していませんでした。第一に、冷却水に化学物質が含まれていました。その一部は川にあったもので、また冷却系の配管を清浄に保つために加えられたものもありました。たとえば、リンは中性子照射後に同位元素のリン32になりますが、そのリンの20％から40％は洗浄用の化学物質によるものでした。リン32の半減期は14.3日で、人が多量にそれに曝されると骨ガンにかかります（バーンシュタイン182-3頁）。

　水を利用する原子炉は、海や川など水源に近い場所に建造される。バーンシュタインが挙げた原子炉では一過冷却という方法が採られ、川や海から吸収された水が反応炉の内部を通り、（加熱と冷却を経て）再び川や海に戻される。戻される水が以前と同じ清浄な水ではないのは、リン32をはじめ放射性物質が混入していたこと、また幾許かの軽水が中性子を吸収した結果、重水の比が高まっている可能性も高いからである。

(2) 効率

核分裂から放出されるエネルギーは莫大であるため、化学反応とは比較にならないとよく言われる。とはいえ直接エネルギーを取り出せない以上、回りくどい経路を辿らなければならない。たとえば発電効率を取れば、化石燃料を用いた火力発電の方が上である。その差もわずかではなく、40％ほど化石燃料発電の方が高い。原発が非効率なのは、廃熱が多いからである。つまり熱を作ったはいいが、利用されずに捨てられる熱が原発は40％も多い。

排熱が多い問題は、タービンを回す蒸気の温度が低いことに起因する。現状を改善するには、単に原発の技術的な向上を待つしかない。さもなければ温水を循環させて近隣地域の暖房設備に利用するなど熱の再利用を図るような方法を採ればよい。その場合、原発の運転が地域の福利に貢献することになるが、各家庭に濃厚な汚染水の流れるパイプが通っていることを地域住民が受け入れるかどうかは怪しい。また、パイプが破損すれば、汚染水が環境中に排出され、環境汚染につながりかねない。

(3) 放射性廃棄物の生産

マンハッタン計画の総責任者、グローヴスが愛した河川であるコロンビア川の運命を見てみよう。

〔資料 No.03〕ここで問題になる放射線量について理解するためには、放射能を測定する共通の単位キュリーについて知っておく必要があります。もともとは、1キュリーはラジウム1グラムが1秒間に崩壊する数であって、その数は370億個です。その後にキュリー夫人との込み入った交渉の結果、どの放射性同位元素の1秒間当たりの崩壊数が370億個のものを1キュリーとするとの一般的な定義がなされました。この単位のイメージを得るために例を挙げますと、ウラン238の1ポンド（約0.45キログラム）は放射能0.00015キュリーですし、同位元素コバルト60の同量は518 000キュリーです。ハンフォード原子炉群から最終的に何キュリーに当たる種々の放射性同位元素が川に放出されたかの評価がなされました。リン32についての評価値は約230 000キュリーでし

たし、他方たとえば 6 300 000 キュリーのネプツニウム 239 が放出されました。これらのいくらかは前述した化学物質の中性子照射によるものでしたが、多くは原子炉がより大量のプルトニウム製造をするように増力運転したときの燃料要素への応力によるものでした。燃料要素の金属カバーがときどき裂けて、放射性燃料の 1 ポンド（0.45 キログラム）にもなるような塊が漏れ出し、川へ流されたのでした。そのような事象が、8 基の原子炉についてはほぼ 2 000 回にも達して起こったと言われています。

　これらすべてが結果的に、川で泳いだり、そこの水を飲んだり、そこで獲れた魚を食べた人々にはどの程度危険だったのでしょうか？　誰にもはっきりしたことはわかりません。しかし、ハンフォード原子炉が運転中に、その下流での魚釣り、水泳、飲み水についての注意などしない方針が取られたのも事実です。人々をパニックに陥れるのが嫌われたのです。

　これは気がかりなことのように見えますが、陸地で起こったことに比べれば無に等しいものでした。所詮、川は一旦汚染が止まれば、そのうちに自然に清浄に戻ります。陸地でこのような自己回復が起こる可能性はありませんし、地下水が汚染されていてそれが川に漏れ出す懸念もありましたし、それは今もあります。〔中略〕

　エネルギー省は 1989 年に、ハンフォード実験場に設けられた 177 個のタンクに蓄えられた 5 千 4 百万ガロン〔約 2 億リットル〕の放射性廃棄物のクリーン作戦をしようとしましたが、その廃棄物の一部は当時漏洩していたのです。その作戦は廃棄物の一部を固化しようとするものでしたが、1991 年に放棄されました。その年になって、廃棄物をガラス化すること、すなわちタンクをガラス状にしてしまうとの提案がなされました。その案の当初のものは 2 年後に放棄されましたが、それは廃棄物処理に時間がかかり過ぎることが原因でした。エネルギー省は 1995 年にその処理計画を民営化することとし、英国燃料公社との契約を結びました。その契約は 5 年後に破棄され、ベクテル社を採用してガラス化のスピードアップが図られました。ベクテル社とは 43 億ドルでの契約がなされ、2002 年にはこの計画を 2011 年までに終わるための報奨金として契約金が 58 億ドルに増額されました。2005 年になって、2015 年以前の終了は難しいとの評価がなされ、一部の作業は地震時の安全性への危惧から停止されま

した。現在の評価では、クリーンアップ作戦は96億5千万ドルかかり、1年間に2 300人相当のフルタイム技術者がかからなければならない、というものです。いくらかの進展はなされています。使用済み核燃料棒は貯蔵されていた保持池から取り出され、池の放射性泥が清浄化の途中です。グローブス将軍は1970年に亡くなりましたので、この悲惨な状況についてのコメントを求めることができません（同184-5頁）。

　どう見ても核分裂の利用はあまり賢い方法とは思えない。高レベルと低レベルとを問わず、放射性廃棄物との縁が切れないからだ。
　核実験による核分裂生成物が大気圏内に放出された量は1963年までに、
$$2 \times 10^{20} \text{Bq}$$
と推定されている。1963年で区切られているのは、部分的核実験禁止条約が締結されたのが同年で、以降の核実験は地下核実験に移っていくからである。
　ちなみにチェルノブイリ原発事故によって放出された量は
$$2 \times 10^{18} \text{Bq}$$
に達する。10の右肩に乗っている指数を見れば明白だが、2だけ小さいのだから、チェルノブイリの事故で放出された放射能は、20年以上にわたる核実験の全放出量の約100分の1に相当する。放射線量だけを取れば100分の1だが、その後遺症がヨーロッパの各地域に与えた影響はその規模に到底収まりそうにない。
　さて、残る課題に高レベル廃棄物の「最終処理」が挙げられるが、この件については別の視点から検討しよう。

3　リスク社会

(1) 社会は物（商品）を生産することにより、同時にリスクをも生産する

　ウルリッヒ・ベックの『リスク社会』（邦題『危険社会』）は、チェルノブイリ原発事故が起きたのと同じ年、あたかも事故を見越したかのように上梓され、ベストセラーとなった。主たるメッセージは、あらゆる商品生産にリスクの生産が随伴するということである。

〔資料 No.04〕体系的に言えばこうである。社会が発達すると遅かれ早かれ、近代化過程の延長という形で、「富を分配する」社会の状況とそこでの争いに加えて、新たに「危険を分配する」社会の状況とそこでの争いが発生する（ウルリッヒ・ベック『危険社会』東廉・伊藤美登里訳、法政大学出版局、1998 年。26 頁）。

　この文章が事故の年に発表されたことの好運と不運については措くとしても、その符合には意味がある。その種の意味ある偶然性のことを C・G・ユングは「シンクロニシティー（共時性）」と呼んだ。ベックの主張が新鮮だったのは、リスクの観点から資本主義社会を再定義した点にある。すなわち、資本主義社会は物と商品を生産しながら、同時並行的に富の分配とリスクの分配を行なう。重要なのは富の分配と再分配は不平等（不公平）に行なわれるが、危険（リスク）の分配は平等（公平）に行なわれる。つまり、富は一部の人が独占する一方で、リスクや不利益は全員で分かち合わなければならない。しかも、多くの場合、リスクは目に見えず、耳にも聞こえず、私たちの知覚をすり抜けてゆく。ところが、

　〔資料 No.05〕「危険」という言葉は、大航海時代には勇気と冒険という意味合いをもっていたのであり、地上の生命が自分で自分を抹殺してしまうかもしれないというニュアンスは持っていなかった（同 27 頁）。

　近代以前のリスク（危険）とは、「君子危うきに近寄らず」と言う如く、それに近づかなければ向こうからやってくることはないものだった。危険が含意する「勇気と冒険」は見えない未来とまだ見ぬ大地に乗り出してゆく勇猛果敢な態度を表わしていた。それは生命の生命自身による抹殺の可能性とその確率を表わすことなどなかった。ところが現代のリスクは近寄らなくとも向こうから音も立てずに接近し、いつの間にか生活に浸透している。

　〔資料 No.06〕〔19 世紀〕当時の危険は鼻もしくは目を刺激し、つまり感覚的に知覚することができた。それと異なり今日の文明生活の危険は、通常、知覚

できるものではない。むしろ化学や物理学の記号の形でしか認識されないのである（例えば、食品に含まれる有害物質、原子力による脅威）。今日、危険にはさらに大きな違いがある。当時の危険は、衛生技術の不備に帰することができたが、今日の危険は、過剰な産業生産にその原因をもっている（同27頁）。

危険の質が変わった。知覚や感覚を刺激する危険性から、認識をすり抜け、知覚されない危険性へ。変化は何にともなって起きたのか？ 物資の調達に悩まされた時代から過剰生産の時代への変化にともなって——。今や危険な物質は知覚に届かない何かであり、無味無臭の何かとなった。今やリスクは識別不可能ゾーンに潜んでいる。

(2) リスクの認知

知覚をすり抜けるリスクはいったいどうやって認知されるのか？ ベックはそれを「社会的な認知審査」と呼んでいる。

〔資料 No.07〕危険を正当化するためには、その危険が社会の認知審査をパスしなければならない。何はともあれ、危険は蓋をすべき臭いものであり、宣告があるまでは、それは存在しないものと見なされる。かの有名な標語、疑わしき場合は被告人の利益に従い、「疑わしき場合は進歩の利益に」というわけである。それはつまり、「疑わしき場合は目をそむけるように」ということに等しい。この種の論理は危険の正当化の方法であるが、これは社会の富の分配作用とは異なる方法である。危険を正当化しうるのはなぜかといえば、それは、誰も危険の生産物を見なかったし、望まなかったからである。化学化された社会では、危険はそれに貼られたタブーの封印を破り、化学によって生まれざるを得ないのである。多くの場合、危険は「潜在的副作用」という形で現われる。「潜在的副作用」という表現は、危険の現実性を認めると同時にそれを正当化するものである。誰も見なかったものは、防ぐこともできなかった。それは最高の知識と良心をもってしても生じざるを得ない副作用である。それはいわば望まれずして生まれた赤子であるが、これは成り行き上受け入れざるを得ない（同47-8頁）。

「危険の正当性」とはいささか奇妙な名称だが、そのリスクが晴れて正式に認知されたことを含意する。しかし、本性において不可視かつ無味無臭である以上、認知は知覚されるのではなく、専門的な分析を通してしかなされえない。ベックは「社会的な認知審査」と言うが、その審査をパスした危険性だけが晴れてリスクのステイタスを得る。だが、多くのケースには「臭いものに蓋」の態度が取られ、そこにありながらないものとして処遇される。つまり、ミシェル・フーコーの言う「見えているものを見ないこと」である。

(3)「想定外」の理由

　震災以来、日常語として日本語に浸透した言葉に「想定外」という用語がある。その、いかにも便利な言葉の解剖所見のような文章をベックの著書から取り出しておこう。

　〔資料 No.08〕危険を生産しておきながら、それを正しく認識できない大きな理由は、科学技術の合理性が「経済しか見ない単眼構造」にあるからである。この目は生産性向上に視線を向けている。同時に、構造的に見て危険には盲目なのである。経済的に見合うかどうかという可能性については、明確な予測が試みられ、よりよい案が追求され、試験が行われ、徹底的に各種の技術的検討が行われる。ところが危険については、いつも暗中模索の状態で「予期しない」危険や「全く予期し得ない」危険が出現して初めて、心底怯え、仰天するのである（同 94 頁）。

　リスクの生産は、なぜか認識の枠組を簡単にすり抜ける。その理由は、経営管理的な視点からのコスト計算ゆえである。経済的な視点から考慮されるのは常に費用対効果だから、費用が掛かるだけの厄介な代物については可能な限り手を抜き、可能なかぎり対処せずに済まそうとする。そうすることがなぜか合理的と見做される。ベックは科学技術の合理性が「経済しか見ない単眼構造」にあると言う。単眼とは一方の目を瞑って物事を見ることを意味する。開かれた方の視野を充たしているのは、常に生産性であり効率性である。計算と予測

は効率と利益にのみ向けられ、目的地に開花しているのはあの成果主義である。これら一連のプロセスが「危険に盲目」な社会の構造的な要因を作り出す。つまり、リスクを見ない、リスクを考えない態度が蔓延し、重大な問題をあえて軽んじる態度を広く行き渡らせる結果となるのである。

4　フクシマの原発事故・再考

　さて、我々は今回の講義のテーマの前提となる情報をようやく語り終えた。これから読んでいく資料およびストーリーの全体は、Serhii Plokhy, *"Atoms and Ashes"* から採っており、原資料が日本語で発表されている素材についても、敢えて英語から訳出して使用する。正確さよりも、むしろ外国語の表現を通すことで得られる「外」の視点を重視したいからである。*"Atoms and Ashes"* の最終章「Nuclear Tsunami：Fukushima」の冒頭を飾るのが 1980 年代の中曽根政権であり、しかもその舞台が赤坂の料亭であった点に注意を払った上で、2011 年 3 月に向かおう。

(1)　発端

　福島第一原子力発電所は、1 号機から 6 号機までの計 6 基の沸騰水型原子炉から成り、世界でも 15 位の出力を誇る巨大な施設だった。この施設に続いて福島第二原発の建設、および世界最大級となる柏崎刈羽原発までも建設されたのは、日本の電力需要が日増しに大きくなり、東京電力は延び続ける需要に応じるべく建造と供給に励んでいたからである（Plokhy, p.233）。福島第一発電所の設計や着工の頃より GE（American General Electric Company）から派遣されていた核技術者、名嘉幸照は、GE と東電（ＴＥＰＣＯ）の「あいだ」に身を置いていただけでなく、沖縄に育ったこともあって当初より日本とアメリカとの「あいだ」から物事を見ていた。彼が開発に携わった当初から東電に寄せていた共感と高い評価は、やがて冷めた評価に変わっていく。ＴＥＰＣＯで過ごしたキャリアの中で、名嘉は会社の経営スタイル・文化にある変化が生じたのに気づいていた。「1970 年代、ＴＥＰＣＯの社員の多くがエンジニアとして発電所で働いていた」と彼は言う。〔中略〕「1980 年代以降、ＴＥＰＣＯは発電所の操業から手を引き、下請けの製造業者に任せるようになり、経営の主た

る最優先事項を効率第一に置くようになった」(*Ibid.*, p.234)。

　東電の効率第一主義といわゆる「安全神話」がどのように絡み合うかは後ほど一瞥するとして、先ずは3月11日の出来事をやや長くなるが資料の文章から振り返っておこう。

　〔資料 No.09〕発電所の原子炉とタービンは海抜32フィート（10m）以上の場所にあったが、多くの装置と機械類のある場所は緊急ポンプを含めてそれよりも低いところにあった。最初に海に呑まれたのは原子炉の冷却回路内の淡水を冷やすための海水を供するコンクリートパイプと給水ポンプだった。地震の直後、原子炉の電気を供給し始めていたバックアップ電源は、所内に侵入した波が電源の設置されている低層階を浸したため、送電線網が壊滅し、正常な電気供給が失われてしまった。それが潰滅的な一撃となった。発電所の3つの原子炉は地震の後に緊急停止になったが、水を冷やすためには電気が必要になる。蓄電器はたとえ電気がなくなっても重力さえあれば働くと想定されていたが、1号機に水が流れ込んで蓄電池から遮断されてしまった。
　「ディーゼルが死にました」と1号機と2号機の合同制御室内で若手の技師が叫んだ。午後3時53分だった。誰もが例外なく自分の耳を疑ったし、耳に届いた言葉の中身を想像することさえできなかった。しかし証拠は目の前に歴然としていた。制御室の灯りが消え始め、計器のダイアルが止まり、コントロールパネルの表示も消えた。「ＳＢＯ！」は「発電所が電源を喪失した Station Black Out!」という意味だと伊沢が大きく声を上げた。彼が電話を手にすると、海水で服をびっしょり濡らした技師が一人、制御室に飛び込んできて「もうお手上げだ！」と叫び、そのとき何が起きていたかを緊急中央制御室に伝えた。原子炉建屋には海水が侵入していた。受け入れ難いことだったが、電源を喪失に関する唯一筋の通った説明はそれしかなかった。タービン室の地下にある緊急ディーゼル発電機は水没したのだ。
　緊急制御室内で所長の吉田昌郎は途方に暮れていた。「何が起きたのか考えることすらできませんでした」と彼は後に回想している。「我々のうち誰一人として実際に津波の水には遭ってないんです」。波が32フィート（10m）を越

えてくるなど一度も予期したことがなかった。吉田は何が起きたかを認識する
にしたがい、どうして自分の勤務時に起きなければならなかったのかと考えて
いた。そして、もし炉に水を供給できなければ、何が起こるのか、とも。恐る
べき回答が明確な形をなしていった。メルトダウンである。「状況はそれまで
想定してきたどんな深刻な事故をも超えていたし、しばらくは何をしたらいい
のか何も思い浮かばなかった」と吉田は言い、次のように続けた。「私の心も
パニックに陥っていたにちがいありません。でも不思議なことに、心の一方で
ここがもう一つのチェルノブイリになりかねないと気にかけながら、他方では
自分に落ち着け、プランを立てろと言い聞かせていました」。でも、どこから
手を着ければいいのか?

　吉田が最初に考えたのは、発電トラックを所内に入れてコントロールパネル
の機能を回復させることだった。彼がＴＥＰＣＯ本部に電話を入れ、トラック
を要求すると、すでに手配済みとの答えが得られた。他に考えたのは、原子炉
に直接放水するため消防車を呼ぶことだったが、発電所にある3台の消防車の
うち2台は津波のため水没し、残る1台だけが動かせる状態だった。吉田はそ
れゆえ自衛隊の消防車を要求した。そうこうしている間に、緊急中央制御室に
身を移していた副本部長の伊沢は、部下の従業員を原子炉建屋に送り込み、状
況の評価や機器類のチェックをさせ、さらに消防車が到着したらすぐに使え
るよう放水用のホースを準備させていた。第1班が中央制御室を出たのは午後
4時55分だった。その仕事の一つが原子炉1号機の孤立した蓄電器の状態を
チェックすることであり、スイッチはすでに運転者が切っているはずだった。

　原子炉建屋の状態は惨憺たるものだった。1号機と2号機の制御室のコント
ロールパネルのダイアルはまともに動作しなかった。機器類のうち彼らに使え
るのは個人的な放射線カウンターだけであり、それを見たところで安心する以
外、何の足しにもならなかった。1号機の原子炉建屋4階の入口に近づくとカ
ウンターが目盛り外に大きく振れたため、班員たちは蓄電器の状態をチェック
せずに引き返さなければならなかった。唯一よい知らせは原子炉3号機からも
たらされ、まだバックアップの発電機が死んでおらず、コントロールパネルも
生きていたから、運転を再開して孤立した蓄電システムを通して原子炉へ水流
を循環させることが可能だった。原子炉1号機と2号機に起きつつあることは

真逆の方向で明らかだった。

　吉田はこれまで緊急中央制御室に到着して以来、ヴィデオ会議室の彼の椅子に貼りついていた。「私は終日、煙草の一服はおろか小便する時間すら自分にあるとは思わなかった」と彼は思い返す。午後5時19分、放射線防護服をしっかり着込んだ別の班を1号機原子炉建屋に送り込んだ。彼らは6時30分までに、原子炉の緊急炉心冷却システムにつなぐ放水用ホースを準備し始めていた。吉田は部下たちの活動を整理するのに忙しくしていたが、部下との連絡手段に用いた電話がつながりにくくなるにつれ意思疎通は思わしくなくなっていった。それでいて彼はまた、苦しみに喘ぐ発電所と東京のＴＥＰＣＯ本部との人間的なつながりを維持し、さらには政府の大臣たちとつながり、延いてはそれらの結果として首相官邸ともつながりを有する主要人物にもなっていった（*Ibid.,* pp.240-2）。

　やや長くなったものの、いわゆる「3.11」の地震発生当時のドキュメントである。東日本の沿岸部を津波が呑み込んだとき、福島第一原子力発電所で何が起き、人々がどう動いていたのかその様子を如実に伝えている。吉田昌郎は発電所に残った人々の中心にあって、事態の鎮静化に尽力する中核的な人物になってゆく。

　一方の極に吉田と彼のチームがあったとすれば、もう一方の極には官邸があった。菅直人を首相に戴く対策チームは、いわゆる民主党政権の「顔」として今や悪名ばかりが一人歩きしている印象がある。しかし忘れてならないのは、彼らが身を置いていた「舞台」は赤坂の料亭の延長線上であり、すなわち自民党政権とその原子力政策の帰結にほかならなかった。

(2) 錯綜の可視化

　東電の効率第一主義に加え、自民党の原子力政策とその厄介な密室性を知るには、以下の資料を一瞥しておくのが最適だろう。この、実に象徴的に閉ざされた空間こそ、長年にわたって日本を動かしてきた面々が互いに小声で耳打ちしながら囁き合う怪しげな空間にほかならなかった。

〔資料 No.10〕2007 年、浜岡原子力発電所の商用運転試験に際して、彼〔斑目
春樹〕は若手の研究者、石橋克彦がかねてより巨大地震により原子力発電所が
完全に電力を喪失する可能性に関心をもち、警告していたのを斥けていた。斑
目はそんな特殊なことを気にしていたら「金輪際何も建てられなくなる」と主
張していたのである。

　斑目は 2010 年に原子力安全委員会の委員長に就任し、石橋が正確に予見し
ていた種類の事故——外部電源と緊急発電の二重の電源喪失により、冷却材喪
失事故に至る——に今まさに対処しなければならなくなっていた。彼はポジ
ティヴであろうとしていた。「状況はまだ外部環境に放射能が漏れるような事
態にはなっていません。電源には問題があるものの核連鎖反応は完全に停止し
ています」と政府高官に語った。「残る唯一の問題は、原子炉を冷やすことで
す」。問題はどうやってそれを行なうかだった。「よろしい、あそこの地下には
緊急用のディーゼルエンジンによる発電機が 2 機あります、そうでしたよね？」
と斑目はＴＥＰＣＯ代表として首相官邸に呼び出されていた武黒一郎に尋ね
た。武黒には回答する術がなかったか、またはＴＥＰＣＯ本部と直接連絡が取
れていなかった——彼らの情報は室外の電話を通して送られ、設置を依頼した
ファックス通信機器ですらようやく設置されたのは依頼から二日後のことだっ
た。

　原子力緊急対応センターに集められたチームに福島の発電所に関して文字
どおりの青写真すらないことがわかったとき、斑目は怒り狂った。「ＮＩＳＡ
（Nuclear and Industrial Safety Agency：原子力安全・保安院）にだってコピー
くらいはあったぞ。総理大臣のチームなのにそんなものすら設置されていない
なんて、どういうことなんだ？　どうしてどんな情報もここにやって来ないん
だ？」と斑目は吠えた。「ＮＩＳＡは何をしているんだ？」ひどいことに必要な
資料は簡単には使えず、携帯電話は圏外で使い物にならなかったから、資料を
入手する簡便な方法は一つもなかった。緊急センター室の外部にいる誰かと連
絡を取ろうとすれば、部屋を出るしかなかった。「携帯電話すら使えないなんて、
我々は全くの役立たずじゃないか」と経産大臣の海江田が叫んだ。ＮＩＳＡで
海江田の部下に当たる斑目が資料や情報を出し損じたことで海江田は彼を厳し
く咎めた。「いったいどうすれば我々に情報を集められたっていうんですか？」

　内閣官房長官の枝野は会議の進行をしながら斑目に尋ねた、「状況に変化が
なければどうなりますか？」斑目は何より明らかなのは原子炉がどうなってい
るのかわかる者が誰もいないことだと述べた。「もしも原子炉に冷却水を注げ
ない状態が続けば、燃料棒は爆発しかねないし、そうなれば炉心にも損傷が起
きかねません」。テーブルに就いた専門家たちの意見は最優先課題がポンプを
機能させるには送電網と再び接続させるしかないということで一致していた。
そもそも電気がなければ原子炉は水で冷やせない。そう簡単に達成できるよ
うな仕事には思えなかった。枝野は質問を続けた。「熱を逃がすことができな
ければどうなりますか？」「そのときは原子炉をベントしなければなりません」
と斑目は答えた。ＴＥＰＣＯ代表の武黒一郎も彼の意見に同意した。原子炉を
ベントするということは、環境に放射能を放出することを意味する。斑目と武
黒はベントが最後の手段でしかありえないと示唆していた。目下の主たる関心
事は、できるだけ早急に給水ポンプを稼働させることだった (*Ibid.*, pp.247-8)。

　斑目はかつて問題外ないし想定外として斥けた問題に対峙し、対処しなけれ
ばならなかった。彼の対応に「安全神話」の本質を見ることができる。神話と
言うくらいだから、それは安全対策でもなければリスク管理でもなく、単なる
標語や宣伝文句であって、安上がりな効率優先を許す護符のたぐいでしかな
かった。尤も原子力発電のような危険な要素の多い施設の場合、対策には際限
がなく、掛けられる費用があればあっただけ食い潰しかねない。つまり実際の
安全対策は、どれほど誠実に履行しようとも、結局は経営管理的な発想による
コスト計算に拘束されざるを得ない。「安全」が目先の損得勘定によって決定
されざるを得ないのであれば、リスクは純然たるリスクとして評価されるので
はなく、掛けられる費用との関数で決まると言わざるを得ない。こうして知っ
ていながら敢えて見逃されるという土壌ないし温床が形成される。
　ベックの言う「潜在的副作用」が発生するのは以上のような経緯を背景にし
ている。本来なら副作用は前もって防止されていなければならない。未然に封
じてこその安全対策のはずなのに、問題が発覚し、被害が顕在化してからしか
対象として認知されないのだ。手抜き工事が発覚するのはそれが原因で事故が
起きてからになりがちなのも、そのためである。

　福島第一発電所もまた、震災の数日前に防潮堤の高さが足りない旨の報告が現場の社員から上がっていた。にもかかわらず東京電力の上層部は「対策を施すべし」との現場の声を握り潰していた。その事実もまた斑目の対応と同様、金勘定が「安全」を踏みにじった好例に挙げられるだろう。幹部たちの態度は三猿の「見ざる、言わざる、聞かざる」に「考えざる」と「予期せざる」を加えるよう要請しているかのようだ。というのも、すでに見えているリスクに蓋をする態度が「予期しない」態度を産み、その態度が「予期せぬ危険」を呼び込むからである。ベックの言う「全く予期し得ない」危険の出現は、まさに日本語に定着した「想定外」の事象と等号で結ばれる。実際、対策を進言した社員は、上司に言われたそうだ、クビになりたいのか、と。安全策が握りつぶされてから4日後、3月11日の午後、想定外の地震が発生し、「予期せぬ」津波が発電所を襲い、「安全」な柵を易々と越えてしまった。

　しかし、現場に残った従業員たちにしてみれば、無論「今」は津波が柵を越える前の話を蒸し返して「誰のせいか」を議論している場合ではない。目下、「吉田が恐れていたのは、圧力が設計上の最大値を超えてしまうことだった」。水が供給されなければ、燃料は溶解し、格納容器の圧力をさらに上げるから、爆発する前になんとしても圧力を下げなければならない。手段はベントだけだ。吉田は部下にベントの準備をするよう命じた、「君たちは相当量の放射能に曝されることになるが、手動の作業になるため現場に行ってもらいたい」。しかし最終判断の権限をもっていたのは彼ではない。3月12日、危機発生から2日目を迎えた午前12時30分、彼はベントの必要性をＴＥＰＣＯ本部に知らせた。「ＴＥＰＣＯは許可を出したものの、東電の幹部たちは政府の合意をほしがり、ベントの要求は首相官邸の原子力緊急対策センターに送られた」(*Ibid.*, p.249)。

　〔資料 No.11〕はじめ斑目ら専門家たちは〔苛立っていた〕福山に対し、自動でベントするのが電源喪失のため不可能である旨の事情を説明し、手動でベントするのも放射線レベルが原子炉1号機周辺で上昇していたから、スタッフをあまりにも大きな危険に曝すことになると述べた。「原子炉をベントできない状態が続けばどうなるんだ？」と菅〔首相〕が斑目に尋ねた。

「爆発の可能性はどうなんだ？」返答は安堵ものどころではなかった。「ゼロで
はありません」。首相が直ちに理解したのは、状況は数時間前よりもさらに悪
化しているということだった（*Ibid.*, p.250）。

　菅直人が事故後に見せた行動はなぜか批判の的になった。とりわけ官邸を離
れ、緊急事態に対処していた発電所を訪れたことが非難された。しかし、情報
から遮断された官邸にとどまり、党内の実力者と耳打ちし合う密室政治の伝統
を継いでいたら、どうにかなっていたというのだろうか。旧来の政治に忠実な
引きこもり状態に徹していたら、むしろ菅が言及する最悪の事態を招いていた
かもしれない。彼は言った、「もし我々がこの危機を抑止せず、またＴＥＰＣ
Ｏが最終的に発電所から避難すれば、東日本全体が滅びることになるだろう」
（*Ibid.*, p.260）。

　もしも福島のみならず東日本全体がチェルノブイリになるのを防いだ最大の
貢献者を一人挙げるとすれば、おそらく菅直人ではなく、吉田昌郎になるだろ
う。彼は、いざとなれば官邸の意向も東電の幹部の利害関心も度外視して判断
を決し、部下に行動を命じるだろう。しかし第二の貢献者がいるとすれば、首
相のなしうる力すべてを動員しながら事態の打開に奔走した菅直人にほかなら
ない。菅の訪問が吉田たちの一刻を争う業務に多少の支障を来したのか否かは
わからない。しかし、たとえ吉田らの業務を一時的に妨げたとしても、一国の
首相がこれから緊急事態に対処するに当たって次に挙げるような感触を得られ
たことは事態の打開に向けて小さくない一歩となったにちがいない。ベントに
４時間掛かるという説明を聞いて、菅が「４時間？　そんなに待ってられん！
すぐにやれ！」と命じたとき、吉田は「私たちが直接原子炉をベントするんで
すよ」と言い、こうつけ加えたという、「たとえ決死隊を送り込まなければな
らなくなっても我々はそうするつもりです」。落ち着きを取り戻した菅は後に
そのときのことを述懐し、次のように述べた、「あのとき即座に吉田こそ一緒
に仕事ができる人物だとわかった」（*Ibid.*, p.252）。

　菅直人の福島来訪に意義があったとすれば、菅が吉田に寄せた信頼にある。
信を置くことになった根拠は、吉田が組織の方針や、地位関係に忖度すること
なく、首相としての菅に対峙しながら個人としての意思・判断を口にし得た事

実にあった。運不運はあれども、閉ざされた密室の外に身を乗り出しえた首相
が「上」に忖度することなく使命を全うしようとする責任者に信を置いたから
こそ、東日本はなんとか壊滅を回避しえたのかもしれない。つまり、危機をも
たらした原因のうち、自然災害を除く要因を醸成した風土に風穴を空けられる
要素が「信頼」という感情の土台になっていたのである。

　とはいえ、事態は容易に解決したわけではない。吉田はいわゆる決死隊を建
屋に送り込むが、あまりの放射線量のため、すぐに撤退するか、もしくは中に
入ることすらできなかった。決死隊とはいえ、命を捨てることが雇用の条件に
含まれる専任の業務だったわけではないから、吉田にせよ菅にせよ誰も「死ん
でもベントしろ」とは命じられない。許容量の上限に達しそうなら撤退せざる
を得ないし、再度の決行を命じることもできない。

　こうして刻一刻と危機の度合いが深くなり、電源は麻痺し、次々に原子炉は
不穏な白煙を放ちはじめる。一刻を争う状況において最大の問題はいったい何
であり、吉田がいかなる点で本社の方針から逸脱したと見なされたのか？

　〔資料 No.12〕一つ問題があった。原子炉に放水するのに十分な真水がなかっ
　たのだ。冷却ループに海水を直かに放水することなど考えられないと何者かが
　示唆した。なぜなら海水は極めて腐食性が強く、そんなものを使用すれば原子
　炉を破壊し、永遠に運転できなくなるからだ（*Ibid.*, pp.252-3）。

　先の資料で東電は吉田の要望に「許可」を出したが、どうやらその許可は
原子炉に「海水を放水する許可」ではなく、その「準備に関する許可」だっ
た。というのも無断で海水の放水を命じたことで吉田は後に東電から懲戒の対
象にされたからである。1号機が爆発したとき原子炉建屋の上空に白煙が立ち
上ったが、轟音を耳にした吉田は次いで爆発の報告を受けると次のように考え
た、「「私が感じていたのは、もしメルトダウン〔原子炉内の燃料が溶けて炉の
底部に垂れ落ちること〕が進行し、炉の制御が不可能になれば、1巻の終わり
です」。彼は死を覚悟した」（*Ibid.*, p.253）。菅は情報が来ないことに苛立ち、周
囲は彼が斑目に食ってかかるのを予期して身構えたが、予想に反して首相が斑
目をスルーしたのは事態が彼の並べる楽観論を次々に裏切る形で推移していた

からである。1 号機が爆発したとき、政府から何ら実のある言葉が出なかったのは、官邸も私たちと同じく何一つ知らなかったからである。枝野はマスコミに向かって「「爆発らしき現象」とは言ったものの、1 号機に爆発が起きたのか否かすら確言できなかった。午後 6 時 20 分ごろ、菅は避難勧告区域を 10 キロメートルから 20 キロメートルに広げる決断をした」(*Ibid.*,p.254)。

　原子炉建屋はボロボロになったが、吉田の部下が手持ちの機器で確認したところ、まちがいなく炉心は無傷だった。吉田のチームは水素爆発に対処できていたのだ。爆発は建屋の屋根を吹き飛ばしたが、原子炉格納容器を傷つけてはいなかった。そのため負傷者は出たが、一人の命も失われなかった。「爆発した燃料の温度の劇的な上昇（5072℉〔2800℃〕）は、ジルコニウム被覆管を酸化させ、水蒸気の溢れる中に水素を作り出し、水素は大気中に存在する酸素と混合した後で爆発したのである」(*Ibid.*, p.254)。吉田が政治と経済のヒエラルキーを打ち破って独断に走り、後に英雄視されることになる機会は直後に訪れる。

　〔資料 No.13〕海水を炉内に放水するのが遅れると、第二の、もっと大きな損傷をともなう爆発が引き起こされることがわかっていたため、気持ちが挫けそうになった吉田は、首相とＴＥＰＣＯのいずれも無視して決断した。「もっとも大切なのは……事故の拡大を防ぐことだとの判断に基づいて海水の放水を続けました」と吉田は後に回想している（*Ibid.*, p.255）。

　吉田が海水の放水を決意し、無断で決行し、継続したのは事故の拡大を防ぎ、延いては東日本全体が壊滅してしまうのを何としても防ごうとの意図からだった。しかし、2 日後、13 日に「問題は完全に予期しないところから現われた――原子炉 3 号機だ」(*Ibid.*, p.256)。メルトダウンはすでに始まっていた。放水し、ベントに向けて尽力していたにもかかわらず、1 号機に起きたのと同様、白煙が上がった。

　〔資料 No.14〕誰もが前日に起きると予期していた 3 号機の爆発は、3 月 14 日午前 11 時に起き、吉田の不意を襲うこととなった。爆発が吉田のいる建物を

激しく揺らしたとき、彼はＴＥＰＣＯと別のヴィデオ会議の真っ最中だった。「〔爆発〕音は聴こえました」と彼は後に回想している。ヴィデオ会議のカメラは制御室が上下に揺れる映像を捉えていた。「重大な問題が起きました」と吉田は上司に述べた。「原子炉３号機が吹っ飛びました。たぶん蒸気爆発です」。ＴＥＰＣＯの職員は新たな要求を返答として出した。「早く放射線レベルを調べて教えてほしい。そうすれば君たちを退避させる必要があるかどうか決定できるから」(*Ibid.*, p.257)。

　東電の幹部が従業員の安全を最優先しようとした理由は納得できる。決死隊として雇用したわけでもない従業員の生命をむざむざ打ち捨てるわけにはいかない。実際「発電所の敷地からは１時間当たり１レムの放射線量が計測され、原子炉３号機の残骸付近では１時間当たり 30 レムに達していた。中央緊急制御室にある吉田の本部は安全なままだったが、３号機および４号機の合同制御室はもはや何の役目も果たせなくなっていた」(*Ibid.*, p.258)。しかし、少なくとも吉田と菅にとって、発電所を後にして避難することなど問題外だった。東電が福島第一発電所を捨てて撤退するとき、予期される最悪の事態が現実になるのを指をくわえて漫然と眺めている以外になす術がなくなるからだ。そのとき、東日本の全土がチェルノブイリを遥かに越える災厄のヴェールに覆われることになる。だから――

　〔資料 No.15〕「ＴＥＰＣＯは電力会社としての役割を放棄する計画を立てているのか？」と菅は怒りに震えながら訊いた。「彼らは自分たちの言っていることがわからないのか？　避難など問題外だ」。彼は明らかに激昂していた。「避難の要求を耳にしたとき、私はあの状況を解決することに自分の政治生命を賭けなければならないと感じていた」と菅は後に述懐している。「撤退の要求は全くもって話しにならないと思った」。菅の補佐官たちは彼の気持ちを共有していた。「我々はＴＥＰＣＯの役員たちに対し、たとえ彼らが決死隊と一蓮托生にならねばらないとしても城を護るよう求めなければなりませんでした」と彼らの一人は言った (*Ibid.*, pp.259-60)。

　その後、菅は東京電力に出向いて幹部と連名で声明を出したあと、次のようなスピーチを行なった。もちろん日本語のスピーチから英訳したものを和訳して以下に挙げる。

　〔資料 No.16〕「原子炉2号機は我々の主たる問題ではありません。もし我々が2号機全体を放棄するなら、原子炉1号機と3号機はもちろん4号機から6号機までも、延いては福島第2発電所を含め、何が起こるか誰にもわからないのです。それらすべてを放棄すべきだとすれば、あらゆる原子炉、あらゆる（項目の）核廃棄物が数カ月後には崩壊し、放射能が漏れ始めるでしょう。つまり我々が言わんとしているのは、チェルノブイリ級の災害の2倍ないし3倍の規模に及ぶ原子炉が10基から20基もあるということなのです」(*Ibid.*, p.261)。

　発電所に残った吉田を衝き動かしていた動機はおそらく使命感だったが、他方、怒れる菅を衝き動かしていたのはまちがいなく怒りと焦燥感だったはずだ。しかも怒りの背後には、我々と同じく「知らなかった」もしくは「知らされていなかった」という事実があった。菅は「日本には無比の核技術とすぐれた専門家と技術者がいるから、チェルノブイリ型の事故は日本の原子力発電所では起こり得ないと信じていました」と言い、その後、次のようにつけ加えた、「ひどく仰天したのは、それが日本のいわゆる「原子力村」〔既得権益の広大かつ強力なネットワーク〕によって作られた安全神話だったと知らしめられたことです」。安全神話とは安全対策ではなく、対策しないで済ますための「いんちきな無敵神話をでっち上げたこと the creation of the false sense of invincibility」であり、それが明らかになったことに菅は怒りを隠さなかったのである（*Ibid.*, p.261)。その経緯を前提としながら、菅が東電に覚悟を決めるよう求めた言葉を読み直してみよう。

　〔資料 No.17〕「私はあなた方に命を賭けて目下の事態と闘うよう頼んでいるのだ。もはや退路など存在しない。……金など金輪際、目的になりはしない。ＴＥＰＣＯはできるなら何でもなすべきなのだ。国の存続が懸かっているときに撤退の選択肢はない。私は議長と会長に最悪の事態に対処するよう要請する。

254

あなたがたが自社の従業員の安全を懸念するというのなら、60 歳以上の人たち
を事故現場に送り込めばいい。私自身も行く準備ができている」(*Ibid.*, p.262)。

　このような覚悟を以て事態に臨んだことは、もう少し高く評価されて然るべ
きだろう。何より最悪の事態を免れたのは、上の覚悟があってこその奇跡と
言っても過言ではないからだ。だが、いったい真の危機が去ったのはどの時点
でのことなのか？　「3 月 15 日に菅、清水、吉田、そして数百人の従業員、技
術者、自衛隊員、そして警官と、必死に大惨事を食い止めようとした人びとは
最悪の事態が去ったということをまだ知らなかった。事実、彼らがなお戦い
続けていなかったら、事態は終わりを迎えなかっただろう」。使用済み核燃料
プールにおける爆発の脅威は関係者にとって最大の懸念事項であり、また原子
炉への給水も最優先の課題であり続けた (*Ibid.*, p.265)。つまり何一つ終わった
わけではなく、従前と同じ尽力はその後も維持しなければならなかったが、4
日のあいだで最大の山場は越えていた。従業員たちの被曝線量も上限に達して
いたし、人によっては上限を超過していた。以降、決死隊は臨時の従業員を
取っかえ引っかえしながら作業を続けていくことになる。「全原子炉の冷温停
止は 2011 年 12 月に完了した。同じ月に吉田は福島第一発電所の管理責任者の
役職を降り、彼の使命は終わった」(*Ibid.*, p.267)。

(3)　評価

　"Atoms and Ashes" の著者、プロキー (Plokhy) は事故とその対応をまと
めるに当たり、「幸運なことに」と言葉を紡ぎ始める。たぶん、いや実際に言
われたとおり、日本は恵まれていたのだろう。発電所に残った従業員たちの必
死の尽力を前提にしながらも、やはり単純に運がよかった面があることを忘れ
るわけにはいかない。「幸運なことに、人と環境への影響が〔チェルノブイリ
ほど〕壊滅的ではなかったことである。異なるレベルで炉心のメルトダウンが
起きたにもかかわらず、チェルノブイリ型の爆発は福島では起きなかった――
BWR〔沸騰水型原子炉〕の設計が RBMK〔黒鉛減速沸騰水圧力管型原子炉〕
のそれに優っていた結果でもあるが、何にも増して言わなければならないのは
何日も、また何週間にもわたって超過勤務を推して原子炉に放水し続けた日本

人クルーたちの自己犠牲のお蔭である」（*Ibid.*, p.268）。

〔資料 No.18〕チェルノブイリの爆発の直接の結果として 2 人の人間が亡くなり、29 名以上の者がその後の数週間で過度の放射線被曝を蒙り、140 名が急性放射線疾患と診断された。日本では事故現場にいて爆発もしくは放射線の過度な被曝の結果として亡くなった人は一人もいない。緊急事態に対処した 173 名の労働者たちは 100mSv を超える放射線の被曝を蒙り、6 名については 250mSv の指標を超えていた。2 名のみ、緊急被曝の国際基準の上限、500mSv を超える放射線被曝を蒙っていた。最悪のケースは 678mSv だった。事故に関連する癌による最大死者数についても、ウクライナの場合は 4,000 名から 50,000 名と推定されているが、〔福島では〕今日までに 1,500 名と見積もられている。福島の事故に関連するあらゆる原因の死者の推定についても 10,000 名にとどまる。

　福島の事故によって放出された放射線について初期の見積もりでは、チェルノブイリの放射線量の 10% 程度と考えられていた。その算定は、チェルノブイリで放出された希ガスを排除したとしても未だ支持されている。ほとんどの研究で、チェルノブイリが 5,300 PBq だったのに対し、ペタベクレル（10^{15}Bq）換算でも福島は 520 PBq にとどまっている。福島から出た放射線のほとんどは（80% に及ぶ）風によって海洋に運ばれ、当初、地面に漏れ落ちた幾許かの放射線もまた海洋に流され続けた（*Ibid.*, pp.268-9）。

大雑把な換算だが、520PBq がチェルノブイリの 10 分の 1 程度に収まっていたとしても、ちっとも小さな数ではない。バカみたいに大きな単位であるキュリー換算にしても 1400 万キュリーに及ぶ。福島の被害が意外に小さかったことで安堵するのは半分だけ正しいが、残る半分をわかっておくには、その 10 倍以上になるチェルノブイリの事故の被害がいかに甚大だったかを知り、その上で資料 16 に挙げた菅直人の言葉を読み返し、もしも対処に失敗したら、と具体的に想定すべきだろう。運が悪く、また対処に失敗した場合の被害を数値として弾き出すなら、ペタの次の単位（エクサ＝ 100 京）で示さなければならないレベルの被害を思い浮かべることになるだろう。
　さて、我々は豊富に資料を追いながら、事実への接近を試みてきたが、そろ

そろ結論を見る頃合いだろう。プロキーはこう問うている、「誰に責任があるのか、あるいは誰が結果に対する代償を払うのだろうか？　福島の災厄の原因をめぐる議会を挙げての調査は、官庁と規制機関、そしてＴＥＰＣＯ経営陣との馴れ合いを指摘している」。さらに国際機関の調査では、スリーマイル島とチェルノブイリの事故の反省が活かされなかったとも指摘されていた。テクノロジーと道具化の問題に広義のヒューマンエラーが絡んで、最悪の事態を招いてしまった、とも。いわゆる安全神話がむしろ安全対策を阻む形になり、悲しくなるほどリスク管理の貧しい文化が放置されてしまった。

　2011年3月を経験して以降、日本は未曾有の災厄を教訓にし、悪しき風土の改善に成功したのだろうか？　　いや、そんなことがあろうはずもない。何しろ災厄の根幹をなす「主要な原因は、元々日本的な規制システムに属していた種類のものであって、つまりは混乱した意思決定システムと現場スタッフに対する過度の要求だ」(*Ibid.*, p.271) ったからである。少なくとも指摘された点は、表面的には（絶えず）取り繕われ、「忘れない」という誓いだけはくり返されるものの、内実は全く変わっていないし、むしろ状況はさらに悪化し、風土病が今や全土に蔓延しているというのが実際であろう。

第14講
破局(想定外の事象)の論理

1　チェルノブイリのその後

　福島第一原子力発電所事故の影響を考察するには、いくつかの前例を見ておく必要がある。

　手元に一冊の写真集がある。中筋純という写真家が原発事故から20年後のチェルノブイリを撮影した作品である。その冒頭近くに次のような文章がある。

　〔資料 No.01〕2007年晩秋、実りの季節、小振りな実をたわわに付けたリンゴの木が風に揺られている。思わず手を伸ばしそうになるが、ウクライナ人曰くこのリンゴは「禁断のリンゴ」、間違って食べようものなら楽園を追われるのは必至なのだそうだ。

　1986年4月26日、旧ソ連ウクライナ共和国のチェルノブイリ原子力発電所4号炉が爆発炎上、炉心のメルトダウンを引き起こし大量の放射性物質が大気中に放出された。22年経った現在でも、発電所周辺はもとより隣国ベラルーシなどで放射性物質は地中深くに根ざし植物に吸収されている。この地に生えるリンゴは22年前から「毒リンゴ」という不名誉なレッテルを貼られてしまった（中筋純『廃墟チェルノブイリ』二見書房、2008年。「リアル～まえがきにかえて」）。

　原発事故が発生し、住環境が汚染されると以降、そこに人は住めなくなってしまう。しかし、他の動植物には居住制限がかかるわけではないから、彼らは相変わらずそこで勝手に生い茂り、生い茂ったものを食む者たちもまた自由に繁殖してゆく。植物が生え、繁茂し、動物がそれらを食すことで放射性元素がなくなるわけではないし、少なくなるわけでもない。植物の内部を放射性物質が循環し、それを食す動物の中でも循環し、動物が排泄した糞尿によって土壌にも循環し、そうやって再び植物に戻ってゆく。つまり、そこに生息する動植

物の内部を放射性物質が延々と循環し続けるだけなのである。何かがそれを吸収したからといって消滅するわけではないのが、放射性という性質をもつ物質の厄介なところなのだ。

　〔資料 No.02〕「純さん、廃墟の中のものは触ってはいけません。危険です。あぶないです！」
　　落ちていた人形にそっと手を伸ばしそうになった僕に、通訳のアレクセイがガイガーカウンターを指差して叫んだ。草木も生えぬ大地を想像していた僕は、放射能など素知らぬ顔で黄金色に輝く木々の逞しさを目の当たりにし、この地が放射能汚染されていることを忘れかけていた。ガイガーカウンターは突如予期せぬ場所で鳴り始める。そのけたたましい電子音に一瞬身がすくむのだが、この地を旅するための重要なお守りであることには間違いない（『廃墟チェルノブイリ』、「失われたユートピア〜プリピァチ」）。

　放射線量は、放出された物質の量と同位体の種類によって異なるものの、何が放出されようともその物質に固有の放射性崩壊の速度にしたがう。
　　たとえば、38番元素のストロンチウム90の場合は、半減期29年の β 崩壊を遂げるから、29年後には全体の半数が元素番号39番元素のイットリウム90に変化したことになる。イットリウム90も放射性同位体であり、半減期64時間で β 崩壊を遂げ、40番元素であるジルコニウム90に壊変し、安定する。ストロンチウムは20番元素であるカルシウムと同じくアルカリ土類金属に属するから、カルシウムと同じく骨に蓄積しやすく、その点で非常に嫌われている放射性物質である。
　　53番元素のヨウ素は成長ホルモンの一要素であり、それゆえ甲状腺に蓄積しやすいことが問題になった。とりわけ成長期の若者の曝露が懸念される所以である。ヨウ素129は1570年の半減期で β 崩壊し、キセノン129になって安定する。キセノンはヘリウムやネオンが属する希ガスの一員であり、他の元素と結合しない孤高の気体ゆえそのグループは「貴ガス」とも呼ばれる。放射性ヨウ素は崩壊すると気化するが消滅したわけではなく、風に乗って方々へ移動してゆく。チェルノブイリや福島で問題になったのはヨウ素131だった。こち

らは 8 日の半減期で β 崩壊する。その後、キセノン 131 となり、キセノンはそれから 12 日間にわたって γ 線を吐いた後に漸く安定する。

　もう一つ大事な元素を挙げておこう。ナトリウムやカリウムは私たちが身体を動かす上で欠かせない生元素であり、アルカリ金属というグループに属している。周期表の左端の列だが、それを辿るとセシウムが姿を現わす。55 番元素セシウム 134 は 2 年の半減期で β 崩壊し、バリウム 134 になって安定する。福島第一原発事故で大量に排出されたセシウム 137 は約 30 年の半減期を経て β 崩壊を遂げ、バリウム 137 になる。バリウム 137 は 2.6 分間だけ γ 線を吐いたあとで安定する。セシウムの面倒なところは体内でナトリウムと同様に振る舞う点にある。面倒なのは、筋運動をはじめナトリウムが機能する細胞ならそのすべてに入り込んでしまい、そこで放射線を発する点にあった。

　核分裂から生じた放射性元素が私たちに教えてくれた大切なポイントは、元素周期表の縦のラインであり、ストロンチウムは体内でも上に位置するカルシウムと同じような動作をし、セシウムもナトリウムと同じように振る舞う。言い換えるなら、人の身体はストロンチウムをカルシウムから区別しないし、セシウムをナトリウムから区別することがないのである。また、放射性同位体を安定同位体から区別することもしない。どうして区別しないのかといえば、動物の身体は長大な生命の歴史において放射性ストロンチウムや放射性ヨウ素、放射性セシウムなどが体内に入ってくることを予期したことがないからである。加えて、持続的に放射性同位体に曝されることもなかったし、それを契機に自然による選別のふるいに掛けられる経験をしたこともないからである。つまり、身体はそれらの区別を端的に知らないし、知る由もなく、知る必要もなかった。「想定外」という言葉は、このようなことにのみ使用するのが正しい。

2　事故をめぐる専門家の思考法

　次の資料は、フランスの少々変わった経歴を有する思想家、ジャン＝ピエール・デュピュイの著書から採ってきたものである。デュピュイは元々理系学部の出身だったが、どうやら諸科学の歴史にも専門的な学説史にも疎いまま組織的な研究に組み込まれるのを潔く思わなかったのだろう。昨今の理系学部を見れば明らかだが、一部の社会性を欠いた数学者を除けば、孤高の理論家はもは

や絶滅の危機に瀕し、諸個人の能力はチームの一機能に還元され、それ以上でも以下でもない扱いを受ける。それゆえ若きデュピュイは早々に理系の世界に見切りを付けて文系に移り、社会学者の中でも両極端と言ってもよいルネ・ジラールとイヴァン・イリイチという、ともに大家の名に相応しい研究者に師事した。経済や社会に対する独特の批判的な視角は二人の師から継承され、更新されたのだろう、——その鋭い眼光がチェルノブイリに向けられるとき、元々備わっていた理系出身の素養も加わり、もてる能力が真価を発揮する。

〔資料 No.03〕私は、陰謀などという説を信じてはいないし、しばしば「原子力反対派」と呼ばれる人々がするように、原子力技術官僚(ニュクレオクラート)が秘密の軍備により世界の権力を奪取しようと目論んでいるなどということは想像すらし難いことである。私の師であるイヴァン・イリイチの教えは、これより理にかなっていると共に、はるかに憂慮させるものであるように思われた。今日、最大の脅威は、悪意ある人々よりもむしろ善・富の産業をなす人々から生じるというのである。IAEA のように、「全世界の平和と健康と繁栄」を保障することを使命としているところは、他の企業や団体ほど悪意があろうと危惧されることはないはずだ。チェルノブイリの事例で私をもっとも震え上がらせたのは、いわゆる専門家たちが報告書で社会に対して提起している問題のレベルに、彼ら自身の思考の質が達していないということである。〔中略〕
　放射線予防の世界的権威者たちが採用するそのモデルは、LNT「閾値なし直線」モデルという。それゆえ、罹患率と死亡率に対する影響がきわめて低い線量についてさえ、浴びた線量に比例するということが仮定される。言い換えると、それを下回ると影響がゼロになるような放射線の閾値は存在しないということだ。この仮説を、件の関係者たちはあたかも慎重に検討済みであるかのように提出する。この仮説に従えば、現実の影響はより大きくなるだろうに。ジョルジュ・シャルパクは、次のような議論によりそれに科学的裏づけを与える。細胞の代謝に対する放射線の影響は、一定の人口の 20 パーセントが亡くなる「自然の」癌を引き起こす任意の偶発的要因と同種のものである。放射線により発症する癌と通常の癌とを区別するものは、何もない。微弱と思われる放射線の影響は、癌の他の原因と比べて副次的なものであるから、放射線に起

因する癌発症率の増大は、たとえきわめて微弱であっても、その線量に比例すると考えることができる。これこそまさに増加分の計算の土台になっている、というのである。〔中略〕

　チェルノブイリ・フォーラムの報告を少し注意深く読むならば、次のことがわかる。そこで発表された 4000 人という死者の数は、世界中で放射能の被害を受けたごく少数の人々に対してのみ比例モデルを適用するというやり方で計算されたものなのだ。すなわち、およそ 20 万人の清掃人、立ち退き者 12 万人、きわめて汚染の高い地域の他の居住者 27 万人、合わせておよそ 60 万人の人々である。他の被害者である数百万の人々について言えば、公式には何の算定結果も明らかにされていない。〔中略〕

　しかし、この手品には二つ目の演目がある。最初のものより興味深く、微妙で、はるかに反発を買いそうなものである。放射線量が時間を通じて一定で、広い範囲にわたっている場合、誰であれ癌または白血病で亡くなる特定の個人について、その死因がチェルノブイリという事象によるものであると言うことはできないのだ。言うことができるとすれば、その個人は先天的に癌や白血病で死ぬ可能性を持っていたが、チェルノブイリという事象により、それがほんのわずか増大した、ということだけである。原子力災害によると思われる 3 万ないし 4 万の死者は、それゆえ、その名で呼ぶことができないのである。公認されている学説では、かたくなに、そのような死者は存在しないという結論がとられている。それは哲学的に重大な過ちであるばかりではない。それは倫理的に、罪なのである（ジャン＝ピエール・デュピュイ『チェルノブイリ　ある科学哲学者の怒り』永倉千夏子訳、明石書店、2012 年。74-80 頁）。

　この文章が大事なのは、チェルノブイリの事故に関わった専門家たちがどのようなレトリックを拵えたのかを如実に伝えているからである。日本からも医療系の研究者が何人も派遣され、市民に対する卑劣とも思えるレトリックを用いたのをその目で見てきたし、その妙技をものの見事に福島の事故に際しても披露してくれたからである。

ⅰ．テクノクラートの言い草

　まず我々が思い出しておく必要があるのは、原発関連の説明会に出てきては住民を笑いものにしながら「安全神話」をぶちあげ、神話に納得しない住民たちを愚弄した大学教員たちだろう。いわゆる「原子力村」で甘い汁を吸いながら、事故が起きた途端にさっさと雲隠れした連中のことだ。

　彼らが事あるごとに繰り返したのは「事故など起きるはずがない」という台詞であり、事故が起きる確率を白亜紀を終わらせた巨大隕石の落下になぞらえるやり方だった。すなわち数千万年に1回という低確率の現象であるにもかかわらず、そんなことも理解できないのは民衆の思考が「非合理」であり、いわば一般大衆は「暗愚」だから騒ぎ立てるという理屈である。それに対し、テクノクラートにしてデュピュイの言う「ニュクレオクラート」でもある彼ら自身は常に合理的であり、民衆よりはるかに賢明であるから判断を誤るはずがない、というわけだ。簡単に言えば、原発の「安全性」を解さないのは民衆が科学に疎いからであり、つまりは愚かだからなのである。それに対して、「我々」が「安全」を信じて疑わないのは科学に通じていて、つまりは利口だからだという理屈である。

　この種の連中にはデュピュイの言うとおり、危機的状況に対する「最小限の真摯さと判断力が欠けている」。いわゆる臨界実験に臨んだときのエンリコ・フェルミの何重にも安全策を講じたときのきわめて現実的な安全対策こそ採るべき手であって、空想的な神話をぶちあげることではなかったはずだ。それゆえ、デュピュイは同書で次のようにも述べるのである、——「専門家たちは、自分たちが何をしているのか、考えていない。それが最大の危険なのだ」（同75頁）。

ⅱ．健康状態の評価

　デュピュイの批判のうち、より大事になってくるのは原発事故にともなって医療関係者によってなされた診断とその評価である。ポイント別に整理しておこう。

①直接の観察

　事故直後に大量の放射線を浴びた死者の場合、放射線被害は紛れもないし、明白である。しかしその後に中程度ないし微弱な線量の放射線を浴びた人たちについていえば、判断が難しくなる。つまり、何らかの病気になったとしても、それが放射線によるものか他の要因によるものかを区別するのが難しくなり、その場合には統計的な有意差が求められる。有意差がなければ、放射線の影響を考慮するには及ばない。この種の言い草については、「モデル化」の箇所で詳しく検討しよう。

②疫学的な調査：二つの困難
　(1) もっとも影響を受けた人々（清掃人、立ち退きに遭った人々）が旧ソ連全体に散らばってしまい、追跡調査ができなくなってしまった。
　(2) 微弱な線量を浴びた数百万人の人々に関して、死亡率、罹病率の変化を調べるとなると、法外な資金を投入しなければ検出できない。その費用を崩壊寸前のソ連にとって捻出することはほぼ不可能だった。

③モデル化
　これについては資料3の後半部分をもう一度だけ読み返してから次の段落に戻って読み進んでほしい。
　デュピュイは「重大な数学的誤謬」として、取るに足りない小さなものの集積をゼロと見なして切り捨てることを挙げている。彼は「カタストロフィー〔破局〕の結果の重大さを矮小化する方法には事欠かない」と言うが、この種の矮小化は私たちも震災の後でさんざん見せられた通りである。
　何が問題なのかというと、個々の症例を統計の中に紛れ込ませて「有意差なし」に解消してしまうことである。同じ核技術でも中性子倍増率「$k=1.0003$」を誰も「$k=1$」に等しいと見做さないことは第8回講義で見た通りだが、同じ理屈を用いるなら、事が住民の健康被害に及ぶや否や「1.0003」の自乗を何度も繰り返し、巨大な数が現われてもなお「有意差なし」を言い張るつもりなのである。
　その卑劣かつ杜撰な手口を理解する助けとして、デュピュイは「積み石のパラドクス」なるものを紹介している。すなわち、石の山は一つ一つの石の集積

から成るが、石の集合に一つ加えたからといって山になるわけではない。先に言及したように、ヨウ素は成長ホルモンの一種であり、甲状腺に蓄積する。そのため、チェルノブイリでもフクシマでも事故後、高校生の甲状腺癌が多発し、大きな問題になった。ロシアやウクライナで甲状腺の手術を行なった後に残る跡を「甲状腺ネックレス」と呼ぶが、日本でも甲状腺ネックレスのある高校生が頻繁に現われることとなった。しかし診断に当たった専門家は「統計的な有意差はない」との常套句を平然と繰り返した。普通に勤務医として病院で働いている臨床医に聞けば、ほぼまちがいなく次のような言葉を聞くことになるだろう、――「30年も医者をやっているが、私も同僚も、高校生の甲状腺癌には一度も出会ったことがない」。

明らかに専門家の言っていることを「おかしい」と言えば、自民党と民主党とを問わず、政治家や官僚が必ず口にする決まり文句が返ってくる、――「風評被害」である。「風評被害」のスローガンが含意する意味は、たとえ不安を抱いたとしても、その気持ちを表明すれば、それにより誰かを傷つけることになる。つまり、放射能に対する不安を表明することはもちろん、不安を抱くことそれ自体が「悪」とされるのである。

挙げ句に自称専門家たちは、漠とした不安を抱くのは、民衆の科学リテラシーが不足しているせいだとまで言い募る。そう、不安とは素人がする根拠のない想像に起因する妄念でしかない。専門家が民衆の漠とした不安に対置するのは、数値である。数値とは、専門家が弾き出した科学的根拠の結晶であり、疑うべくもない。こうして今日も今日とて「安全神話」をさえずる専門家と同じ匂いを漂わせた医師たちが「確率論的な影響」なるものを持ち出して滔々と語り始めるのである。

〔資料 No.04〕放射線予防の専門家たちは、強度の放射線にさらされたことと結びつく「因果関係を決定できる影響」と、微弱な線量に特有の「確率論的影響」とを区別する。彼らにとってうってつけなケースとは、反応炉下部の冷却水のサプレッション・プールを排水するために黒い汚染水に潜ったあの英雄もしくは狂気の沙汰の男のことである。彼なくして、核爆発の可能性を取り除くことはできなかった。彼が恐ろしい苦しみの中で死んだとき、その原因が放射

能であることには、いかなる疑念の余地もなかった。しかし、その確率論的影響はと言えば、必然的に疑わしいものなのだ——その影響が見分けがたいものであるなら、なおさらのことである！　こうした専門家たちをこの世から消してやりたいという抗し難い誘惑に駆られる。彼らは、人間的問題を取り扱うときも同じやり方で議論をする。人間的問題を危機に陥れるのは、虚言傾向や世の権力者たちを前にしたときの奴隷根性ではなく、むしろまさにこうした人間性の欠如なのである（同 90-1 頁）。

　たしか福島の高校生たちを診断したのは、長崎にある大学の役職者でもある医師だった。長崎という被災地の大学人が卑しい御用学者になっていたことに当初は驚かされたものだが、彼がウクライナに派遣され、放射線医療のレトリックを習得した専門家だと判明してからは「なるほど」と合点がいった。だから彼が「放射線による影響の確たる証拠がない」と言うたびに、デュピュイの言う「こうした専門家たちをこの世から消してやりたいという抗し難い誘惑」に共感することになった。その名を挙げたい気持ちを抑えるのに難儀するが、今は敢えて名前を挙げて目を汚すのは控えよう。ともあれ確率というこの種の仕掛けこそ、「人間の問題を非人間化する仕掛け」であり、深刻な病を統計の中に紛れ込ませることにより、真に向き合うべき問題をうやむやにし、忘却の闇に葬ってしまうのである。

3　専門家の無教養

　とりわけ原発事故に関しては、問題の在りかを見定め、告発しようにも、現状をどうにもならない状態にしている原因がある。それこそが専門家を気取る研究者たちのあいだに蔓延する「無教養」である。先に述べたようにデュピュイは理系と文系にまたがって研究してきた知識人であり、だからこそ現代の問題として専門家と称する二つの人間類型を挙げることができたのだろう。

　一方は、科学技術について何も知らない知識人であり、他方は病的無教養に陥った専門的科学者である。

　科学技術に疎い文系まる出しの知識人がいくら声高にわめいても科学者の魂にはなんら響かない。片や理系の科学者たちは自分の専門分野についてすらろ

くに知らない始末だ。ここ十数年のあいだに書かれた論文には相応の目配りを
しているのだろうが、それ以前は文系の人間が扱う「歴史」でしかなく、知る
価値もないと思い込んでいるのである。

　こういう現状認識は、もちろんフランスよりも日本ではさらに深刻である。
無知と無教養に甘んじながらそれを恥じなることなく大学で教えを垂れる連中
もいたずらに増えてゆく一方である。

　この講義が理系の知識を歴史と人物を交えて語ろうとしているのは、二つの
無知のあいだに何とか橋を渡すような試みを、とりわけこれからの未来を創出
するであろう学生たちに伝えておきたいからである。

　さて、こうした専門家の無知・無教養を正当化するような文章を、マック
ス・ウェーバーの『職業としての学問』から引いておこう。

　〔資料 No.05〕実際に価値ありかつ完璧の域に達しているような業績は、こん
　にちではみな専門家的になしとげられたものばかりである。それゆえ、いわば
　みずから遮眼革を着けることのできない人や、また自己の全心を打ち込んで、
　たとえば写本のある箇所の正しい解釈を得ることに夢中になるといったような
　ことのできない人は、まず学問には縁遠い人々である（マックス・ウェーバー
　『職業としての学問』尾高邦雄訳、岩波文庫、1936、80 年。22 頁）。

　この文章の発表年は 1919 年である。第一次世界大戦が終結したのは 1918 年
だから、終戦の翌年に発表されたことになる。ただし講演が行なわれたのは、
まだ消耗戦に終わりが見えず、泥沼が深くなるばかりの 1917 年だった。国土
が疲弊し、未来に光明が見えない学生たちの精神を支配していたのは、反－知
性主義だった。ウェーバーはそんな学生たちを前にかなり厳しい態度で臨んだ
と言われている。片や学生たちは、知の巨人であるウェーバーに対し、挑戦的
でありながらも、どこかで人生の指針となるような神託めいた言葉が出てくる
のを待望していたのかもしれない。学問的権威に人生の針路を示してほしいと
いう気持ちはわからなくもないが、ウェーバーが提示したのはその種の金言で
あるどころか、その種の態度からほど遠い専門人の肖像にほかならなかった。
ウェーバーは狭い分野の研究に専心するひたむきな科学者を、遮眼革を装着さ

れた競走馬に喩えている。よそ見をせず、言い換えるなら強制的に脇目もふらない状況に身を置き、一心不乱に前方に突進することにこそ、専門人の倫理性があるというわけだ。この、やや有名に過ぎる科学者像は、その後、ナチス台頭に対して無力だったドイツの知識人たちを批判する根拠にもなってゆくが、デュピュイもまた同じ文章を引いたあと、次のような激辛の文章を書き付けている。

〔資料 No.06〕その結果、科学者の大部分が根本的に科学的に無教養であるということになるのだ。量子光学の実験研究者は、同じ量子論でも引力の話はまるで知らない。生命科学の分野で高名なフランス人は、（文字通り）「フォン・ノイマンのことをカルティエ・ラタンの知識人の一人」であると思っている。それぞれが、己のきわめて狭い専門領域については莫大なことを知っているが、その領域での同業者は 10 人ほどしかおらず、それは彼のライバルでもあるのだ。過去については語るまい。なぜ時間を割き自らの専門分野の歴史を学ばないのか。科学が漸進的に真実へと向かっていく進歩だというのは周知のことであるのに。典型的な科学論文の参考文献書誌を見てみるがよい。あたかも科学は三年前に始まったかのようだ。知的活動が文化と呼べるものになるためには、少なくとも、自己言及的反省回路があることが必要であり、自己ではないものとのしっかりした交流がなくてはならない。超＝競争的科学、従って超＝特殊化された科学は、何にでもなり得るが、文化的活動とはなり得ない（デュピュイ 112 頁）。

ここでぶった斬りにされているのは、科学者の科学的無教養である。彼らにとっては、自ら専心する科学があたかも「3 年前に始まったかのよう」である。彼らを無教養な状態に追いやっているのは、アメリカをして必要のない原爆投下に走らせた動機、目先の「成果主義」に引きずられた諸科学であり、それをデュピュイは「超＝競争的な科学」、「超＝特殊化された科学」と呼んでいる。

　17 世紀の哲学者たちは今で言う科学者でもあった。「われ思う、ゆえにわれあり」で有名なフランスの哲学者、ルネ・デカルトは数学では幾何学の座標を発明したことで有名である。デカルトはまた、『リヴァイアサン』の著者であ

るトマス・ホッブスと光学の分野で激しい論争を交わしたこともあった。『モナド論』で有名なライプニッツはニュートンとのあいだで、どっちが先に微分を発明したかをめぐって大きな争いをしている。デカルトの友人で法律家のピエール・ド・フェルマーは、仕事のあとで趣味の数学に興じ、20世紀末まで解決しなかったフェルマーの最終定理を蔵書の余白に走り書きしたことで300年以上も世界中の数学者を苦しめることになった。

　どうして、17世紀のように人々が横断的にさまざまな知識に触れ、考える愉しみに興じることがなくなってしまったのか？　どうして17世紀の知の巨人たちのように諸分野に跨がって研鑽を積むのではなく、ウェーバーの言うブリンカーを自ら装着し、周りを見えなくした科学者がよき見本例になってしまったのだろうか？

　あるいは……デュピュイが嘆く「無知」と「無教養」は近代社会と近代的な学問の宿命として受け止めなければならないのか？

4　乖離

　いわゆる「安全神話」は、もちろん日本において大問題になったが、日本に特有の不可解な現象ではなく、少なからずほかの国々でも見られる現象だった。キュリー夫妻のころはほとんど何もわかっていなかったから無用心だったとしても仕方がないが、その後のマイトナーとハーンのチームは常に注意を怠ることなく研究に励んだお陰だったのだろう、二人とも健康に恵まれ、長命でもあった。エンリコ・フェルミもまた危険な物質を扱っていることは十分に弁え、ウランやプルトニウムには細心の注意を払っていたが、逆に注意を払わなかったベリリウムに健康を蝕まれ、そのために亡くなった。しかし、どういうわけか原子力発電所を運転する段になると、専門家は初期の研究者が当然のように払っていた細心の注意を、あたかも愚かしい被害妄想か何かのように見做すようになっていった。

　それゆえデュピュイは次のように言うのである。

　〔資料No.07〕原子力庁は、社会学者たちに、人々がなぜ核を恐れるのか、その原因は何か、分析を委託した。だが私は逆に、核の専門家たちがなぜ核を恐

れていないのか、その原因は何か、人類学的調査を実施することが急務だと考えている（同 150 頁）。

　ヨーロッパの専門家たちもまた、我が国の「大学教授」と同じく、民衆、すなわち非専門家の素人がどうして不安を感じ、恐れるのかと嘲笑い、愚弄していた。このような態度は一人の専門家に限ったものではなく、いわんや役人にありがちな慇懃無礼な態度でもなく、フランスの原子力庁についても一緒だった。まったく同じ態度から、彼らは核に対する人々の不安と恐怖を嘲笑する。だからこそ、我々にとってはデュピュイとともに、原子爆弾を生み出したオッペンハイマーやフェルミたちの名前を想起しながら、こう問うことが肝要なのだ。「どうして核の専門家たちは核を恐れないのか？」どうして経産省の役人どもは核が危険なものであることを頑として認めようとしないのか？　どうして政府は危険なものを取り扱っているということを自覚しようとしないのか？危険なものに不安と恐怖を感じる態度を「愚昧」と嘲弄する態度の方がはるかに愚かであったと判明してしまった今こそ、危険性に鈍感なままリスクを取りに行く態度の起源ないし理由をこそ探っておく必要がありそうだ。
　彼らの脳に救い難く巣くっているのは「数値信仰」と「安全神話」だった。数値とはいえ、どれだけ条件を揃えたかわかったものではないから、所詮は都合のよい条件をいくつか並べたにすぎない薄っぺらな確率でしかない。そして安全神話については今や安全対策を怠り、講じるべき対策を講じないで済ますためのご託宣でしかなかったことが判明している。
　つまり、彼らはほとんど意味をなさない数値と、浅薄な方便でしかない神話に寄りかかって民衆の不安を嘲笑し、建設地の住民を欺いてきたのである。たぶん専門家にも役人にも欺いているという自覚はなかった。むしろ「無教養」の自覚がない専門家たちの自惚れと、責任を逃れようとする官僚たちのいつもながらの無責任が、安易な拠りどころの補強すらしなかったから、間もなく論理も根拠もぼろぼろに朽ちてしまったのだ。つまり、津波が襲ったのは、はじめからボロボロに朽ち果てていた廃屋（のような理屈で立っているだけのような建造物）だったことになる。
　デュピュイが「核を恐れない態度」の人類学的フィールドワークが必要だと

言ったのは、現代社会におけるリスク管理の問題がいつしか闇雲なリスク回避
の態度に転化し、コストの計上と責任の同時的な回避を願っていることを暴か
なければならなかったからだろう。間違いはどこで起きたのか？　責任を果た
すには必要なコストを投じなければならないと（考えなければならないにもか
かわらず）考えないで済まそうとする態度である。つまり、想定しなければな
らないことを「想定外」として思惟の枠外に排除し、（見えているにもかかわ
らず）見えないことにしてしまったのである。

5　想定外の想定可能性

　ジョン・ロールズの『正義論』の理論的な土台は、いわゆる社会契約論に
あった。「justice」という単語には「正義」だけでなく「公正」の意味もある。
契約を締結する者たちの関係が正当であるためには、契約内容が公正でなけれ
ばならない。自然権思想の代表的な論客であったホッブス、ロック、ルソーに
とって、社会契約は契約の当事者間の関係を規定する点で共通している。

　公正な相互関係を、人類学の用語では「互酬性 reciprocity」と言う。互酬
性は必ず対等な者同士の関係を指す。すなわち、対等な者たちの相互依存や対
抗関係においては、彼らの関心（利害）もまた必ず互酬的（相互的）にならざ
るを得ない。対等な者同士の関係とは、贈り物を贈り合う関係を範とし、贈り
物をもらったら、お返しをしなければならないという規範に縛られている。そ
の規範は二つの義務から構成される——受け取る義務と返礼の義務である。同
じ対等な関係性は、公正なルールにしたがって闘争する人たちにも当てはまる。
一つの将棋盤を挟んで勝負する棋士たち、同じリングで殴り合うボクサーたち、
土俵の上でぶつかり合う力士たち。ラテン語では市民を「civis」（キーウィス）
と呼ぶが、その関係を指す civitas キーウィタースの意味は、対等な市民同士
の関係を指す。友 civis の対概念は「hostis」であり、こちらは「敵」を意味
する。

「友」と「敵」は、正負の記号のちがいはあるが、どちらも対等な関係を意味
する。友人たちは互いにとって友である者たちであり、敵もまた互いにとって
敵であり、その意味で対等なのだ。どこまでも横向きの対等さにとどまるがゆ
えに、社会契約論を土台にして議論される「正義・公正」の考えからは必然的

に抜け落ちてしまう問題ないし関係がある。

〔資料 No.08〕契約にもとづく正義の理論は、相互関係を理想としている。と
ころが、異なる世代同士の間には相互関係はありえない。後から来る世代は先
行する世代から何かを受け取るが、代わりに何かを先行世代に与えることはで
きない。さらにもっと重大な問題もある。西欧に見られるような直線的な時間
の観念、つまり啓蒙主義から受け継いだ進歩思想では、未来の世代は先行世代
よりも幸福で賢いとされてきた。一方、正義論が体現する基本的な倫理的直感
では、私たちは弱者を優先するよう促される。するとここで大きな矛盾が立ち
ふさがる。世代間での場合、先行世代は恵まれていないにもかかわらず、彼ら
だけが後の世代に与える立場にあることになってしまうのだ！

　このような枠組みの中で思索していたカントにとっては、人類の歩みが住処
を建設することに似ていて、最後の世代だけそこに住まう楽しみを享受できる
など、とうてい説明のつかないことだった。しかしながらカントは、自然や歴
史の狡知であるかのごとく示されること、いわば道具的理性の一大傑作の完成
を、拒絶できるとは思っていなかった。すなわちそれが、最後の世代のために
先行世代が身を犠牲にするという考え方である。

　私たちの今日の状況はそれとはだいぶ異なっている。というのも、私たちの
基本的な問題は、一大破局を回避するということだからだ。
〔中略〕では、私たちは西欧の伝統の外に概念的な手がかりを見出せるだろう
か？　アメリカ先住民にはきわめて美しい次のような箴言が残されている。「大
地は子孫が貸してくれたもの」（ジャン＝ピエール・デュピュイ『ツナミの小形而
上学』島崎正樹訳、岩波書店、2011 年。8-10 頁）。

civis と hostis が関係の対等性を見失うことなく、位相を少しだけ変える契
機がある。それが市民＝友が敵国の訪問者を客人と迎えるときに形成される態
度である。その態度を英語では「hospitality」と表現し、その意味は「歓待」
または「おもてなし」である。敵国からの訪問者が「客人（ゲスト）」になる
とき、主人が男なら「ホスト」になり、女なら「ホステス」となる。見ず知ら
ずの病人を受け入れる施設はホスピタル（病院）と呼ばれ、見ず知らずの旅人

を宿泊させる施設はホテル（旅籠）と呼ばれる。hospitality によって結ばれるホスト／ホステス（主人）とゲスト（客人）の関係は対称的な相互関係ではなく、非対称的な関係に移っている。すなわち、「もてなす／もてなしを受ける」関係であり、「治療を施す／治療を受ける」関係であり、「泊める／泊まる」関係である。

　関係が非対称的であっても、例えば「売る／買う」のように「与える／受け取る」関係に対価がともなうなら、それは等価交換によって結ばれた関係になるから、やはり対等な関係に帰着する。関係の非対称性が対価をともなわず、非対称的なまま推移するなら、関係は相互的なものでも互酬的なものでもなく、「世話する／される」のように「相補性」（G・ベイトソン）に貫かれたものになる。親子関係や師弟関係など、先行する世代と後続する世代との関係がこれに当たる。

　デュピュイの主張は、ロールズの言う正義が社会契約論の立場から立てられる限りにおいて、非対称的な関係、とりわけ先行する世代と後続する世代との関係が丸ごと抜け落ちてしまうということだった。つまり、先行者と後続者とのどちらが不利益を蒙るのかはわからないが、少なくともそれらの関係は公正たりえない。先立つ世代が後続する世代に何を遺すかはわからないが、後の世代はそれを受け取ることしかできない。しかも受け取る者たちはすべてを相続しなければならない。相続したものは「遺産」と呼ばれるが、その中には否応なく負の遺産も含まれる（核のゴミを含む大量のゴミ）。

　デュピュイが公正（正義）から脱け落ちた「遺産相続」の一方向的な関係に孕まれた暴力性に対し、それを埋め合わせる契機として挙げたのは、アメリカ先住民の教え、──「大地は子孫が貸してくれたもの」。

6　MAD

　正義論における関係からの一帰結として、対等な者同士の暗黙の了解という契機がある。暗黙の了解とは、社会契約論の中でもとりわけユニークな立場であり、「社会契約などあり得ない」と主張したデヴィッド・ヒュームの考えだった。ヒュームの主張は、社会を作った祖先が契約を結んだのではなく、今、現に社会生活を営んでいる私たち自身が日々、阿吽の呼吸で契りを結んでいる

というものだった。ボートに乗り合わせた二人が交互に櫂を漕ぐようにして――。そのような暗黙の了解への「信」は、はたして契約たりうるのだろうか？

〔資料 No.09〕私が述べたいのは、相互確証破壊（ＭＡＤ）という論理、むしろ「相互脆弱性」とでもいうべき論理である。基本的な図式は単純である。各国は、他国を破滅させる報復手段を持つ、ということである。ここでは安全保障は、恐怖の賜物である。もし二国のうちの一国が自己防衛を強化したら、その国は自らの強さを信じることになるので、もう一方の国は、先制攻撃を予防するためにその国を攻撃するだろう。核兵器社会は脆弱であり、同時に強靱な存在となる。脆弱だというのは、他国からの攻撃によってある社会は滅ぼされかねないからである。強靱だというのは、社会は攻撃者を殺す前に死ぬことにはならないからである。社会を破滅させる攻撃の力がどれほどのものであろうが、それはつねに可能である。核抑止は、「冷戦」と呼ばれるパラドクサルな平和におそらく貢献したのだ。今日いまだに幾人かの精神を動揺させる問題とは、パラドクサルな平和が道義的に異常であったかどうかを見極めることである。〔中略〕

　あるフランス人戦略家は平然と次のようにいう。「我が軍の潜水艦は、半時間で５千万人を殺戮することが可能である。これだけでどんな敵であろうとも攻撃を思いとどまらせるには十分だと考えている」。震え上がるような談話であるが、この言語行為によって彼が表現する未曾有の脅威は、まさに抑止の本質である。たとえ甚大な被害をもたらす先制攻撃に対する報復攻撃だったとしても、５千万人の無実の人を殺す行為ははかりしれない悪行であると多くの人は考えている。この行為をおかす意図もまた、巨大な悪ではないのか。もし私があなたを殺す計画を立てており、予期せぬ出来事によって私が罪をおかさない場合、私が計画を実行した時に比べて、罪が軽いといえるのだろうか（ジャン＝ピエール・デュピュイ『ありえないことが現実になるとき』桑田光平・木田貴久訳、筑摩書房、2012 年。185-6 頁）。

ＭＡＤ（Mutual Assured Destruction）は、核の所有が戦争への抑止力、延いては安全保障につながるという考えの核心にある論理である。それは単なる

絵空事ではなく、核を持たない国に核を所有しようという動機を付与し、すでに核を所有している国に対しては保有の論拠を与える理屈ともなっている。

　MADの論理は、ある単純な心理を想定している。躊躇である。第一に挙げておくべきは、核開発に邁進した科学者たちの考え方である。彼らは、たとえ核兵器が手に入ったとしても、大きすぎる破壊力を手にすることは、むしろ使用（とりわけ実戦における使用）を躊躇わせるにちがいない。だから、すでに所有する核の威力をデモンストレーションを通じて示すだけで、今度は敵の側が戸惑い、戦争に向かう気持ちを萎えさせるか、少なくとも躊躇わせることになる、と。この、いわば第一の躊躇を採っていたのは、オッペンハイマーとボーアだった。

　いやいや、実戦で用いてこその「抑止力」だと考えたのがグローヴスとトルーマンだった。いずれにしろ、使用によって敵国ないし隣国に生じるであろう躊躇の感情が第二点に挙げられる。第一の躊躇は、もてる力が巨大であるからこそ使うことに関して生じる躊躇いの感情である。第二の躊躇は、敵ないし友のもつ力をまざまざと見せつけられた側に生ずる当惑ないし恐れに起因する躊躇であり、つまりは戦争の遂行および軍備拡張に対する躊躇いである。これら核から生じる二つの躊躇いが「抑止力」になるという考え方を、デュピュイが挙げたフランス人戦略家は見事になぞっていたが、戦略家本人は自分の言葉が他人の受け売りであることにまったく気づいていなかった。

　歴史は第一の躊躇を反駁している。つまり、科学者たちの使用への躊躇いは、簡単に裏切られた。しかも、わざわざ日本に降伏の機会を与えまいとする念入りの工作を凝らした上で見事に突破されてしまった。そして、アメリカの軍と政府の想定していた第二の躊躇いもまた、ソ連や英仏の核開発によって簡単に破られてしまった。核を保有することは自国が使用することへの「抑止力」にならなかったし、他国の核開発への「抑止力」にもなってくれなかった。

　こうして複数の核保有国が核兵器という究極の武器を手にして睨み合う恰好になってしまった。この二つの抑止力が破られた結果として出現した状態こそ皮肉にも真の「抑止力」を出現せしめ、互いに核を有するがゆえに核戦争を不可能に陥らせる「MAD」を実現させたことになる。その理屈によれば、科学者が想定した抑止力が難なく破られたのは、アメリカが持っている核の力を日

本が持っていなかったからだということになる。もし日本に核兵器があれば、たとえアメリカであっても簡単には攻撃できなかったにちがいない。したがって、アメリカの保有する核の脅威に屈しないためにも核保有は必要だし、アメリカの覇権（一強支配）を許さないためにも核兵器の開発は是が非でも進めなければならない。

　このような考え方がソ連だけでなく、イギリスやフランス、中国の核開発を促してきたし、インドやパキスタン、イスラエルなどの国々を核開発に走らせた。日本の政治家たちの中にもこの種の考えに取り憑かれた人たちがいる。ただし、この論理には致命的ともいうべき大きな穴が空いていた。

7　抑止の論理を反対方向からひっくり返す

　核保有による「抑止」の論理には、固有の危うさがある。それが何かを知るため、とりあえず資料を読んでみよう。

〔資料 No.10〕完璧な抑止が機能した時に自己矛盾に陥るというテーゼから始めよう。これは歴史の時間、すなわち戦略の時間においては、重大な形而上学的誤謬をおかさずには弁護しえない。その誤謬とは、現実化していないものから不可能性を引き出すことである。これは、核抑止の推進者たちが、「私は決してボタンを押さないだろう」という事態から「私がボタンを押すのは不可能である」という事態へとひそかに移行した時にまさに彼らがおかさざるをえない誤謬である。彼らは核抑止の批判者から、受け入れがたいことを可能にしていることで非難されている。歴史の時間では、抑止が完全に機能したら、黙示録的脅威は実現しない可能態であり、この可能態は現状の世界に対して抑止的な効力を発揮し続けるのである。もしそうでない場合は、それは脅威が自己矛盾するからではなくて、恐怖をもたらす可能性であるところの脅威が信ずるに足りないからである。歴史の時間において私が照準を定めた推論の誤謬は、こうして、核抑止の批判者によって時間の流れのなかで、先行した二つの重大な議論を混同することへと立ち戻る。すなわち、一方では、脅威の確信の欠如、もう一方では順調に機能した抑止の自己否定である。この二つの議論は、異なる形而上学の基礎の上に立っている。

　反対に、投企の時間においては、実現しない状態から不可能性への移行は誤謬ではない。というのも、そのことが投企の時間にふさわしい形而上学の基本的な特性の一つだからである。現在においても未来においても、存在しないものはおしなべて不可能態である。したがって、投企の時間においては、順調に機能した、すなわち、脅威の実現を非存在の領域へと放逐したあらゆる抑止や防止は、まさに順調に機能したという理由で、自ら消滅しているのである。順調に機能したあらゆる防止は必然的な結果として、無駄に見える。というのも、それは存在しない悪を追い払うためになされているからである。歴史の時間において際立った詭弁としてあらわれたものは、投企の時間において有効な論理展開となったのである（同192-3頁）。

　抑止の矛盾とはこうだ。ＭＡＤが成立すれば、どちらが仕掛けても必ず相討ちになる。そのことを弁えた上で、双方ともに刀に手を掛け、睨み合っている。相手を殺そうとすれば確実に自分も殺されるとわかっているから、どちらも手を掛けたまま絶対に刀を抜かない。ただし、抜かないのではなく、抜くことができない、つまり「不可能性」の域に達しなければ、ＭＡＤは安全保障として確実だとは言えない。

　しかし、不可能であることが確実になってしまうと、その途端に今度はＭＡＤがその意義を失いかねない。絶対に使えないものなど存在しないも同然だからだ。あってもなくても同然の存在なら、もはや脅威の名で呼ぶことすらできなくなるだろう。絶対に使わないものをわざわざ巨額の予算を投じて開発し、保有し続ける意味がどこにあるというのか。

　もし、なおも保有する意味があるとすれば、ＭＡＤが破られてしまう可能性が現実味を帯びていなければならない。単にして純に不可能なら脅威などないに等しいのだから、脅威が信ずるに値するものであるためには、抑止が解除されてしまう可能性があり、可能性が現実になるその瀬戸際にいると証明できなければならない。

　もちろん脅威が現実になれば、今度はＭＡＤが砂上の楼閣となり、はじめから核に抑止力などなかったことになる。安全保障を必要かつ確実にしたいなら、脅威は現実的なものでなければならないが、未然に防がれていなければならな

い。喫緊の脅威はそれが現実化する可能性がありながらも、その契機を絶えず
遠ざけられ、だが完全に取り除かれることなく存続しなければならない。

　カール・シュミットが『大地のノモス』の冒頭で挙げた古代キリスト教にお
ける「抑止するもの」の役割が思い出される。「抑止するもの」は何を抑止し
ているのか？──決まっているではないか、終末の到来だ。テルトゥリアヌス
の時代から、ヨーロッパ人は「抑止力」をキリスト教的な「終末の到来」との
関連で思考し続けてきた。ただ、古代と異なるのは終末をもたらす力もその到
来を抑止する力も同じ「力」であり、いずれの力も人の手の内にあるというこ
とだろう。

　だから時が経つにつれて、人は抑止が順調に機能していると思うよりも、次
のような疑惑を抱くようになる、──脅威は本当に存在しているのか？　脅威
も抑止力も巨額の予算を分捕るための方便（フェイク）ではないのか？　つま
り、「終末」はもはや神話や伝説でしかないのではないか？　こうして脅威は
不可能性を経由して「非存在の領域」へ放逐されてしまう。脅威が存在しなけ
れば、抑止は存在しないものを防ぐための保険になってしまう。しかし、すべ
てが無駄な投企（投資）となれば、核保有国は「無」という巨大な穴を掘って、
そこに莫大な資金を注ぎ込んでいただけになる。

　それゆえ、もし核保有国の投資が無駄（無益）ではなかったと正当化しよう
とすれば、脅威が再び現実的かつ確定的なものになっていなければならなくな
る。たとえば、使う当てのない品物を高額で購入することを説得力ある形で正
当化する「理由」とはいったい何だろうか？　おそらく「使う機会」を具体的
に想定できなければ「理由」も構築されえない──脅威も抑止力も「想定外」
ではあり得ない、と。こうして堂々巡りは終わることなく、論理は現実なのか
フェイクなのかをめぐって空転を続け、為政者の焦燥感だけがいたずらに募っ
てゆく。デュピュイは「パラドクサル」という形容詞を用いたが、ＭＡＤには
まさに論理の大きな穴が空いているのだ。その穴を脱けようとする試みは、し
かし、どこに向かって脱出しようとするだろうか？　突破口は抑止力の自己否
定という論理の行き着く果てにある。邦訳書の訳文はやや難解に過ぎるため、
ここは原文から訳出しておくことにしよう。「ＭＡＤの原理それ自体が、恐怖
の均衡が崩れた場合には、相互破壊の保障に転じてしまうからである」（Jean-

Pierre Dupuy, *Pour un Catastrophisme Éclairiré.*, Seuil, 2002. p.207. 邦訳書 190 頁）。

　つまり、何が抑止されているのかを明らかにするためには、その成果を形にして示さなければならない——誰の目にも明らかな形で。ただし、この場合は「抑止するもの」がそのままの形で「終末」に転移し、抑止力の「現実」が「現実の終わり」を実現することによって到来することになる。今度ばかりは一方的な破壊ではなく、互酬性に忠実な一蓮托生の論理にしてその現実態として——。

　嗚呼、相互確証破壊はほんとうだった。ただし、それがわかるのは、つい先ほどまで抑止力がはたらいていたことをその失効がもたらす現実によって逆説的に知らしめられるからなのだった……。

　現在の私たちより以上にこの論理の内側に生きていたことをありありと実感できる機会をもてた人たちは歴史上でも滅多にいないにちがいない。

第15講
ある男が核の闇ルートを作り出す

1　NPTとMADの理屈

　日本の政治家たちはどうやら日本の国是である「非核三原則」が核兵器の撤廃を謳った理念ではないと思っているようだ。むしろ自分が持たず、持つつもりのないものを持っている他者のその所有を是認し、延いては他所の所有を頼みにして自身の安全を確保しようと狙っているかのようなのだ。「非核三原則」を謳い、「核不拡散条約」に署名しておきながら、核廃絶の理念にもっとも忠実な「核兵器禁止条約」の批准をなぜか拒否している理由として「核の傘の下」などと平然と言ってしまった以上、前の二つは体のいい「他力本願」の言い逃れだったと謗られても文句は言えまい。つまり、戦争の抑止を他人の力と忍耐力に任せきりにしている手前、他人からその力を剝奪する条約に調印することなど、とてもできやしないというわけである。

　ならば、頼みにしている他人はどうやって核兵器の使用を自制し、戦争を抑止しているのか？　それが前回のラストで検討したMAD、すなわち相互確証破壊である。相互制や互酬性は、対等な諸個人の関係だが、対等さをより深化させると上下関係もなければ時間的先後関係もないまま緊張関係に巻き込まれた兄弟たちの関係になる。一人の女をめぐって一触即発の状態にある兄弟たち、老い先短い親の遺産をめぐって睨み合う兄弟たち、——その手の緊張関係は鏡に映る自分自身との闘いの様相を呈する。つまり、一卵性双生児が互いに拳を構え、「やれるものならやってみろ」と挑発しつつ「先に手を出したらどうなるかわかってるな」と制する恰好である。

　MADは、相手が自分と同じ考えを持ち、同じように感じ、同じ反応をすると仮定している。そう、相手が自分そっくりな存在であるということ、すなわち人間の双子性を頼みの綱にしているのである。鏡が私の動作を永遠に模倣し、同じ振る舞いを真似てしまうのに似て、鏡の向こうに見える分身は同じ衝動を

抱え、同じ恐怖を抱き、同じ自制心を持つと信じられている。ところが同じものの反復としての双子性こそ、人がもっとも暴力の至近距離まで接近してしまう要素なのだ。破滅への意志がおのれの分身に向けられ、兄弟に対する殺意になってゆく。だからこそ、古代社会や未開社会では双子が誕生しただけで一族がそろって戦慄し、恐れおののくのである。双子が禁忌に結びつくその経緯をルネ・ジラールの著書から読んでみよう。

〔資料 No.01〕たしかに、禁忌のほうが社会科学よりも人間の闘争の本質をよく捉えていると断定するのは、何か逆説的です。ある種の禁忌、たとえば多くの社会に見られる双子に対する禁忌とか、鏡に対する恐怖などがまったくばかげたものであるだけに、ますます逆説的です。

　禁忌の矛盾は、われわれの主張の弱点を突くどころか、それを確証してくれるものです。というのは模倣の干渉に光をあてることによって、なぜそうしたばかげた禁忌がありうるのか、つまりなぜ原始社会が鏡や双子を復讐と同じほど恐るべきものと判断しうるのかが、たいへんよくわかるからです。鏡の場合でも双子の場合でも、まるで二人の人間が相手の真似をしているみたいにそっくりなものが二つあらわれるというところが問題なのでしょう。そしてどんな場合でも模倣によって同じものが生まれると、すぐに暴力が喚起されるのです。それはまるで暴力と隣りあった原因のようにみえます。宗教的なもののこうした考え方は、双子が模倣によって伝播するのを妨げるためにどんな配慮がなされるかによって証拠立てられます。双子は厄介ばらいされますが、それにはできるだけ非暴力的な方法がとられます。それはこの瓜二つの人間から発散する模倣の誘惑に引きこまれないようにするためです。双子の両親、ときには隣人に対しても、いろいろな処置がとられますが、このことによっても激しい汚染が恐れられている理由がよくわかります（ルネ・ジラール『世の初めから隠されていること』小池健男訳、法政大学出版局、1984 年。17-8 頁）。

双子が種々の暴力を汚染させる源泉とされるのは、瓜二つの 2 項はそれらが存在するだけで運動を開始してしまうからである。すなわち、何もしないのに互いを真似し、模倣の無限反射を始めてしまうのである。2 項のあいだで反射

し合うものなら何でも映し出し、やがて乱反射を——。もちろん善意が波及し、愛が広がっていくだけならいいのだが、愛が女の奪い合いに発展すれば、殺意がみなぎるだろう。愛から嫉妬が芽生え、憎悪が乱反射を始めると、やがて殺意が集団に感染し、人々のあいだに暴力の芽が萌し、蔓延し、共同体を「汚染」する。

　もちろん双子性それ自体は善でも悪でもない。しかし、それは善きものを波及させるのとまったく同じ仕方で悪しきものを波及させる源泉となる。人が双子の誕生に不吉な前兆をみたのは、人の世は常に、おのれの内なる不吉な衝動を認めてきたからだろう。とりわけ2対の関係のうちに内なる悪を蔓延させてゆく要素を認めてきたのである。

　しかし、殴り合いながら沼に沈む双子の悪夢を離れてみたら、どんな光景が展開するだろうか？　悪を担うのは双子ではない。双子は連帯する兄弟（兄弟愛＝博愛 fraternité）の中心にいる。彼らは今や悪の源泉ではなく、悪しき何者かをこの世から葬り去るべく共謀する共犯者たちとなるのである。

　フロイトは『モーセと一神教』という有名な論文で、一神教の起源に「父殺し」の出来事を措定（妄想？）する。いわゆる「原父の殺害」だが、ここではそのエピソードを『ロルティ伍長の犯罪』で取り上げたフランスの法学者、ピエール・ルジャンドルの用法を借りて「部族の父」と呼ぶことにしよう。「部族の父」とは、女たちを独占し、娘たちを犯し、子に子を産ませる恐怖の暴君だった。息子たちの目の前に君臨する「父」は、恐ろしく、また忌まわしい専制君主にほかならなかった。兄弟たちは意を決して共謀し、おぞましい「父」の殺害を決意して、決行に至る。彼らは「父殺し」の汚名を引き受け、良心の疚しさに苛まれただろうか？　いや、彼らはその後、カオスから秩序を立ち上げ、けだものたちの巣窟である「鶏小屋」から脱して、社会秩序を樹立したのである。暴君としての「父」は未だ社会を知らない始源のカオスを象徴する存在となり、「われわれ」の起源へと遠ざけられてゆく。それは息子たちが作り上げた秩序の源泉としての「起源」なのだから、神聖でなければならない。こうして忌まわしい振る舞いの数々は忘れ去られ、昇華された神話的な「父」が祭り上げられる。怪物は漂白され、共同体の起源神話を象徴する存在にすり替えられるのだ。忌まわしい暴力の化身は、恐れられ、畏怖される存在であった

がゆえに聖なる「父」となった。人の道を外れた怪物は、堕落し、地下深くに沈みながら人の世の「外」を一周し、あらためて世界の上空に聖なる「父」として君臨することになったのである。人の道を外れた罪深い所業がこうして人の身ではなしえない神の御業になり、おぞましい行為が神的な次元に投射され、神の超越性を形容する述語になってゆくのである。

　ユダヤ人であるフロイトが一神教の起源にこのようなからくりを見ていたこと自体、とても興味深いことだが、今はその点には拘泥することなく、同じ動機を抱いている兄弟たちの緊張関係にのみ着目しておこう。

　昇華された「部族の父」は、ちょうどMADにおける核兵器の存在に似ている。圧倒的な暴力は、力を振るう側にも同じ力を振るわれた側にも等しく人間を超越した「力」を意識させる。トリニティ実験は、単なる爆弾の実験であるにもかかわらずキリスト教の「三位一体」の名で呼ばれていた。さらに実験が行なわれた場所すら「グラウンド・ゼロ」と名付けられ、あたかも聖地であるかのような扱いを受けることとなった。他方、原爆を落とされた側である日本においても、広島では原爆ドームが惨劇のモニュメントとして神聖視されてきたし、至るところにモニュメントが林立し、今なお「核」にはモニュメント化の契機に事欠かない始末である。たかだか大量殺人の道具でしかないものを、どうして加害者も被害者もこぞって聖なるものとして扱うことになっているのか？　とりわけアメリカに至っては死者を悼むわけではないモニュメントだけに、そこに絡みつく必須要素はたとえ死ではあっても死者ではありえない。ジラールの（必ずしも忠実ではないという意味で「不肖」の）弟子でもあるジャン＝ピエール・デュピュイは、それ、つまり聖化の根源にして根拠を「畏怖」に見ていた。彼は同じ「グラウンド・ゼロ」の名をもつもう一つの暴力のモニュメント、すなわちニューヨークを襲った「9.11」テロの跡地に作られた「グラウンド・ゼロ」を訪れ、次のように述べていた。

　〔資料 No.02〕我々が石棺の前で覚えた感情は、こう名付けることができよう。聖なる恐怖、英語でいうところの畏怖（awe）だ。私がそれをはじめて経験したのは、自分が〔著作で〕言及したグラウンド・ゼロを訪れたときだ。なぜアメリカ人たちは、かつてツインタワーがそびえていた場所を「聖なる空間」と

呼ぶのだろうか。おそらくは一つの野蛮な行為が二一世紀の恐怖への扉を開いたその場所で、彼らはどんな聖なるものを崇拝しているのだろうか。思うに、テロリズムの行為の場所を聖なるものにしているもの、それはその行為の舞台となった場所で行なわれた、暴力そのものである。ヨーロッパのユダヤ人殲滅は、おなじ理由に従って、またはおなじ傾向に従って「ホロコースト〔ギリシア語で、ユダヤ教の供犠・燔祭を表わした〕」と呼ばれたという事実がある。こうしたものを一つの超越的なものにするのは、まさに技術の暴力だ。〔いかなる時も〕我々にとり残るものがあるとすれば、おそらくはただ一つ、この超越性なのだろう（デュピュイ『チェルノブイリ　ある科学哲学者の怒り』58 頁）。

　暴力を葬る暴力は、結果として原初的な暴力を聖性で彩ることになる。人は人の力の及ばない力を畏怖する。人は制御しえない力が脳裏をよぎるだけで戦慄する。そう、力の記憶には常にトラウマの気配が漂っているのだ。過去形になってくれない痛手の記憶としてのトラウマ——過ぎ去ってくれない過去は、いやな思い出というだけでなく、舞い戻り、報復に及ぶ呪いでもある。甦るときには常に現在形で復活する記憶——。忘れてはならない記憶は、なぜか忘れられない悪夢に似てしまう。おそらく、人がその記憶をモニュメント化するのは、忘れないようにするためではなく、忘れられない記憶を聖化することによりどうにかしてかみ砕き、消化しうるものにするためだったのだ。ならば人は何をモニュメント化するのだろう？　残酷である。人に身では支えきれず、担うには重すぎるがゆえに「残酷」と形容される「記憶」である。人は忘れられず、記憶として保持し続けるには重すぎるものにいつまでも耐えられない。だからこそ昇華に訴えるのである。昇華とは聖化することによって辛うじて耐えられるものに転換してゆく操作のことなのである。

2　カーン・ネットワーク

　ＭＡＤを信奉する者たちは、大いなる力の前にひざまずく双子性を頼みにしている。つまり、力を畏怖し、強張る私自身の表情を鏡に映しているわけだ。自身の畏怖する鏡像を敵の顔に映写しながら、同時に敵の分身をも自己の胸のうちに認めているのである。その相互的な反射が「抑止力」の正体だった。前

回の講義で、さも傲慢そうにうそぶいていたフランス人戦略家の物言いを覚えているだろうか？　あの傲慢な言葉を鏡に映してみれば、喉元に刃を突きつけられた者の姿が見え、傲慢な言葉は「Help！」に変換される。その凶暴な威力に敵が怯（ひる）むなら、敵の武力に彼自身もたじろぐからこそMADが成立する。言い換えるなら、敵を怯ませる力を自身が有し、敵も同じ力を持っているとわかっているからこそ、うそぶくだけで攻撃に移ることがないのである。

　そして、そう信じて疑わないことが核不拡散（核拡散防止）体制を支える思想にほかならない。ただし、その思想が堅固であるためには、誰もが核をもってよいというわけではなく、信用できる存在、いわば双子ないし兄弟たりうる者たちにのみ制限しなければならない。

　MADが双子の対等性＝相互性に信を置くからこそ召喚される名がある。アブドゥル・カディール・カーン（1936 – 2021）である。

　1974年、インドがパキスタンとの国境近くで核実験を行なった。カーンは当時、オランダに住んでいて、ＵＲＥＮＣＯという、ウランの濃縮を行なう企業に勤務していた。人望の厚かったカーンは残業を装って機密情報にアクセスし、濃縮のノウハウをすべて持ち出してしまった。インドが持っていて、パキスタンが持たない状況に危機感を覚えていたから、機密資料をオランダ国外に持ち出し、自国で核開発に踏み切ったのだ。どうして国家元首でもなければ、政治家でもない一介の技術者が国の威信を一身に背負って核開発に挑むなどということができたのだろうか。のちに当時を思い起こして、彼はこう述べたという、「ミシンや自転車すらろくすっぽ組み立てられなかった国が、全世界でもっとも未来的なテクノロジーを生み出そうとしていたのである」。

　しかもインドは核不拡散体制の内部に組み込まれた国家ではなく、その枠外にあって、真っ向から体制に歯向かって核開発に走り、成功した国である。その国とのあいだにMADを築くことは、一方で核不拡散の思想に共鳴しながら、他方では際限のない核拡散に向かう火種となりかねない。カーンはMADに同意しながら、有力国による核の独占、いわば核の制限的カルテルに真っ向から逆らおうとしていた。

　カーンが作り上げた核の闇市場は、A・Q・カーン・ネットワークと呼ばれる。人と国家の秘めたる欲望を感知しながら全世界に張り巡らされた核の販売

網を支えていたものこそ、実は「最下層国家」に甘んじる国々と政治家たちが抱いてきた悲惨と屈辱の論理だった。もちろん多くの弱小国家は、本音はどうあれ、表面上は大国の掲げる理屈に忠実だったし、そうせざるを得なかった。しかし「カーンはちがった。ここにいるのは、支払う用意がある国なら、――イラン、北朝鮮、リビアを含め――どんな国に対してもよろこんで拡散させてゆく一人の個人なのである」(Gordon Corera, *Shopping for Bombs*：*Nuclear Proliferation, Global Insecurity, And The Rise and Fall of The A. Q. Khan Network*, Oxford University Press, 2006. p.xiv)。

　核不拡散体制とは、一部の大国による核兵器の独占を正当化する条約に基づく体制である。ほかに確たる根拠はない。一部の国々による半独占状態を正当化するものといえば既成事実だけであり、それを除けば条約それ自体に根拠を求めるよりほかにない。言い換えるなら、そもそも条約に加盟する気がない国々にとっては、大国による独占状態を指をくわえて漫然と眺めているいわれなどどこにもないのだ。カーンは一方的な押し付けを国際条約として他国に強要する矛盾を、なぜか私人の立場から暴き立て、理不尽な偏りを裏側から逆照射しながら体現する存在となったのである。

　〔資料 No.03〕1970 年代、悲観論者たちは、核戦争の勃発に怯え、核拡散の加速に危機感を抱いた。東西冷戦の終結によって、悲観論者の懸念は愚かな幻想とみなされるようになり、彼らの懸念もまた誤りということになってしまった。しかし、カーンの活動は、もっとも核戦争から遠ざかったと思われた時代に核拡散を着々と進めていたのだ。〔中略〕1970 年代、悲観論者たちは核拡散が加速してゆくのを恐れ、大勢としては彼らの誤りが明白になったことになっているが、翻って今度ばかりは彼らの方が正しいのだとすれば、A・Q・カーンは他の誰にもまして当のテクノロジーの普及に対する責任という考えを生み出した個人ということになるかもしれない (*Ibid.*, p.250)。

　軍需産業、つまり武器屋にとって、祖国のことなど本音ではどうでもよい。商人の本質は金儲けにあり、口先では祖国への忠誠心を言おうが所詮は建て前でしかない。武器屋にとって、景気のいい話とは戦争であって平和ではない。

いや、表面上は平和であっても構わない、——みんな仲良しの平和状態だけは
ゴメンこうむるというだけのことだ。死の商人にとって商機の到来とは、国家
間の緊張が高まり、一触即発の状態に陥ったときである。そんなときこそ武器
屋の出番であり、彼らにゴー・サインが出たときなのだ。

　だから、カーンはあくまでも武器商人としてビジネスに奔走し、それによっ
てＮＰＤの二つの線分に揺さぶりをかけたのである。線分の一つは保有国と非
保有国を分かつ線分だった。表向きは核不拡散を謳いながら、その線分は核保
有の特権を一部の国に制限し、他の国々を保有のチャンスから締め出してい
る。二つの陣営を分かつ線引きに確たる根拠があるわけではなく、ただ単に第
二次大戦の敵味方を分かつ線分が惰性で続いている程度の代物でしかない。国
連の敵国条項に刻まれた三国——ドイツ、イタリア、日本——を弾き出しなが
ら、なぜか三国と戦果を交えたいわゆる連合国が自分たちを常任理事国に指名
し、核の独占的な保有を認めたにすぎない。

　もう一つの線分はＮＰＤ加盟国全体を包括する線分である。保有国と彼らに
よる独占を仕方なく承認する非保有国とをまとめて包括する線分である。イン
ドとパキスタンが核実験を実施し、核の保有を堂々と宣言するとき、二つの線
分が同時に揺らぎ、線分が包括していたはずの輪郭が俄かに歪み、薄らいでゆ
く。

　例えば、日本がＮＰＤに加盟し、非核三原則を国是として謳うとき、政治家
たちは日本国憲法の謳う平和主義を大っぴらに賛美しながら、同時に核不拡散
体制に対する忠誠心をも表明している。「どれほど技術大国になろうとも、日
本は決して核兵器を保有しないことを誓います、——ただし日本国憲法と非核
三原則は、核兵器の廃絶を謳っているのではなく、核不拡散体制に従順な態度
を表明しているだけなんでござんす……。」

　ところがインドとパキスタンは、日本が支えようとする体制に揺さぶりをか
ける。核不拡散条約に調印していないなら、核開発に踏み切ったところで責め
られるいわれはない。「そもそも我々弱小国は、なぜ核保有を禁じられている
のか？　彼らに持つことを許し、我々に許さない根拠はいったい何なのか？
そもそもその根拠はどこかに存在するのだろうか？」　こうして大国が口ごも
るのを恰好の機会と見たのか、彼らは率直にこう言うのである、——「オレた

ちだって核がほしいんだ」と。

　カーンに至っては、単に核保有を夢見て、祖国を核保有国に仕立てるだけで
は済まなかった。もちろん祖国の苦難には頭を痛めたが、特に信仰心に篤かっ
たわけではないし、危険なイデオロギーに殉じるつもりもなかった。彼は特殊
な商いに着手したものの、煎じ詰めれば単なる商人であり、どこまでも商人で
しかなかった。だからこそ彼は祖国に奉仕するよりも商いに奔走し、正論を言
うよりもセールストークに磨きをかけていった。「核は要らんかね？　そうか、
ほしいか。ならば私が調達してやろう」というわけだ。カーンと共同開発を企
てた国々……イラン、イラク、リビア、北朝鮮——。

　〔資料 No.04〕カーンとの契約に関心をもつ国のリストはそこで終わらない。
彼はエジプトにも旅しているが、〔情報〕分析官の信ずるところではカイロが
彼の口説き文句を撥ねつけたのかもしれなかった。エジプトの関心がどこらへ
んにあったのかといえば、もしイランが核開発プログラムを前進させているこ
とが判明したら、サウジアラビアやトルコ、シリアとおなじく、エジプトにも
またプログラムを推進する動機があったとしても不思議はないといった程度の
ものだった。エジプトはシリアと同じく、弾道ミサイルの拡散にかかわる輸入
国の一員だった。1999 年、エジプトの企業がアメリカの〔核〕テクノロジーと
ミサイル部品との両方（二重用途）を北朝鮮に輸出していた件で、エジプトは
アメリカから制裁を受けていた。パキスタンや北朝鮮のように相対的に貧しい
国に核兵器の開発プログラムを発展させる能力があったということは、ほかの
何者かもまた核爆弾を入手する可能性を見くびってしまう危険性を示していた
——もしも計画を前進させるに足る強い意志さえあれば——。加うるに、トル
コ、スーダン、ナイジェリア、クウェート、そしてビルマでさえ潜在的な顧客
として挙げられていたのである（*Ibid.*, pp.235-6）。

　サウジアラビアやトルコを「弱小国」と呼ぶのは、少々ためらわれるかもし
れないが、少しでも考えればわかることがある。どちらの国も国連の常任理事
国ではないし、技術で最先端をゆく先進国でもない。西洋産の民主政治が根付
いているわけでもない。一方は王政だし、他方はかつて大帝国だったことが信

288

じられないほど沈滞し、弱体化していた。中東には王政が少なくないが、西洋
列強は中東諸国に対し、あえて民主主義の樹立も定着も求めようとしなかった。
むしろ、交渉が簡単であり、コントロールしやすいという理由で、あえて王政
や独裁制を採らせることの方が多い。国民の意思が政治に反映されるのを嫌が
るかのように西欧列強は中東諸国には脆弱な体制であってほしいと願っている
かのようだ。しかし他方、そんな脆弱な国の手に核が渡ったりしたら、たまっ
たもんじゃないとも思っていた——そこに出現するのは鏡に映る自己のような
瓜二つの双子性ではなく、いつ何をするか誰にも予想できない獰猛な怪物に爆
弾の導火線を示しながらライターを渡すようなものである。

　当然、欧米諸国にとっての好都合は中東諸国の人々にとっては不都合にほか
ならなかったし、強いられた理不尽でしかなかった。親米路線の王国とソ連の
支援を受けた独裁者たちが睨み合い、イスラエルとパレスチナの緊張を中核に
して対立と反目のネットワークが築かれていった。しかも、脆弱な国々の対立
と反目がソ連やアメリカにとって好都合だったこともわかっていた。個々の国
家が独立しているのは建前だけで、どんな国々も国際的な構造的ヒエラルキー
に組み込まれ、その都度、上下の格差を知らしめられてきた。先進国は後進国
を見下し、貧しく、遅れた国と見くびっていた。差別的な「後進国」の呼称を
「発展途上国」と言い換えたところで、ヒエラルキーには何の変化もない。常
に見くびられ、侮られ、虐げられてきた無数の国々の、無数の政治家の意識が、
カーン・ネットワークの成長を支える土台となっていったのである。

　ネットワークは、同位体の濃縮に関するノウハウを含め、核開発のセット商
品を取り揃え、全世界を暗躍していた。祖国パキスタンの核開発を成功に導く
ことが当面の最大目的だったとはいえ、需要は祖国以外にも広範にあったから、
カーンが動くところには豊富な資金の流れがともない、当然ながら核物質も流
れていった。

　こうしてインドの核実験から遅れること24年、1998年にパキスタンはつい
に核実験までこぎ着ける。ヒロシマと総称されるウラン型原子爆弾である。一
個人が始めた核開発がこのように国家プロジェクトにまで発展し、成功裡に
終わること自体、前代未聞の出来事だった。以降、アブドゥル・カディール・
カーンの名はパキスタン国民なら知らぬ者がいないほどの英雄の称号となって

いった。因みにこのとき、実験は計４回実施され、３回はウランを原料にした
パキスタン製の核爆弾だったが、４つ目のみプルトニウムを用いたものだった。
パキスタンはウラン製しか製造しておらず、カーンが頻繁に北朝鮮を訪問して
いたことから北朝鮮製の核兵器だと推測されているが、今なお真相はわからな
い。

　カーンの行動原理は、ＮＰＤの裏地を行く。言い換えるなら、その行動原理
をひっくり返せば、ＮＰＤの論理を透かし見ることができる。彼の論理といえ
ば、もっぱら経済学的な需要と供給に基づくものばかりだったから、欲望の濃
度勾配があると見るや、その傾斜にしたがって金と物が移動していった。たま
たま商品が核兵器の製造に関するブツとノウハウだったから、彼が盛んに活動
すれば、それだけ核拡散に拍車をかけることになった。

　核拡散とは核武装の世界化・一般化にほかならない。核不拡散体制がもっと
も恐れ、警戒していたのがその実現なのだから、ＮＰＤが目指していたのは最
下層国の抱く経済的な欲望を封じ込め、一部の国を除いて世界を核から武装解
除することにあった。日本政府が非核三原則を謳いながら、核の傘の下にある
ことを公然と認めているのは、ＮＰＤの論理に忠実だからだ──「欲しませ
ん」と誓うその非力さによって核の封じ込めに成功していることを世界に広く
知らしめる原理が非核三原則なのだから。ところが日本の無欲は、その欲しく
ないものに対して他国もまた無欲であることを些かも保証しない。むしろ反対
に、わざとらしい非核三原則は、唯一の被爆国にして惨めな敗戦国が「欲しな
い」と宣することにより、潜在的な需要が大々的にあることを暗黙理に言って
しまっていないだろうか？　そして、こんな風に思わせてはいないだろうか──
──あんな犬みたいな国にはなりたくない、と。

3　陥穽

　もちろん反対にこう問うこともできるだろう。これまで核兵器を保有し、そ
れを堂々と宣することが「力」の所在を証すると信じてきたが、日本のように
核保有の意思を放棄することで大国から譲歩を引き出し、有利に経済発展を図
ることができないだろうか？　敗戦国だったドイツと日本が戦後、経済的に繁
栄した事実にこそその証拠を求めるべきではないだろうか？　このまま意地を

張り続けて、ＮＰＤ体制に睨まれ、経済制裁を耐え忍ぶしかないのなら、いっそ武装解除して、制裁解除への道に歩を踏み出すべきではないのか？　武力で威嚇しながら、他国に武装解除を迫るＮＰＤ体制のやり方が気に食わないとしても、本気で核保有の意思を放棄すれば、きっと成功への切符が手に入るに違いない……。

　しかし、そこにこそ、また別の陥穽があった。おそらくリビアのカダフィは上記のように考えたのだが、欧米列強の要請に応じ、妥協することが元々脆弱だった権力の基盤を危ぶめるとは思いもよらなかったのだろう。

　〔資料 No.05〕ある批評のなかで述べられていたことだが、リビアがアメリカやイギリスとの交渉に応じたのは、暗黙に、つまり、おそらくはそれと明言することなく、武装解除と引き換えに報酬や協力関係の申し入れがあったのだろう。国連の政策は、大量破壊兵器の追求は自国をより安全にするどころかその逆だと信じさせることを基本にして築かれていたから、核兵器を開発することで国が交渉の切り札を手に入れ、それと引き換えに交渉を重ね、他のインセンティヴを得られるというのがリビアの経験の教えだと多くの国々に信じられでもしたら、それこそ脅威になる（*Ibid.*, p.224）。

　それまで鉄のように頑なだったカダフィ大佐がいきなり態度を軟化させたのは、おそらくサダム・フセインの惨めな最期が影響していたからにちがいない。なにしろフセインのイラクは、実際には「大量破壊兵器」など持っていなかったにもかかわらず、その疑いがあるというだけで滅ぼされてしまったのだ。

　それまで中東の独裁者は「核」の保有により、周辺国に「力」を誇示できると考えてきた。核の保有は即座に軍事的な優位性を意味し、武力の優位性はそのまま政治的な優位性に直結すると信じられてきた。サダム・フセインもムアンマル・アル・カダフィも、ともに「核＝力」の恒等式を信じて、カーン・ネットワークに接触してきた。ただし、両者ともに開発を途中で断念したことも疑い得ない事実である。以前からＩＡＥＡ（International Atomic Energy Agency: 国際原子力機関）に目をつけられているのはわかっていたし、国際社会からも「ならず者」扱いされ、しかもカーンからのお買い物は決して安くな

かった。濃縮プロセスは複雑きわまりなく、しかも気が遠くなるほどの回数を重ねなければ高濃縮ウランは得られない。一切を秘密裡に進めなければならず、しかも遅々として進まぬ歩みを忍耐をもって待つよりほかになく、しかも金ばかり掛かって、たとえ成功しても以前よりも他国から警戒され、もっと嫌われることは目に見えている。

　そういう状態に置かれてみれば、武装解除の誘惑に屈したくなるのも無理はない。独裁者の脳裏をよぎる疑問はこうだ、——核保有よりも核の武装解除を公に宣言する方が利得につながるのではないか。

　たとえば、イランの歴史を見てみよう——リビアの地からカダフィの目に映っていたように——。そもそもイランはどうして核の保有を目指していたのか？　その経緯を知るためには一旦、1970年代にまでさかのぼらなければならない。70年代初頭のイランはまだパーレビ体制下にあった。パーレビとはイランという国の第2代皇帝であり、最後の皇帝となった人物である。世界的に高名なイスラム学者、井筒俊彦はパーレビ体制下のイラン王立アカデミーに在籍していた。その当時のイランは豊かな石油埋蔵量に支えられ、西洋諸国や日本にとって与しやすい王政が敷かれていた。そういうお国柄だったから、パーレビ国王は自国の若い物理学徒を次々に先進国に送り込み、核技術を学ばせ、自国に核兵器製造のノウハウを持ち帰ってくるのを期待していた。西欧諸国もイランから訪れ、核物理学や核化学を専攻する学生たちに警戒心を抱く様子もなかった。国王が旗振り役となって、国家が組織的に推進する計画だったから、少なくとも70年代末までは順調に進んでいたし、その後も引き続き発展してもよいはずだった。ところが周知のように1979年、いわゆるホメイニ革命が勃発し、イランは政教分離を撤廃し、神権政治に移行した。この出来事を契機に「核」の意味も180度の転換を余儀なくされた。ホメイニをはじめ、宗教的指導者にとって「核兵器」とは西洋人が作った「悪魔の兵器」にほかならなかった。こうして核兵器の製造につながる施設のすべてが一度は廃棄されることとなったのである。

　1980年代のイランは、核の保有をめぐって西洋から睨まれたのではなく、西洋の列強諸国から扱いにくい政治体制ゆえに睨まれていた。こうしてアメリカから武力支援と資金援助を受けていた隣国の指導者、サダム・フセインにい

きなり喧嘩をふっかけられ、咄嗟に反撃すると、そのままイラン・イラク戦争に巻き込まれてゆく。それがホメイニ革命のわずか1年後、1980年9月のことだった。この戦争が泥沼化し、長期化するのにともない、周辺諸国の危機意識が高まったためなのか、イランの周りに核保有のうわさが広がっていった。イスラエル、パキスタン、リビア、イラク、そしてサウジアラビア……いつの間にかイランは忌まわしい「悪魔の兵器」として廃棄したはずの武器を懐に隠し持った国々に包囲されていたのである。当時、イランはアメリカの傘の下にあるどころか、敵国イラクを支援しているのがアメリカだったから、指導者たちにしてみれば四方から核弾頭を向けられていると言っても過言ではなかった。しかもスンニー派の拠点だったサウジアラビアとの緊張関係は一向に緩む気配がなく、しかもサウジとカーンとの頻繁な接触のうわさはイラン政府にも届いていた。致し方ないとはいえ、イランが悪魔の兵器の開発に再び着手したのは以上のような経緯による。もちろんイランの動機はMADにあったにちがいない。周囲の国すべてを優位に置き、おのれのみを劣位に置く兵器をどうして持たないでいられようか？ 軍事的・政治的に同等な立場に身を置くためにこそ「核」を必要としたのである。こうしてイランの宗教的指導者たちもまた、パーレビ時代と同様のお得意さまとなって、カーンに注文の電話を入れることになった。

　その結果、イランは今度は核の保有ないし開発の嫌疑を掛けられることによって、西洋列強から文句を付けられ、牽制されることになった。かつて核廃棄を決定したときには一言の賞賛もなかったのに……。それどころかイラクを支援する国々に目をつけられ、代理戦争に巻き込まれてしまった……。かつてパーレビ体制のときは堂々と「核」を持とうとしても何ら非難されなかったのに、一度捨てた「核」配備に再び取り組もうとしたら今度は全世界規模の大騒ぎになってしまった。結果、国際地図から孤立し、全世界規模の経済制裁まで受けることになってしまった。

　リビアはイラン、北朝鮮と並んで「ならず者国家」の代名詞とされてきた。イランや北朝鮮の人々が強いられている窮状もカダフィの目には明らかだった。だからこそ、彼は核武装を完全に放棄し、それを公に宣言する気になったのだろう。彼が武装解除の決意をしたその年、カダフィは国連総会で伝説的な長さ

のダラダラした演説をぶちかまし、全世界から顰蹙とあくびの洗礼を受けることになる。ひたすら長いだけで、まったく中身のない自画自賛の長口舌が彼の権勢の最後をすでに決定づけていたのかもしれない。彼が期待したように、リビア国民が核武装と経済制裁の解除を歓迎し、賞賛してくれればよかったのだが、民衆にとってカダフィの決断はいつもの気まぐれの域を出るものではなく、単に独裁者の権威を失墜させただけだった。カダフィという比類のない独裁者の強大な権力があってこそ沈黙を強いられてきた勢力は、その権勢に翳りが見えた瞬間に活気づき、一挙に反政府運動に打って出ることになった。

　エジプトからチュニジアに広がった「アラブの春」の波は、あっという間にリビアを呑み込み、「大佐」を名乗る英雄は地に落ちた。中東諸国を弱体化させていた要因の一つでもあった比類のない長期政権がこうして次々に倒れていったのである。

　カーン・ネットワークが終わりを迎えるのは、アラブにおける春の訪れに先立つこと6年、2005年のことだった。それまでも核開発のうわさが立つたびにカーンの名前が浮かび、彼の部下が至るところに暗躍している情報が入ってきていたから、アメリカやイギリスの諜報機関もさまざまな手段を使ってアジトや倉庫、販売ルートなどを突き止めようとしていた。しかし、追及の手はいつもすんでのところでかわされてしまった。ところが、あるとき、カーンや彼の部下ではなく、彼らのお得意さまの不始末でカーン・ネットワークのやっていたことが発覚してしまった。その場所こそがイランだった。

　〔資料No.06〕2005年の暮れ、イラン人たちがしくじった。テヘランのあるオフィスで、彼らは書類でいっぱいになった箱を二つ、ＩＡＥＡの調査員に手渡ししながら、自分たちでは記録を調べることはおろか、渡すことも写真に撮ることもできないし、コピーしてあげることもできないと述べた。調査員たちが書類をぱらぱらめくっているあいだ、イラン人たちは彼らの様子をヴィデオ撮影していた。10頁から15頁ほどで一綴りになった書類が調査員の目に留まった——いかにしてウランを鋳造して金属の球に固めるかが記された記録であり、球状のウランとは、もし爆弾を作るつもりなら、それ以外の用途がありえない代物である。イラン人たちは相変わらずその記録について一度も質問しなかっ

たが、単純にそれはカーン・ネットワークから渡され、いかなる形であれ一度も使われたためしのないものだった（*Ibid.*, p.231）。

　見つかったのは未使用の書類だった。もしもその資料が使用済みのものであったなら、イラン側の担当者たちですら傍らでのんびりと構えてはいられなかったはずだ。なにしろそれは高濃縮ウランを球状に成形するためのマニュアルと一連の設計図だったのだから。たぶん冊子に綴じられたままのまっさらな状態で、開いた形跡がなかったのだろう。もしも使用した形跡があれば、それにより自動的に存在する確率が高くなるものがある——ウラン鉱石と濃縮施設である。書類が未使用だったことにより、原材料のウランとその濃縮施設に関しては嫌疑にとどまる。しかし、書類があったことにより明白になる事実が少なくとも一つあった。すなわち、イランという国家もしくはイラン軍の中枢にいる連中が確実にカーン・ネットワークと接触していたという事実である。

　以降、カーン・ネットワークが使っている航路や彼らが立ち寄る港などを英米の諜報機関が張り込み、彼らの使う船舶を追跡するようになり、間もなく現場を押さえることに成功する。その結果、驚くべきことが次々に明らかになっていった。

　諜報機関もIAEAもまったく注意を払わない場所とはどういうところだろうか？　核開発にまったく関心をもたず、核をめぐる開発のうわさもなければ、ただの一度も取り引きの話を聞いたことのない国である。その典型とも言えるマレーシアにカーンの基地や倉庫があった。核関連施設や放射性同位体は、まさかマレーシアにあるはずのないものであり、そこにあるかもしれないという可能性すら誰も思い及ばなかった。

　もちろん拠点はマレーシアだけではなかった。カーンの一味は彼らを追っている者たちの誰一人として注意を払わなかった場所から全世界に核を運び、ノウハウを伝授していた。カーンは私人であり、商人だったが、彼が顧客として相手にしていたのは国家だけだった。NPD非加盟国ばかりだとはいえ、彼は国家以外を相手に取り引きしようと全く考えてはいなかった。

　何を言いたいのかのいうと、こういうことだ。かつて、テロ組織として有名なアルカイダのトップ、ウサマ・ビン・ラディンが物欲しそうにカーンのネッ

トワークに接近したことがあった。彼はパキスタン軍の中枢にいる人物に橋渡し役を頼み込んで、核物質の融通を依頼しようと試みた。しかし結局、カーンはビン・ラディンをはじめ、あらゆるテロ組織からの申し出を門前払いしていたのである。虐げられたパーリア国家の威信のために力を貸すことはあっても、あらゆる国家に対する脅威となり、恐怖を手段にして目的にした組織を相手に商いをする気など毛頭なかったということ、──この点を考慮すれば、闇市場を牛耳る商人カーンといえども、金さえ出せば誰の注文でも受けるというわけではなく、しっかり客を選んでいたことになり、つまりは彼なりの職業倫理があったことを暗に物語っている。

　もう一点、カーンの扱う商品は高価であり、相応の手間を要するとはいえ、真性品であり、紛い物はなかった。実際、カーンと手を切ったカダフィは安価で核兵器を製造しようと考えたのか、別の組織に接触して紛い物をつかまされ、金だけ奪われ、逃げられるという痛い目に遭っている。このことが含意するのは、カーンの商人としての姿勢にとどまらない。むしろ、彼が作り上げた闇ネットワークは、すでに彼一人のものではなくなっていたということでもある。彼の没後、市場の自律性はむしろ加速するかもしれない。市場経済が誰のものでもないのと同じく、核の闇ネットワークもそこに参入する人たちすべてに開かれている──ただし秘密裡に。当然、素性の怪しげな者たちも徘徊するだろうから、質の低い物品も大量に紛れ込み、粗悪品を売りつけて大金をせしめてとんずらしようとする詐欺師や泥棒のたぐいも入り込んでいる。現にその市場はカーンの一味がいなくなっても機能しており、もはやその活動は誰にも止められない。たぶん、今も暗躍している連中は、カーンがもっていた矜持や、最低限の職業倫理すらなく、紛い物をちらつかせて金をふんだくろうと考えていたり、もしくは国家だけでなくテロ組織にも核物質を売りつけようと企んでいることだろう。

　北朝鮮の核実験にしても、闇ネットワークの存在を前提すれば、単に周辺国やアメリカに対するデモンストレーションにとどまらないことが見えてくるはずだ。経済制裁に苦しむ彼らが外貨を獲得し、苦しい状況をどうにかしようと考えているとすれば、その派手なデモンストレーションを見て通販サイトにアクセスしようと考える者たちがいても何ら不思議はない。

　商人は今もコールを待っている。売りたい者と買いたい者がいれば、彼らの出番はいくらでもあるのだ。そして、どこかに何かしらの緊張が走れば、闇市場を暗躍する商人にとっては絶好の商機となるのである。

　こうした状況こそ我々の生きている時代のもう一つの真実である。

読書案内（またも学魔に倣いて）

第1講　最初に**スティーヴン・グリーンブラット『一四一七年、その一冊がすべてを変えた』**（河野純治訳、柏書房、2012 年）を紹介しておこう。今で言う古本屋めぐりを趣味とする人がイタリアからドイツの片田舎に徒歩で旅し、ひっそり建つ修道院の図書館に足を踏み入れる。埃をかぶった本が堆く積まれた中に一冊の本が――**ルクレティウスの『物の本質について』**（樋口勝彦訳、岩波文庫、1961 年）の写本である。キリスト教社会が一切を焼き捨てたエピクロス派の思想の精髄を伝える古代ローマの哲学詩は、辛うじて焚書を逃れ、人目を逃れて生き延び、ようやく日の目を見た。その発見が出来事の名に値するのは、以降の歴史ががらりと変わったからだ。ルネッサンスを準備する精神の変革が始まったと言ってもよい。ルクレティウスの紡いだ言葉が日の目を見なければ、ティコ・ブラーエが古代人の眼をもって天文データを蓄積することはなかったろうし、ケプラー、ガリレオ、ニュートンによる革新の準備が整うこともなかった。フォン・ノイマンが経済学者の使う数学を素っ気なく批判しながら述べた言葉を挙げておこう。「経済学者が数学をつかいそこねた最大の原因は『問題があいまいしごくな言葉で記述され、何が問題かも見えないので、数学を扱おうとしてもはなから無理。概念や問題をはっきり提示しないまま、厳密な方法論をつかおうとしても無駄なこと』。17 世紀に物理の数学化がどうやってなしとげられたか、経済学者も勉強したほうがいい。ニュートンが力学を打ち立てた背景には天文学の発展があり、『数千年来の系統的・科学的な天文観察の蓄積を巨人ティコ・ブラーエが集約したからだ』」（**ノーマン・マクレイ『フォン・ノイマンの生涯』**渡辺正他訳、ちくま学芸文庫、2021 年。338 頁）。ただし彼の樹立したゲーム理論の主人公もやがて「エコン」と蔑まれ、行動経済学からこっぴどくやり込められるのだが……。

第2講　唐木田健一『**原論文で学ぶアインシュタインの相対性理論**』（ちくま

学芸文庫、2021年）。アインシュタインが特殊相対論で多用したローレンツ変換は一見する限りいかつい印象を与えるかもしれないが、意味と使用法がわかれば大敵ではない。これはその意味で、へたな比喩に訴えず、真っ正面から挑む硬派の入門書である。次は**リリアン・R・リーバー『数学は相対論を語る』**（水谷淳訳、ソフトバンク クリエイティブ、2012年）。この本も数式だらけだが、じっくり眺めていると数学的な証明の流れと詩的言語による言葉の運びは意外なほど近縁だと感じられるだろう。詩を味わうように記号と数の意味に触れ、相対論にハマりたいなら、この、やや変則的な入門の書を手にとるとよい。**アラン・ライトマン『アインシュタインの夢』**（朝倉久志訳、ハヤカワepi文庫、2002年）は、文学の力で相対論の深みに触れようとした書物。ほとんどGを感じることなく無限に落ちてゆくエレベーターの比喩は秀逸だった。アリスみたい。

第3講 放射性元素の発見（単離と命名）がキュリー夫妻の業績の中心にあるのは間違いないが、いったい彼らが何をしていたのかといえば、途方もない量の鉱物との格闘だった。アインシュタインによる古典物理の完成はもっぱら彼の頭の中でなし遂げられたが、キュリー夫妻はその手で鉱物に触れ、身体を病に冒されながら発見に導かれていった。講義ではコンゴのウラン鉱を紹介して終わったが、第二次大戦中の諜報戦とウランの争奪戦を知りたければ、資料で用いた *"Uranium"* ではなく、次の著作に当たるしかない。Susan Williams, *Spies in the Congo : America's Atomic Mission in World War II*, Public Affairs, 2016. マンハッタン計画の裏歴史を綴ったサスペンス・ストーリーである。Zoellner の *"Uranium"* は2009年刊であり、執筆当時の取材では廃坑の匂いが濃厚だったシンコロブウェだったが、近年は周知のあの危険な場所にあえて足を踏み入れ、採掘を再開した国があるとの噂も漏れ伝わってくる。その国とは中国とインドである。

第4講 ラザフォードの仕事は大きく二つに分かれる。一つが原子の構造の解明であり、もう一つが放射線の分類と命名だろう。**スティーブン・ワインバーグの『新版 電子と原子核の発見：20世紀物理学を築いた人々』**（本間三郎訳、ちくま学芸文庫、2006年）は、ラザフォードの仕事を中心に原子の構造が

漸進的に解明されてゆくプロセスを丁寧に追い、説明してくれる。同じくワインバーグには『**科学の発見**』（赤根洋子訳、文藝春秋、2016 年）という講義録もあるが、こちらはニュートンまでの歴史を扱っているので第 1 講の参考書といったところだろう。

第 5 講　ラザフォードの偉大さは疑うべくもないとしても、社会的・歴史的に見てより重要なのはマリ・キュリーとリーゼ・マイトナーの登場にちがいない（もちろんエミー・ネーターの名を加えてもいい）。彼女たちの登場は 5 世紀にアレキサンドリア図書館の館長だったヒュパティアが初期キリスト教団によって拉致監禁の末に惨殺されて以来、1500 年もの長きにわたる女性の沈黙を破る契機となった。リーゼ・マイトナーが初めてウィーン大学で聴講を認められたときに同窓生だった女性ヘンリエッテの父親が当時、ウィーン大学で教鞭を取っていたルードウィヒ・ボルツマンだった。ボルツマンが当時の思潮に逆らって、女性の研究に抵抗がなく、むしろ積極的に受け入れ励ましたところにも研究に対する彼のエキセントリックな情熱が窺われる。マイトナーに言わせるとボルツマンの授業こそ「熱血講義」の名に相応しかった。彼自身は熱力学を統計力学へと刷新する道半ばで斃れたが、ボルツマンの仕事は宇宙を統べる普遍的な法則の探求につながっていた。言わずと知れた先駆者、アラン・カルノーから始まる熱力学の一般書を二冊ばかり紹介しておこう。**ピーター・W・アトキンス『エントロピーと秩序：熱力学第二法則への招待』**（米沢富美子・森弘之訳、日経サイエンス社、1992 年）。**ポール・セン『宇宙を解く唯一の科学　熱力学』**（水谷淳訳、河出書房新社、2021 年）。ボルツマンの歩んだ道の続きを歩んだのは**マックス・プランク**だったが、講義で多用した『**物理学天才列伝**』の穏健で保守的な印象とはやや異なり、マイトナーの伝記におけるプランクは穏やかながらも時として勇敢で大胆な凛とした姿勢が印象的だった。彼とマックス・フォン・ラウエはその勇猛果敢な行動ゆえ、ハイゼンベルクとは対照的に、戦後もマイトナーをはじめ多くの科学者の尊敬を集めることとなる。

第 6 講　講義の最後の方で引いた本、**グレアム・ファーメロ『量子の海、ディラックの深淵』**（吉田三知世訳、早川書房、2010 年）にちょっと面白いエピソード

があった。ハイゼンベルクと二人で船旅に出たディラック、船内での夜、いつ
果てることなく女の子たちとダンスするハイゼンベルクを眺めるディラックは、
やがて浮かれた友人に対し、

ディラック「君はどうしてダンスするんだい？」

ハイゼンベルク「素敵な女の子たちがいるときには、ダンスするのは楽しいか
らだよ」

ディラック「ハイゼンベルク、その女の子たちが素敵だって、どうして前もっ
てわかるのかね？」（211 頁）。

　この逸話がおかしいのは、下ネタの含意がまったくないからだ。何しろディ
ラックは彼を慕う女性の質問に対し、問いと答えを図表にした手紙を送るよう
な人だったのだ。

第７講　藤永茂『ロバート・オッペンハイマー：愚者としての科学者』（ちく
ま学芸文庫、2021 年）。日本語で読める評伝としては最良の部類に入る。タイト
ルでも中身でも藤永はオッペンハイマーの愚かしさを繰り返し指摘するも、彼
が愚かしいと評価するその理由と根拠はついに明かされなかったように感じら
れる。むしろ全編を通して終始オッペンハイマーに好意的であり、愚かと誹り
ながら彼を擁護し、アリバイとして「愚かさ」を連呼しているように映るのだ。
ところで留学生として渡欧していた時代のオッペンハイマーには二人の指導教
官がいた。一人がマックス・ボルンであり、オッピーの師であると同時にグラ
ミー賞歌手、オリビア・ニュートン・ジョンのおじいちゃんである。もう一人
の師がヴォルフガング・パウリだ。実験器具が故障するとパウリが近くを通っ
たからだと言われるほど不器用だったパウリの弟子がこれまた不器用きわまり
ないオッペンハイマーだったのに、そのオッピーがマンハッタン計画のトップ
になること自体、周囲の人々には驚愕ものだった。パウリがユングの患者だっ
たことから、シンクロニシティに関する二人の共著が生まれるわけだが、今回
は『パウリ＝ユング往復書簡集 1932-1958：物理学者と心理学者の対話』（太
田恵・越智秀一・黒木幹夫・定方昭夫・渡辺学・高橋豊訳、ビイング・ネット・プレス、
2018 年）およびシンクロニシティの概念からロマン主義的な要素を排除し、純
粋に物理の問題として追求した本を紹介するに留めよう。**ポール・ハルパー**

ン『シンクロニシティ：科学と非科学の間に』（権田敦司訳、あさ出版、2023年）。キーワードになる量子もつれ（エンタングル）および量子レベルの対称性については、**レオン・レーダーマン／クリストファー・ヒル『対称性：レーダーマンが語る量子から宇宙まで』**（小林茂樹訳、白揚社、2008年）がわかりやすい。エミー・ネーターという女性科学者の仕事を再評価し、その先進性を強調している点でも示唆的である。本書とは関係ないものの、教師ネーターの弟子たちが日本の近代数学の礎を築いたことも忘れてはならない。

　オッペンハイマーのユニークで魅惑的な教育法について、**キップ・ソーン**の名著、**『ブラックホールと時空の歪み』**から長めの文章を引かせてもらったが、彼は『オッペンハイマー』を監督した**クリストファー・ノーランの『インターステラー』**の企画と監修にも携わっていた。残念ながら邦訳はないが『インターステラー』公開の際にはオールカラーの解説本も刊行されている。Kip Thorne, *The Science of INTERSTELLAR*, W. W. Norton & Company, 2014.　美しくも楽しく、価格の割に豪勢な解説本であり、映画の伏線にして種明かしにもなった先端物理のぶっ飛んだアイディアもふんだんに盛り込まれている。一例として映画のクライマックスで明かされる時間の秩序を超える謎解きの部分が気になって読むことになった本が次の一冊。**リサ・ランドール『ワープする宇宙：5次元時空の謎を解く』**（塩原通緒訳、NHK出版、2007年）。事象の地平線を超え、ブラックホールの内部を覗き込み、物理法則の縛りを飛び超える一歩を一瞥したいなら恰好の本である。併せて次の本も。**ブライアン・グリーン『宇宙を織りなすもの（上下）』**（青木薫訳、草思社、2009年）。同**『時間の終わりまで：物質、生命、心と進化する宇宙』**（青木薫訳、講談社、2021年）。これで『インターステラー』を繙く仕掛けはだいたい整ったはずだから、すぐにストリーミングするか、DVDを購入しに店へ走ろう。

　現代にも響くオッペンハイマーの仕事としては、中性子星とシュバルツシルト特異点（後のブラックホール）に関する研究が挙げられる。畢竟、書店や図書館に並ぶ宇宙論の数々はアインシュタインからボーア、オッペンハイマーを経てソーンやホーキング、ペンローズに至る道筋のどこに力点を置くかの違いしかないのかもしれない。きっかけは何でもいいが、とりあえず入門書としては、**ウォルター・ルーウィン『これが物理学だ！：マサチューセッツ工科大**

学「感動」講義』（東江一紀訳、文藝春秋、2012年）はいかがだろう。名講義と言われるだけあって、面白くおかしく物理を学べる本である。本人は天体物理の専門家なので、中性子星やブラックホールなど観測者の興奮を含め、専門的な研究の醍醐味を味わった気分に浸れるかもしれない。また、**スチュアート・クラーク『ビッグクエスチョンズ 宇宙』**（水原文訳、ディスカヴァー・トゥエンティワン、2014年）も簡潔に次々と大きなトピックを手短かになぞってゆく。さらに2冊ほど。**ブライアン・ゲンスラー『とてつもない宇宙：宇宙で最も大きい・熱い・重い天体とは何か？』**（松浦俊輔訳、河出書房新社、2012年）。**ケイレブ・シャーフ『重力機械：ブラックホールが創る宇宙』**（水谷淳訳、早川書房、2013年）。ただただ楽しい。

第8講　量子力学の歴史を概観する書物の多くはデンマークにボーア詣でをする若手研究者たちの仕事が中心であり、先端物理のアイコンたるアインシュタインはむしろ耄碌した過去の人として扱われることが多い。しかし、**マンジット・クマールの『量子革命：アインシュタインとボーア、偉大なる頭脳の激突』**（青木薫訳、新潮文庫、2017年）は、ボーアに戦いを挑むアインシュタインの孤軍奮闘こそ量子力学の推進力だったことを明らかにする。そして、ボーアの報せとともに走り出したマンハッタン計画において、決定的な画期となったのが連鎖反応による臨界の達成だった。エンリコ・フェルミがそこで手にしたものこそプロメテウスの火にほかならない。資料の多くを引いたオッペンハイマーの評伝が『アメリカのプロメテウス』と題され、**朝永振一郎**が核技術時代を考察したエッセイ集を『**プロメテウスの火**』（みすず書房、2012年）と題したのもおそらく偶然ではない。核が人の手に余る「火」である事実は今もまったく変わらない。ところでボーアの熱病に冒されたヨーロッパの研究者たちを見て自分の研究熱に疑問を抱いた思い出を洩らしたのは朝永のこの書物（3頁）だった。もう一つ、オッペンハイマーの人生の振幅の激しさを思いつつ「日本人とはちがう」と洩らしていた点も印象に残る（12−3頁）。日本人とはどこか違うとか、日本人にはわからない、というような国民性のちがいよりも、オッペンハイマーにせよボーアにせよ、彼らのアクティヴィティは特異であり、始めから他の誰にも似ていないというのが本当のところだろう。今も入手可能

なボーアの邦訳書もある。**ニールス・ボーア『原子理論と自然記述』**（井上健訳、みすず書房、1990、2008 年）。原作 3 著を一冊にまとめた本なので収録された文章も多いが、数式は最小限、一般市民を聴衆に想定した講演も多く、意外に読みやすい。『プロメテウスの火』と併せて 20 世紀を代表する物理学者の思想を一瞥しておくよい機会になるだろう。

第 9 講　核開発がウランの濃縮のみを目的としていたなら、間もなく材料が尽きるから、現在の核社会は生まれなかった。トリニティ実験はウランよりも遥かに設計が複雑なプルトニウムを材料に用いた爆弾で行なわれた。ウラン 235 には天然ものしかなく、極めて稀少だったが、プルトニウムは原子炉を回していればいくらでも生産しうるからだ。一冊の本を挙げておく。**ヒュー・オールダシー゠ウィリアムズ『元素をめぐる美と驚き』**（安部恵子・鍛原多恵子・田淵健太・松井信彦訳、早川書房、2012 年）。グレン・シーボーグが初めてプルトニウムの創出に成功したときの感慨を知ったのは、この本だった。シーボーグ曰く、「あのときの気分は、妊娠がわかってから胎児の成長をずっと気にしてきた新たな父親の心境に近いに違いない」（96 頁）。断っておくが、この台詞を読んで「けしからん」などと憤るのは間違っている。そう思った人は発見や発明について何もわかっていない。

第 10 講　戦前戦後の核開発および核社会を概観する書物として、おそらく代表的なのはリチャード・ローズの**『原子爆弾の誕生（上下）』**（神沼二真・渋谷泰一訳、紀伊國屋書店、1995 年）および**『原爆から水爆へ（上下）』**（小沢千恵子・神沼二真訳、紀伊國屋書店、2001 年）だろう。ローズには他にも興味深い著作が大量にあるが、紹介しきれない。また、戦後 50 年を機にマンハッタン計画の機密情報が一斉に情報公開の対象となり、研究者やジャーナリストが資料に当たれるようになって以降の著作に信頼性を置くべきなのは言うまでもない。**アクゼルの『ウラニウム戦争』**など比較的新しい文献を重視したのはそのためだ。もう一冊、比較的新しいものを一冊だけ挙げておこう。**ジム・バゴット『原子爆弾　1938 〜 1950 年：いかに物理学者たちは、世界を残虐と恐怖へ導いていったか？』**（青柳伸子訳、作品社、2015 年）。既知の事実もたくさんあるが、そ

れでも読み応え十分だったのは資料の裏づけがあってこそである。バゴットが続いて発表した作品は美麗な図版が上質紙にカラー印刷された作品ながら、比較的安価な書物だった。中身はとんでもなく濃厚であり、昨今の流行と合致した内容である。Jim Baggott, *Origins : The Scientific Story of Creation*, Oxford University Press, 2015. 是非とも紙質を落とすことなく邦訳書が現われるものと期待したい。邦訳タイトルはズバリ『始まり』ないし『万物の起源』とでもなるだろうか。似たような壮大な物語をもう一冊、**チャールズ・H・ラングミューアー、ウォリー・ブロッカー『生命の惑星：ビッグバンから人類までの地球の進化』**（宗林由樹訳、京都大学学術出版会、2014 年）を挙げておこう。科学史を渉猟する人たち、とりわけ科学史家を自認する人々はえてして大仰な物語を語りたくなるのだろう。壮大だが似たりよったりになる傾向も否めない。その意味で次の本も負けず劣らず壮大だが、ユニークなコンセプトに貫かれ、めっぽう楽しい。**クリス・インピー『すべてはどのように終わるのか：あなたの死から宇宙の最後まで』**（小野木明恵訳、早川書房、2011 年）。着眼点を含めて紛れもなく痛快な作品であり、何度も講読の授業で使ったものだが、いつしか絶版になっていた。どうやらコンセプトとタイトルが日本の読書人にはネガティヴに取られてしまうらしい。何もかも終わるということをこれほど楽しく教えてくれる本は滅多にないのに……。変則的なところでは次の本も大変な内容だが、できれば本棚に置いておきたい。**ロジャー・ペンローズ『宇宙の始まりと終わりはなぜ同じなのか』**（竹内薫訳、新潮社、2014 年）。なんとも変なタイトルである。「なぜ」と問う前に「そもそも同じなんですか？ いつから同じということになったんですか？」と聞き返したくなる。17 年のソーン受賞から待たれていたが、存命中にノーベル賞を取れたのはよかった。ソーンとペンローズの友人にしてライバルでもあったホーキングも生きていれば受賞のタイミングが訪れていたかもしれない。難解で知られるペンローズの数理物理についてはソーンの本でも紹介されているが、次のような解説本もある。**竹内薫『ペンローズのねじれた四次元：時空はいかにして生まれたのか』**（講談社ブルーバックス、2017 年）。原爆投下と関係がないように感じられるかもしれないが、ボダニスが語っていたように、核兵器が炸裂した瞬間は人間にとっては前代未聞の出来事だったが、宇宙にとっては時空が産み落とされたごく初期の光景を

再現していたはずなのである。考えてもみよう。もしも核兵器に兵器ではない用途があったとすれば、宇宙創成の初期状態を再現するシミュレーションとなり、その観測を目的にするほかになかったろう——だからこそ E・テラーのような一部のマッド・サイエンティストを除き、フェルミやオッペンハイマーなどまともな物理学者たちはトリニティ実験を終えると核開発に対する関心を早々に失ってしまったのだ。彼らは実験を通じて世界が業火とともに始まったことをその目で確認した。時空と物質は我々を滅ぼすのと同種の炸裂の際限のない繰り返しによって生じたのであり、始まりの炸裂は常に滅びの炸裂でもあり、誕生の出来事はいつも死に連れ添われてきたのである。

　なお、**ボダニス**の比較的入手しやすい邦訳書としては、『**電気革命：モールス、ファラデー、チューリング**』（吉田三知世訳、新潮文庫、2016 年）がある。

　日本に原爆が落とされたことで、高かった鼻をへし折られたのはドイツの核開発を率いるハイゼンベルクたちだった。それまでアメリカ人に自分たちの成果を教えてやろうくらいの高慢な態度でいたらしいが、彼らは臨界はおろか連鎖反応を可能にするウランの成形法にすら到達していなかった。連合国側に捕まった彼らの会話を分析したのは、第 11 講で資料に用いた『**プルトニウム**』の著者、**ジェレミー・バーンシュタイン**である。Jeremy Bernstein, *Hitler's Uranium Club, second edition : The Secret Recordings at Farm Hall,* Copernicus Books, 2001.

第 11 講　先ず基本文献として、ショパン、リルゼンツィン、リュードベリ『**放射化学**』（柴田誠一他訳、丸善、2005 年）を挙げておかなければならない。いかにも教科書らしい網羅的な大著である。本書が物語るような研究者の人となりや社会・歴史的な背景をごっそり取り除き、学術的な知識だけを知ろうとするなら、この大著一冊だけで十分かもしれない。つまり、ふつうの教科書がほしいなら、本書ではなく、そっちをどうぞ、となる（とんでもなく高価だが……）。もう一冊『放射化学』の補助文献として、**坂口孝司**『**ウランの生体濃縮**』（九州大学出版会、1996 年）を挙げておけば十分だろうか。

第 12・13 講　最初に私が津波の力とメカニズムの詳細を教えてもらった書物

を挙げておきたい。Susan W. Kieffer, *The Dynamics of Disaster*, W. W. Norton & Company, 2013. ある電柱の写真がある。「明 29.6.15」という日付の下に「38.2M」と書かれた三陸町にある電柱の写真だ。2011 年のものではなく、遠い過去からの警告が英文の書籍に掲載されているインパクトは決して小さくなかった。また、12 講と 13 講の二つに跨がって多くを資料として利用させてもらった著作、"*Atoms and Ashes*" の著者についても一言。Serhii Plokhy はウクライナ出身の研究者であり、"*Atoms and Ashes*" はチェルノブイリ（チェルノービル）の事故を扱った著作、"*Chernobyl：The History of a Nuclear Catastrophe*"（Basic Books, 2018）の続編という位置づけにある。とはいえ、"*Atoms and Ashes*" にもあらためてチェルノブイリを振り返る章があり、その絶望的な帰結は最終章でフクシマの事故の顛末を物語る上での重要な前奏曲になっていた。

　放射性元素とその同位体について、放射能の影響ばかりを語りたがる人たちが見逃しがちなのが化学毒性である。ざっくり言えば、我々は炭素化合物の一種である。同位体はたくさん取り上げたが、同素体は取り上げなかった。炭素の同素体はグラファイト（黒鉛）とダイヤモンドがある。大気中の酸素分子の多くは酸素 2 個から成るが、3 個になるとオゾンという毒性の強い同素体になる。そうした元素の振る舞いや特性に興味がおありの方には、定番中の定番とも言える一家に一冊常備したい本を挙げておく。**セオドア・グレイ『世界で一番美しい元素図鑑』**（武井摩利訳、創元社、2010 年）。放射性同位体についてはほとんど触れられていないが、図版はどれも美しく、毒性や興味深い説明も豊富にある。子どものころ鉱物図鑑に魅せられたすべての人にお勧め。元素周期表がらみなら資料に用いた**サム・キーン**の文献が楽しいが、彼の**『空気と人類』**も驚きの連続である。初っ端のセント・ヘレナ火山の噴火は核兵器の被害を彷彿とさせる力をまざまざと見せつけるが、被害の詳細は異なっていた。例えば、核兵器は強烈な光を浴びた人の影だけを壁に残すが、火山はポンペイの遺跡の例でも分かるとおり、瞬殺した人間の外観と生活の様子をまるごと痕跡として残してくれた。壁に生じた影も、またポンペイの遺跡も、化石とは異なる形で生物とその生存を伝えるという点において記録であり、物質と化した記憶にほかならない。

　ところで肝心の物質はどこで生まれ、どこへ行くのか。その問いに対する奇

妙な仮説をディラックの評伝から引いておこう。「オッペンハイマーと彼の学生の一人が別々に提案したように、真空は完全に空っぽなのではなく、1秒の10億分の1という、とほうもなく短い時間のあいだに、絶えず膨大な数の粒子−反粒子対が、何もないところから生まれては互いに消滅しあっている、活動に満ちた場所なのだった」（ファーメロ298頁）。この仮説によれば、物質は虚空で何一つ記憶せず、何も伝えることなく生成と消滅を繰り返している。このような不思議な風景は巨大な宇宙と極微の世界を行き来する物理学書ではよく見られる風景だ。ディラックやオッピーだけでなく、ソーンやペンローズの書物でも見られるし、次の本も同様である。**ハリー・クリフ『物質は何からできているのか』**（熊谷玲美訳、柏書房、2023年）。副題の「アップルパイのレシピから素粒子を考えてみた」という文言が気になる人にお薦めしたい。内容が一部重なるが、異なる方向性をもつ本をもう一冊。Sean Carrol, *The Big Picture*：*On the Origins of Life, Meaning, and the Universe Itself*, Dutton, 2016. 調べてみたら邦訳書も出ているらしいが、宇宙論と量子の世界を行き来しながら人の生や思考の意味を考えようとする試みが昨今はずいぶん多くなった。**デイヴィッド・ドイッチュ『無限の始まり：ひとはなぜ限りない可能性をもつのか』**（熊谷玲美・田沢恭子・松井信彦訳、インターシフト、2013年）もその一つだが、世界と物質の究極を見ようとしていると思わず内省的になってしまうのかもしれない。

　はっきり言って人の生にも人の思考や仕事にもそれら以外の意味などない。下手をすると意味を探すこと自体が虚しい結末になりかねない。無理に意味を探すくらいなら、哲学など端から鼻にも引っかけなかったファインマンのように最後まで自分の出来る仕事を全うした方がましだろう。最晩年のファインマンは病魔に冒されながらスペースシャトル、チャレンジャー号の事故調査の指揮を執り、原因を探し当てた。その一部始終を記した「スペースシャトル「チャレンジャー号」事故　少数派調査報告」は**『聞かせてよ、ファインマンさん』**（大貫昌子・江沢洋訳、岩波現代文庫、2009年）で読める。調査とはどうあらねばならないかを教えてくれる名編である。ところでペンローズの解説本を書いた竹内薫さんには『ファインマン物理学』各巻の勘どころを押さえた**『「ファインマン物理学」を読む』**全3冊がある。どうにも『ファインマン

物理学』の邦訳が読みにくいので、これはうれしい。ついでなので、ファインマンが私のように授業についていけない学生たちのために行なった補講もシリーズに加わったので挙げておこう。**ファインマン、ゴットリーブ、レイトン『ファインマン流　物理がわかるコツ〔増補版〕』**（戸田盛和・川島協訳、岩波書店、2015 年）。

第 14・15 講　ジャン＝ピエール・デュピュイの邦訳書はどれも必読と言えるだろう。本書で取り上げなかった『**聖なるものの刻印：科学的合理性はなぜ盲目か**』（西谷修他訳、以文社、2014 年）および『**経済の未来：世界をその幻惑から解くために**』（森元庸介訳、以文社、2013 年）は現代社会の抱える問題を理解するための指南書として必読文献に入れて差し支えない。第 15 講は MAD や核開発の関係性が「対等な者同士の睨み合い」にならざるを得ず、その点でボクシングや囲碁、将棋に通ずる構図になっていることを見たが、やや奇妙な観点から書かれた人類学書を紹介しておきたい。**樫永真佐夫『殴り合いの文化史』**（左右社、2019 年）。書いた人類学者本人がボクサーだったユニークな大著である。

　第二次大戦後の知識人は分野を問わず、核戦争の到来を睨みながら科学と思考の役割を真剣に考えた。その代表格として、**マルティン・ハイデッガー『技術への問い』**（関口浩訳、平凡社、2009 年）はやはり避けて通れない。言うまでもなく、ハイデガーの思惟は技術礼賛に向かうはずもなく、どちらかと言えば科学や技術の無軌道な発展に警鐘を鳴らす方向に傾斜してゆく。科学者たちの多くも「科学者の社会的責任」を自問したものだが、それに真っ向から対立したのが講義でも取り上げたノイマンの「社会的無責任」であり、それに共鳴していたのがファインマンだった。哲学の側でもそちらの側にいる代表格が**ジル・ドゥルーズ**だろう。彼の『**スピノザと表現の問題**』（工藤喜作・小柴康子・小谷晴勇訳、法政大学出版局、1991 年）は、どんな力に対しても、それができることをするのを禁じることなどできないと断定していた。技術の暴走への倫理的危惧は、おそらくブレーキとして作用しようとするが、たとえ暴走となっても誰にも止める権利などありはしないと言い張るのがノイマンの「社会的無責任」だった。ドゥルーズの哲学は一見する限りノイマンの側にある。「三．したがって最初のそして無条件的なものは能力つまり権利である。『義務』はそ

れがどんなものであれ、われわれの力の肯定に関して、われわれの能力の行使に関して、われわれの権利の維持に関しては二次的である。そして力は目的の秩序に応じてそれを決定し、そして実現するような行為をもはや指し示さない。私の力そのものが行為のうちにある。〔中略〕四. その結果として、いかなる人もわたしの権利を決定するための権限をもたないことになる」(270-1頁)。いかなる義務も、どんな目的も、力と権利を縛ることはできない。しかしながら、ドゥルーズがスピノザを敷衍しながら言っていることは必ずしもハイデガーと相容れないわけではない。倫理に諸科学の力を押しとどめることができないのは言うまでもないが、倫理を訴える側の力を侵す権利だって誰にも（つまり科学にも政治にも）ない。義務や目的よりも、そしてどのような権限よりも、冒されざる力と権利があるのであって、それらへの全面的かつ留保なき肯定がある。

　最後の一冊。原子爆弾が物理学300年の発展の結晶だという考えは、その破滅的な結果を措いても正真正銘の事実と言わざるを得ない達成だった、──戦後のオッペンハイマーのように、ゆえに唾棄すべき結晶と見做すようになるとしても──。不幸だったのは達成が記念碑的な道標で終わらず、費用対効果の形で成果を求める軍事的・政治的要求に屈した点にあった。皮肉としてではなく、**ニュートン**の『**プリンピキア**』刊行から300年を記念して刊行された次の本を紹介しておこう。ニュートンの人柄に軽蔑を隠さなかった**ホーキング**が編者になっているところに、やはり人格と仕事は別だよなあ、と思わされた大著でもある。Edited by Stephen Hawking and Werner Israel, *Three Hundred Years of Gravitation*, Cambridge University Press, 1987.　物理の難問をめぐってホーキングと伝説的な賭けをして勝ったり負けたりした**キップ・ソーン**も論文を寄せている。『ブラックホールと時空の歪み』でも『インターステラー』解説本でもあえて数式を使わなかったソーンがこの本に収録された論文では自由闊達に数式を駆使し、遠慮なく楽しそうに論を進めているのが面白い。その他、**ワインバーグ**もいれば**ペンローズ**もいるし、あのホーキング博士も冒頭のエッセイだけでなく、やや長めの論文まで寄稿している。さしずめ20世紀後半の物理学を彩る名前の百花繚乱といった感である。たぶん、いや絶対に邦訳は出ないと思うけど……。

あとがき

　講義の主旨から外れるため授業では触れなかったが、二つばかりこのまま触れずに終わると履修生も読者も釈然としない問題が残ってしまった。何より私自身が釈然としない。

　一つはいわゆる「処理水」問題である。海に放出する段になり、それまで「汚染水」と呼び慣れていたものを「処理水」と言うようになったのを「ああ、いつものやり口ね」と思いながらも、その点はありふれた習慣としてやり過ごそう。どう呼ぼうが枝葉末節の問題でしかなく、物質の組成には関係がないからだ。

　いわゆる処理水に関する私の疑問は長らく頭の隅っこで燻り続け、ここ10年来、まったく変わっていない。その疑問の形ははっきりしている。なぜトリチウムを濃縮しないのか？　なぜその問いを誰も発しないのか？

　本題に移る前に、前提としてそもそもの確認をしておこう。たぶん、こんな問いから始めるとわかりやすいのではないか。処理水に含まれる放射性同位体は、どうして水素の放射性同位体とか水素3と呼ばれず、トリチウムと言われるのか？　炭素14はトリチウムと同じく標準的な炭素12より2つ粒子（核子）が多い同位体であり、放射性年代測定にも使われる重宝な物質であるにもかかわらず独自の名称がなく、通常の炭素と区別して素っ気なく炭素14と呼ばれるにすぎない。ウラン235もまた、核反応の核心にある物質だが、標準的なウラン238から区別して新名称を提唱しようとする気運はとんとみられない。しかし、水素に限っては安定同位体の水素2もそう呼ばれずにデューテリウムという特別な名称が与えられている。おそらく特別扱いの理由は、水素の同位体は化学的には水素にほかならないが、通常の水素に比して質量が2倍ないし3倍と極端に大きくなる点にある。となれば、その重さの分だけ振る舞いや性質が異なるのも当然である。

　しかし、政府や東京電力、さらに海洋放出しか採りうる手段がないと訴える人々の言葉をみると、どうやら質量の違いをあたかもないものとして扱いたがっているように見えてしまう。たとえば「トリチウムの基本Q＆A」と

いうサイトを見ると、「トリチウムを含む水だけを取り除くことはできない
の?」というQをわざわざ設定しながら、Aでは「普通の水素で構成された
水も、トリチウムで構成された水も、化学的にはどちらも同じ水です。水に溶
けたり、混ざったりしているトリチウム以外の放射性物質は、ろ過したり吸着
して取り除くことができますが、トリチウムは水として存在しているため、そ
れらの方法では取り除けません」と答えている（https://www.denkishimbun.
com/tritium_qa/a3.html）。この文を読んだ人たちの大半は重水（とりわけト
リチウム水）を濃縮除去する方法はないと信じてしまったのではないだろうか。
実際、そう思わせるレトリックが用いられている。しかし、よく読んでみよ
う。このサイトのAは絶対に分離できないとは言っていない。濾過や吸着と
いった方法を挙げた上で「それらの方法では取り除けません」と言っているに
すぎない。だから再度「重水を取り除く方法は一つもないのですか?」と問え
ば、Aの中身は異なる内容になるか、答えをはぐらかすだろう。おそらく新
たなAは後者に傾斜するにちがいない。なぜなら、そもそものAが読み手を
ごまかそうとしたことが明らかだからだ。説明しよう。

　ウィキペディアで「重水」を検索すれば、すぐに率直な答え（または正直な
A）が得られる。「重水素原子が2つ結合した分子（D_2）も重水素と呼ぶ。常
温、常圧で無色無臭の気体。融点 18.7 ケルビン（K）、沸点 23.8 K で、軽水素
の分子 H_2 の値（融点 14.0 K、沸点 20.6 K）に比べ高い。これは重水素原子が
軽水素原子のほぼ2倍の質量があるためで、他の物理的性質も軽水素と異なり、
また化学反応のしやすさも異なることがある（重水素効果）。例えば水を電気
分解すると $^1H_2$ の方が発生しやすいので重水が濃縮され、この方法で 100 ％
の重水を製造することができる。なお一般に植物は軽水を吸収しやすい性質
があるため、種類によっては7割近くまで重水を濃縮することが可能である」
（https://ja.wikipedia.org/wiki/%E9%87%8D%E6%B0%B4%E7%B4%A0#%E6
%B3%A8%E9%87%88）。質量により沸点も融点も異なるのは、水素の状態だけ
でなく、酸素との化合物、つまり水になっても変わらない。だから、電気分解
というごくありふれた方法で処理水から重水を濃縮することが可能になり、か
つ 100％の濃度も達成できる。植物もふつうの水を選別して吸収するので、処
理水を使って水耕栽培をするだけで重水を（最大で7割まで）濃縮できる。

　1934 年のノーベル化学賞の栄冠はハロルド・ユーリーに授けられたが、受賞理由はデューテリウムの発見と命名だった。ユーリーは 5 ～ 6 リットルの液体水素を用意し、沸点のちがいから蒸発させれば、ごく少量だが純度の高い重水素が得られると考え、分離に成功した（Patrick Coffey, *Cathedrals of Science*：*The Personality and Rivalries that made Modern Chemistry*, Oxford University Press, 2008. pp.212-3）。一時、ユーリーを指導する立場にあった大の付く化学者、ギルバート・ルイスは教え子に刺激されたのか、重水素（デューテリウム）と結合した水（重水 D_2O）の研究に従事した。ユーリーは自然界には水素 4500 個に 1 個の割合で重水素が含まれると概算し、単離に挑んだが、実際は 7000 個に 1 つとさらに少なかった。ルイスが挑んだのは重水素のもつ化学特性の違いを保持したまま純粋な重水をかき集めることだった。彼はその作業を「分留」（fractional distillation）と「電気分解」の合わせ技で実施し、99% 以上の濃度にまで濃縮することに成功した。1933 年のことである。「分留」もまた電気分解と同じく難しい方法ではない。「最も成功の見込みがある方法が分留だった——本質的にワインを蒸留してブランデーを作るのと同じ処理方法である」（*Ibid.*, p.214）。ワインの場合、アルコールの沸点が水よりも低いから、先にブランデーの蒸気が発生して別の樽に甘い香りのしずくが滴り落ちるが、水の場合は軽水の方がわずかに沸点が低く、それゆえ重水の方が元の樽に残る。とはいえ原理は一緒だから、わざわざ大仰な装置を新たに設計しなくても、焼酎や泡盛、ウォッカなどを蒸留する既存の装置や、工業用アルコールを製造する装置を使うか、それらをモデルに簡単な装置を組み立てれば事足りる。ルイスは単純だが相応に大きな装置を組み立てて濃縮処理を行なった。ルイスが重水素ではなく、重水の濃縮に挑んだのは、第一に水素の状態では融点や沸点が極端に低いこと（マイナス 200 度以下）、第二にどんな物質も液相（液体の状態）から気相（気体の状態）に移ると体積が猛烈に増えてしまうからである。水が水蒸気になると体積は 1700 倍になる（福島第一発電所で起きた水素爆発の原因は急激な体積の増加だった）。水の状態なら体積が小さくて済むだけでなく、常温でも管理できるから保存や輸送も容易になる。また、重水から重水素を分離するのも電気分解で容易にできる。ルイスの着想はさすがだが、しかし重水を濃縮する程度のありふれた業績では残念ながらノーベル

賞の受賞にまでは至らなかった。

　くり返すがユーリーのデューテリウム発見およびルイスによる重水の濃縮が成功したのは 1930 年代前半のことだった。リーゼ・マイトナーによる核分裂発見は 1938 年暮れのクリスマス休暇のときであり、発表は翌 1939 年にずれ込んだが、そうである以上、まだ重水の濃縮に軍事的な意味は絡んではいなかった。加えて、第二次大戦が起きる以前の話だから、重水をめぐる情報が全世界に知れ渡りながら、日本の研究者だけが締め出されるはずもなかった。何が言いたいのか、だって？

　1939 年の年初に核分裂発見のニュースが世界中に流れ、同年 9 月に第二次大戦が勃発した。となれば、重水の濃縮方法にしても以前とは別の問題系に移り、新たな議論の俎上に載せられたとしても大した驚きではない。「日本では物理学者、萩原徳太郎が 1941 年の講演において、原子の分裂を利用した加熱メカニズムによる『ウラン 235 スーパー爆弾』を用いて、水素爆弾の開発可能性に言及していた。日本軍はウランを探索・調達すべく朝鮮半島に採掘のため将校たちを派遣していた」(Tom Zoellner, *Uranium*, P.41)。日本の物理学者も 1941 年には核分裂反応から水素の核融合反応を引き出す兵器を構想し、いわば和風マンハッタン計画を模索していたのである。水素爆弾の威力の大半は水素の核融合にあるが、その反応には通常の水素を用いるのではなく、いわゆる「D-T 反応」、つまりデューテリウムとトリチウムを用いて反応を引き出そうとする。「D-D 反応」すなわちデューテリウムのみの反応ではなく D-T 反応が採られるのは、前者よりも後者の方が反応が起きる温度が低く、つまりは容易に達成できるからである。このことからもデューテリウムとトリチウムとで反応の違いがあり、二種類の重水を別々に濃縮することも可能だとわかる。ウィキペディアの「重水素」のページには、おまけに次のような文言まで添えられていた、「重水素は海水中に〔重水として〕大量に存在するため、核融合燃料として有望視されている」。

　以前なら、重水の濃縮を企てたりすれば核兵器の開発を疑われたかもしれないが、今や核融合反応はエネルギー問題の未来を占う大事な研究分野であり、世界中の先端研究機関が凌ぎを削っている。もちろん日本も例外ではない。つまり重水の濃縮は、無益で手間がかかるだけの作業であるどころか極めて有望

かつ有益な仕事であり、商品価値も相応に見込めるはずなのだ、——もちろん投入した費用全額をペイできるとは言えないにしても、である。ついでに言えば、核融合反応は核廃棄物も出ない。核反応に成功すればその後に出来るヘリウムはこれまた別の商品価値があり、さらにはたとえ大気中に放出したとしても非常に軽く、化学反応に全く関心を示さないから空中にジャンプし、大気圏外に出ていくだけだから海洋はおろか大気さえ汚染されることもない。

　言いたいのはこうだ。重水の濃縮には取り立てて不都合な点がなく、すでに広く知られた技術だけで可能になる。ALPS が水素の同位体以外の放射性同位体すべてを取り除いてくれるのなら、なおさら仕事は簡単になるはずだ。なにしろ濃縮の結果、処理水は二つに分けられ、一方にごく微量の純度の高い重水が集まり、他方に溜まる大半は軽水になるからである。軽水とは重水から区別するためにそう呼ばれるだけであって、海水と区別するために淡水と呼ぶのと一緒で、ただの水である。わざわざ水で薄めなくとも 100% の軽水になればただの水なのだから、どこに放出しようが何の問題もない。先に引いた「トリチウムの基本 Q & A」によれば、ALPS 処理水に含まれるトリチウムの放射線量は 780 兆ベクレルだそうだが、物質としての総量は僅か 15 グラムにすぎないという。15 グラムの濃度 100% の重水を作り出せば、残余の全体は無害な水となり、どうとでもできる。だからこそ余計に気になるのだ、——貯蔵タンクが足りないのなら、どうして重水（D_2O および T_2O）をさっさと濃縮処理しようとしないのか？　高純度の重水ならタンク１つで足りるはずだ（D_2O と T_2O を別々に保存しても２つで足りる）。それなのに濃縮の手間をあえて惜しむ合理的な理由はいったいどこにあるのか？　それがわからない。くり返すが、蒸留酒を作る分留という方法で濃縮できることはすでに 1930 年代に判明し、締め括りに電気分解を使えば 99% を超える濃度にまで濃縮できることをルイスが証明していた（ルイスの論文発表は 1934 年）。植物に軽水を吸収させるだけでも重水を７割まで濃縮できるとわかっているにもかかわらず、なぜその程度の手間すら惜しもうとするのか？　体積のちがいを利用して選り分けるという、おそらく水耕栽培よりも効率のよい方法が近畿大学からも提案されているが、それが採用されたという話もとんと聞かない。つまり、廃棄する以外の方法がいくつもありながら未だどの手段も採られていない理由がまったくわ

からない。ALPS が言われる通りに機能しているのなら、処理水を溜めたタンクは汚染水どころか資源の宝庫であり、稀釈して捨てることなど考えられないはずなのだ。かつてウランをクズとして海に捨て、ガソリンを危険物質として廃棄していたのと変わらないことをしている気がするのだが、私はよくいる文系教員と同じく呪術的かつ妄想的な疑問を呈しているのだろうか？　そうでないのなら、処理水にはどうしても濃縮除去できない（もしくは濃縮処理では済まない）別の理由がなければならない。口先でごまかしてもなお明かしえぬ理由がどこかにあるのだろうか？　まさか単に面倒くさかったからというわけではあるまいが……。私にはそれらの理由を含め、考えれば考えるほど理解できない疑問が増えてゆく。

　断っておくが、私は海に廃棄することを殊更に非難したいわけではない。しかし、自然に廃棄するという、いかにも傍目に無責任と映る方策に比べてさえ、はるかに賢明で手堅い方法があるとわかっていながら、そちらに割く手間をなぜ惜しんできたのか、という疑念を拭えないでいるのである。

　あとがきにしては逸脱が過ぎたろうか。そうではないことを信じたい。というのも、もう一つ触れておきたいことが残っているからだ。クリストファー・ノーラン監督の大作『オッペンハイマー』が今なお日本だけ未公開のままである。『オッペンハイマー』とタイアップ・キャンペーンを行なった別の作品のポスターが物議を醸したのが要因だと言う人が少なくない。何をバカなことを……。これまた「処理水」の名称と同じく枝葉末節の問題でしかないのは明らかだ。

　おそらく、ほとぼりが冷めた頃に、言い換えるなら『オッペンハイマー』に対する世界的な熱量が下がり、映画の衝撃を確かめようとする観客が大挙して劇場に押しかけるような空気感が稀薄になった頃、ひっそりと限定公開されることになるのではないだろうか。どうやら本書でも用いた原作の大著、『アメリカン・プロメテウス』は辛うじて邦訳が出たものの、科学用語の訳し方にかなり問題があるらしく、原文を想像しないと読み進めるのにも難儀するらしい。なので本書では邦訳書を参照しなかっただけでなく、訳書のタイトルを挙げることもなく、直接原文から訳したものを資料として用いた。

『アメリカン・プロメテウス』は大きく三つのパートに分かれている。最初の
パートはロバート生誕から悩み多き青春時代を経て大学教師として伝説的な授
業を行ない、共著論文を精力的に発表するまで。いわば青春編である。中央の
パートはマンハッタン計画におけるロスアラモス研究所所長および戦後のプリ
ンストン高等研究所の所長として辣腕を振るった時代である。カリスマ的英雄
の神話的な成功物語と言ってもよい。そして最後のパートがマッカーシズムの
標的となり、研究所の所長として、また研究者として、延いては指導者として
のロバート・オッペンハイマーの人格が破壊されていくパートである。没落な
いし悲劇編である。原作では日本への投下をめぐって、その前後にオッペンハ
イマーと彼の周りの科学者たちが何を議論し、いかなる考えを抱いていたかが
詳細に語られているものの、映画では日本への投下は描かれていないと伝えら
れている。

　原作の著者も、おそらくはノーラン監督も、日本への投下の是非を問題にし
ようとはしていない（ただし原作では投下を巡る科学者たちの反応はもちろん、
教え子のロバート・サーバーによる長崎での調査に言及し、報告の言葉づかい
をオッペンハイマーが不謹慎と叱った場面が印象的に描かれていた——第10
講・資料6参照）。というのも投下それ自体をめぐる権限はオッペンハイマー
にもフェルミにもなかったからである。投下を決定したのは、マンハッタン計
画の存在すら直近まで知らなかったトルーマン大統領と計画の最高責任者レス
リー・グローヴスであり、投下の動機にしても費用対効果の成果主義でしかな
く、それ以外の動機にしてもせいぜいがソ連に対する威嚇くらいしか意味のな
い実験だった。政府や軍の中枢にいた人たちですら、介入できたのは投下の是
非ではなく、投下する目標地点をどこにするかであった。つまり、オッピーや
フェルミたちにとって、なすべき仕事はトリニティ実験で終わりを迎えていた
のだ。それゆえ、おそらく映画の主題はそこ（すなわち実戦での使用の是非）
にはない。

　終戦にともない、アメリカは国を挙げてオッペンハイマーを英雄に祭り上げ
た。あたかも彼一人で原爆を作ったかのように誇張し、賛美し、偶像化した。
しかし、間もなく偶像化された英雄が政府やメディアの期待するとおりの役割
を演じるどころか、むしろ影響力ばかりが大きく、しかも扱いにくい腫れ物の

ような人物になりかけているとわかると、途端に態度を180度変え、容赦なく潰しに掛かったというのが『アメリカン・プロメテウス』の第3パートの流れになっていた。マンハッタン計画の当初からオッピーの奔放な振る舞いにストレスを溜め、図抜けた指導力を疎ましく感じ、圧倒的なカリスマ性に憎悪を募らせるばかりの面々がいた。精悍だが華奢な英雄は、こうしてマッカーシズムの流れに乗じる仇敵たちの罠に落ち、破滅していったのである。オッペンハイマーは罠に嵌まるまで彼らが敵であることにすら気づいていなかったし、ある意味、無防備でありすぎた。だから、マンハッタン計画に携わる以前に関係した共産党員とのキッチンでのちょっとした会話から祖国に対する裏切り者の嫌疑を掛けられたり、また自殺念慮を抱え、やっとのことで連絡してきた元恋人に寄り添って過ごした悲しい一夜を醜悪な不倫スキャンダルに仕立て上げられたりと、延々と続く尋問と考えられない辱めの数々を受けることにより、繊細な物理学者の精神は徐々に破綻していった。裁判の前後における人格の豹変については多くの証言があるし、『アメリカン・プロメテウス』に収録されている生気のない写真を見ても一目瞭然である。戦後、先端物理への関心を失ってしまったオッペンハイマーの姿を見たときのジョン・ホイーラーの失望を、キップ・ソーンも悲しげに述べていた。つまり、アメリカは国を挙げて唯一無二の英雄に祭り上げた男をわざわざ公開処刑の場に引きずり出して魂の殺害を遂行したのである。

　本講義では、オッペンハイマーの教師および研究者としての卓越性に触れ、マンハッタン計画を主導した手腕についても簡単に触れた。ただ、その後の彼の人生についてはほとんど触れなかったので、あとがきの場を借り、また映画『オッペンハイマー』に託つけて簡単に触れておくのも無駄ではあるまい。研究者として、また指導者として多くの人を魅惑し、極め付きの成果を上げた人物としてのオッペンハイマー像は本講義を通して学生たちにも相応に伝わったものと思う。しかし残る一方には、きわめて脆く、傷つきやすく、ガラス細工のように繊細な精神の肖像があった。それら二つの極端が一つの美しくも稀有な対照を作っていたと捉えるとかなり実像に近づくのではないか。

　だからこそ私は懸念しているのだ、——旬の時期の公開を逸することにより、オッペンハイマーに関心のない観客が劇場に詰めかけ、彼をめぐって議論を始

める機会を失ってしまうことに。彼の人物像に興味があり、マンハッタン計画の中身に関心のある人たちは、どんなに時期が外れても劇場に向かうだろう。しかし、取り立てて彼に関心がなく、マンハッタンをニューヨークの地名くらいにしか捉えていない人はおそらく劇場に向かわなくなる。ノーランの最高傑作とも言われる『オッペンハイマー』は単に映画として優れているだけでなく、観た人のあいだに議論を呼ぶような作品だとも言われている。今、我々から奪われつつあるのは、その種の議論を開始する機会なのだ。大学生が学内で議論を始め、教師に質問する機会を阻み、サラリーマンが酒場で「おまえは観たか」と確かめ合い、戦中戦後に何が起きていたのかを新たな視点から語り始めるのを阻むこと――。新たな語りを開始するチャンスを失うことにより、また、いつものようにどこかで聞いたような紋切り型を反芻し、戦争反対、核のない世界、と、誰も反対しないけれどもすっかり空疎になった正義の言葉を鸚鵡返しにするだけになるのだろうか……。肝心の映画が漸く公開されたときにはすでに流行遅れになり、延いては時代後れになるようにすること、作品について語ること自体がすでに時代錯誤になるようタイミングをずらすこと、そして、そこかしこで人が自分の言葉で語り始めるようになるのを阻み、いつものように誰もが常套句に戻っていくよう仕向けること……。

　私は失望している。真に観るべき映画を観るべきときに見せようとしない映画界ならば、もう映画館になどわざわざ足を向けなくてもよいのではないか。

　せっかくの「あとがき」なので、あまり言われていないことを言おうとしたら、すっかり長くなってしまった。ちょっとした思考のエクササイズとして読んでくれたたなら幸いである。

　もとより大学の講義は、学生に自分の頭で考える機会を提供し、そのための素材をばらまくことだと思っている。昨今の大学は、怪物的な頭脳の自由闊達なはたらきに遭遇し、驚愕と憧憬を覚えながら講義に触れる場所ではなくなった。やや時代錯誤とは思いつつも、大学にその種の空気の片鱗くらいはあってもいいのではないかと思う。その人の思惟のはたらきに触れる度に「こわさ」を感じるような機会が提供されてしかるべきなのだ。私自身にその種の「こわさ」は具わっていないが、講義で取り上げた物理学の巨人たちのエピソードに

はその種の強者にしか醸すことのできない「こわさ」があった。たとえば、リチャード・ファインマンの言葉を通してエンリコ・フェルミの「すごさ」を知ることができた。同様にリーゼ・マイトナーの「すごみ」をオットー・フリッシュの言葉を通して目の当たりにし、ニールス・ボーアの「こわさ」をジョン・ホイーラーの語る逸話を通して窺い知ることができた。彼らの「こわさ」や「すごさ」を通して、私たちはある種の人たちだけがもつ「力」を知り、そのなしうることを真っ直ぐ追求することの凄味に触れることができた。そして、その力を利用すべく巨額の予算を投入し、施設を作り、機会を与えたらいったいどんなものが出来上がるのかをもじっくり見てきた。

　それらのありさま、もろもろの経緯、幾多の事柄を見た上で、何を、どう考えるのかは講義を聞いた学生たち、本書を読まれた読者たちに委ねられている。なにしろ本書は材料でしかなく、それ以上の何も望んではいないからである。

　生物学編に続き、本書が日の目を見ることができたのはもっぱら言視舎の杉山尚次氏のおかげである。記して感謝する次第である。本書は前著である生物学編とは異なり、じっくり積み上げてゆくタイプの内容になっているが、だからこそ読了したときには知識の質や形が少しばかり変わっているはずだ。物理・化学的な知識だけでは歯が立たない哲学的な内容も含まれているが、それもこれも含めて今後の判断や思惟の材料になってくれることを祈るばかりである。

2023 年 10 月　澤野 雅樹

※本書は令和五年度明治学院大学学術振興基金補助金を得てなった。

澤野雅樹（さわの・まさき）
1960 年生まれ、明治学院大学教授。専門は社会思想、犯罪社会学。
主な著書『癩者の生』（青弓社）『記憶と反復』（青土社）『数の怪物、記
号の魔』（現代思潮社）『ドゥルーズを「活用」する！』（彩流社）『絶滅
の地球誌』（講談社選書メチエ）『起死回生の読書！』『科学と国家と大
量殺戮 生物学編』（言視舎）『ミルトン・エリクソン―魔法使いの秘密
の「ことば」』（法政大学出版局）ほか多数。

編集協力………田中はるか
DTP 制作………勝澤節子
装丁………長久雅行

[犯罪社会学講座]
科学と国家と大量殺戮 物理学編

発行日❖2023 年 11 月 30 日　初版第 1 刷

著者
澤野雅樹

発行者
杉山尚次

発行所
株式会社言視舎
東京都千代田区富士見 2-2-2　〒 102-0071
電話 03-3234-5997　FAX 03-3234-5957
https://www.s-pn.jp/

印刷・製本
中央精版印刷㈱